16	3	2	13
5	10	11	8
9	6	7	12
4	15	14	1

Ricardo Benzaquen de Araújo

GUERRA E PAZ

Casa-Grande & Senzala
e a Obra de Gilberto Freyre nos Anos 30

editora■34

EDITORA 34 - ASSOCIADA À EDITORA NOVA FRONTEIRA

Distribuição pela Editora Nova Fronteira S.A.
R. Bambina, 25 CEP 22251-050 Tel. (021) 286-7822 Rio de Janeiro - RJ

Capa, projeto gráfico e editoração eletrônica:
Bracher & Malta Produção Gráfica

Revisão:
Maria da Anunciação Rodrigues

1ª Edição - 1994

34 Literatura S/C Ltda.
Rua Jardim Botânico, 635 s. 603 CEP 22470-050
Rio de Janeiro - RJ Tel. (021) 239-5346 Fax (021) 294-7707

CIP - Brasil. Catalogação-na-fonte
Sindicato Nacional dos Editores de Livros, RJ.

Araújo, Ricardo Benzaquen de
A691g   Guerra e paz : Casa-Grande & Senzala e a obra de
Gilberto Freyre nos anos 30 / Ricardo Benzaquen de
Araújo. — Rio de Janeiro : Ed. 34, 1994.
216 p.

Bibliografia

ISBN 85-85490-41-1

1. Freyre, Gilberto, 1900-1987 - Crítica e interpretação.
2. Freyre, Gilberto, 1900-1987. Casa-Grande & Senzala -
Crítica e interpretação. I. Título. II. Título: Casa-Grande &
Senzala e a obra de Gilberto Freyre nos anos 30.

CDD - 981
94-0735   CDU - 981

GUERRA E PAZ

Casa-Grande & Senzala
e a Obra de Gilberto Freyre nos Anos 30

APRESENTAÇÃO

Com Gilberto Freyre, Sérgio Buarque de Holanda e Caio Prado Júnior, a geração que alcançou sua maturidade intelectual no fim da Segunda Grande Guerra aprendeu "a refletir e a se interessar pelo Brasil sobretudo em termos de passado" (Antonio Candido). E, porque Candido fez parte, para muitos da geração seguinte, da lista dos autores obrigatórios, poder-se-ia pensar em uma espécie de manutenção de pais que, influenciando os mais jovens, os motivaria na tarefa de emulá-los. Se isso fosse verdade, o livro que ora se publica partiria antes de um horizonte efusivo que tumultuado. E não o é pela diferença de imagem que o nome de Freyre, a partir dos anos 50, passara a irradiar. Assim, quando o li pela primeira vez, não só não sentia o entusiasmo a que Candido se refere, como não conseguia sequer entender a admiração que cercara o primeiro Gilberto Freyre. Dentro da ilusão própria dos jovens, era-se levado a crer que o País tanto mudara que o mito construído em torno de *Casa-Grande* por si se desfizera. Ai, pobres velhos, então deles diria, ao passo que hoje antes retrucaria: pobre de mim, que tanto me iludia.

Que teria sucedido com Freyre a ponto de sua recepção ter sofrido tamanha reviravolta? Por certo, o Freyre posterior a *Sobrados e Mocambos* substituíra o tom fecundo pelo prolífico. Mas não seríamos em nossa juventude intelectual tão refinados e exigentes a ponto de por isso negar-lhe a admiração que antes lhe haviam reservado. Por certo, o Freyre proponente da "lusotropicologia" nos parecia de um oportunismo descarado, cujas vantagens eram asseguradas pelo Portugal salazarista. Aparecia-nos pois como o representante de um Brasil de conchavos que sempre terminavam por mantê-lo atrasado. Mas tampouco esse terá sido o motivo determinante da admiração que lhe recusávamos. Decisivo terá sido, como agora Benzaquen o indicará, a estilização de si próprio a que Gilberto passara a se dedicar. Para aqueles que lhe eram conterrâneos, que podiam partilhar de sua convivência e escutar suas eventuais conferências, essa auto-estilização, montada sobre uma vaidade gigantesca, tinha conseqüências opostas. Para os mais espertos, ali estava uma figura cuja sombra, qual mangueira frondosa, podia ser explorada em benefício próprio. Em troca de elogios e cavações, a influência nacional de Freyre podia determinar um começo de carreira ou um bom posto na imprensa. Já os menos tortuosos ali reconheciam um exemplo a não seguir. Conquanto antagônicas, essas duas direções, de um estrito ponto de vista intelectual, eram igualmente funestas. Os espertos ganhavam posições, em troca porém da esterilidade que emprestavam à obra do protetor. Dos outros, basta dizer: convertendo o autor em contra-exemplo, era a toda a sua obra que se estendia o manto do desprezo. Meros aprendizes da prática de pensar, misturávamos o joio com o trigo e não distinguíamos o auto-estilizador do que antes escrevera algumas interpretações importantes do País. Desde então, criou-se um hiato entre a obra de Freyre e o leitor inteligente. E suas atitudes quando do golpe de 1964, bem como nos anos próximos da ditadura, apenas provocaram o aumento do hiato. É tal abismo que *Guerra e Paz* começa agora a desfazer.

Guerra e Paz: Casa-Grande & Senzala e a Obra de Gilberto Freyre nos Anos 30 é a abordagem mais importante da parte importante da obra de Gilberto Freyre. A partir dela, torna-se-á possível a consideração fecunda de sua obra. Sem negar sua simpatia por seu objeto, Ricardo Benzaquen escreve: "(...) *CGS* dá a impressão de ter sido escrito justamente para acentuar a extrema *heterogeneidade* que caracterizaria a colonização portuguesa, ressaltando basicamente a *ativa* contribuição de diversos e antagônicos grupos sociais na montagem da sociedade brasileira"; heterogeneidade que lhe emprestaria um aspecto sincrético e totalmente diverso de uma pura europeização. E sincretismo que se apresentaria fosse do ângulo das influências étnicas e culturais, combinando-se separadamente no português, fosse do ângulo político antropológico, pela convivência lado a lado de despotismo e confraternização.

Essa ênfase no sincretismo da interpretação se torna problemática pela maneira como Freyre desenvolve sua argumentação. Como analistas seus anteriores já haviam assinalado, embora *CGS* se diga fundada em uma interpretação social da cultura, há na maneira de

Ricardo Benzaquen de Araújo

trabalhá-la uma afirmação de lastro étnico, portanto biológico, que a contradita. Benzaquen não nega a imprecisão ou mesma a ambigüidade conceitual que a reveste, mas busca fazer com que não comprometa a importância de seu objeto. Nessa direção, aponta para a importância do contexto neolamarckiano na caracterização de raça, pelo qual a categoria de estoque biológico, definidor da raça, se torna relativamente maleável à categoria "meio físico", mais especificamente de clima: "(...) Gilberto (Freyre) trabalha com uma definição fundamentalmente *neolamarckiana* de raça, isto é, uma definição que, baseando-se na ilimitada aptidão dos seres humanos para se *adaptar* às mais diferentes condições ambientais, enfatiza acima de tudo a sua capacidade de incorporar, transmitir e herdar as características adquiridas na sua — variada, discreta e localizada — interação com o meio físico (...)". Deste modo, o conceito de cultura, em vez de adstrito ao critério de Boas, como o próprio Freyre insistia, manteria uma ponte, do ponto de vista de Boas espúria, e estabeleceria um trânsito direto com uma concepção étnica, mais precisamente, étnico-climática, dos povos.

A caracterização do conceito de cultura em Freyre formula a ambiência imprescindível para que se entre em *CGS*. Se a sociedade patriarcal se definiria, em termos de Freyre, por um "luxo de antagonismos", esse luxo, por outro lado, não deixaria de constituir "antagonismos em equilíbrio", em que os excessos apontariam em cada aspecto da vida colonial. A introdução da categoria clima aumentaria esse aspecto de *hybris*, pois o trópico, ainda em termos de Freyre, se define por um luxo de excessos, de "grandes excessos e grandes deficiências". Teríamos pois o seguinte quadro: a "bicontinentalidade" do português — acentuando o caráter ambíguo, senão mesmo equívoco, da concepção gilbertiana de cultura — habilitaria o colonizador lusitano a conviver com o excesso do meio tropical, que, de seu lado, aumentaria o teor de *hybris* que o colonizador já traria consigo. Daí resultaria a peculiaridade da colonização portuguesa nos trópicos: o luxo de antagonismos e divisões no interior da casa-grande não implicava nenhum distanciamento, senão que se reunia "sob o signo da mais estreita *proximidade*". Isso distinguiria, como Benzaquen bem interpreta, a socialização propiciada pela casa-grande da aristocratização européia e, ademais, permitiria a aproximação de nossa sociedade colonial da cultura popular medieval, tal como, depois de Freyre, estudada por Mikhail Bakhtin.

Mas, continuemos a seguir a interpretação que Benzaquen propõe, como esse luxo de antagonismos, acrescido pelos excessos climáticos, poderia engendrar um equilíbrio de tensões, sem que ou as tensões se dissolvessem ou dissolvessem a própria sociedade? Como Benzaquen reconhece, esse papel, enquanto positivo, é assegurado ao catolicismo. Outra vez, contudo, a impressão de paradoxo virá à tona. Ao invés de uma visão ortodoxa do catolicismo, Freyre desenvolve, a partir da sociedade colonial, uma concepção de pecado segundo a qual alguns deles, "em especial a luxúria, parecem se revestir em *CGS* de um significado eminentemente *positivo*, convertendo-se praticamente em uma virtude". Trata-se pois de uma concepção religiosa "marcada pela *vitalidade*" e por um Cristo mais ou menos *dionisíaco*. Tal dionisíaco, contudo, resulta não de uma concepção pulsionalmente livre do religioso mas sim do abastardamento da autoridade religiosa, i.e., da subordinação dos padres ao poder do senhor da casa-grande. Abastardado, o catolicismo colonial brasileiro é menos angélico do que mágico, menos intelectualmente livre que utilitário ou mesmo hipócrita. Assim, em vez de elemento capaz de explicar os antagonismos em equilíbrio, o catolicismo colonial aumenta o caráter de *hybris* da sociedade. Portanto, em vez de explicar a consecução de uma certa ordem, a valorização dionisíaca da libido levaria sim a explicar os limites da ordem colonial. Ou melhor, conforme entendo a passagem seguinte, o *limite explicativo* de *CGS*: "Afinal, o privilégio das paixões e da falta de limites que delas decorre parece realmente tornar inviável o fechamento ou mesmo a preservação de qualquer acordo que possa garantir alguma segurança e estabilidade para a vida social".

A partir da análise das duas grandes obras de Freyre, do que, em suas interpretações, se toma como constante e mudado na sociedade brasileira, Benzaquen tenta captar qual seria a motivação gilbertiana. Seria, diz o intérprete, não só acadêmica senão que de interferência política. Propósito, pois, poder-se-ia afirmar, retomando a sugestão inicial da tese que insinua na obra dos anos 30 de Freyre a busca de constituir um modernismo diferente, de contribuir para uma modernidade, não fundada, como a paulista, na idéia de progresso.

Essa motivação política, por sua vez, estaria correlacionada à própria opção gilbertiana por uma linguagem antes próxima da oralidade que da gramática castiça dos duros, retóricos e vazios bacharéis. A intuição de Ricardo Benzaquen é excelente. Diz ele de *CGS* que deixa de ser um livro para transformar-se "em uma espécie de casa-

Ricardo Benzaquen de Araújo

grande em *miniatura*", dando a sensação "de que os objetos que estuda permanecem vivos e influentes através de seu relato". Mas não será descabido acrescentar-lhe outro aspecto: miniatura porque, em sua modalidade de estilo oral, Gilberto reproduz "os antagonismos em equilíbrio" que notara e que, apesar de suas críticas, traz para dentro de sua própria obra. Daí que a imprecisão e a ambigüidade conceituais lhe sejam constitutivas. Mas não é este o lugar para desenvolver o argumento. Em vez de trazê-lo a público, prefiro reservá-lo para as conversas com o autor de *Guerra e Paz*.

Luiz Costa Lima

AGRADECIMENTOS

Este livro é uma versão, minimamente alterada, da tese de doutorado que defendi em junho de 1993 no Programa de Pós-Graduação em Antropologia Social do Museu Nacional - UFRJ, obrigando-se, conseqüentemente, aos mesmos agradecimentos feitos na época. Entretanto, como já dizia então, quando se tem mais de 40 anos e se entrega ao público um texto acadêmico, a menos que se pratique a bela-arte da misantropia, com freqüência já se estabeleceu um tal número de relações que se torna virtualmente impossível mencionar a todos sem que daí decorra uma lista enfadonha e, ironicamente, um tanto impessoal. Assim, deixando para me referir depois aos que tiveram um envolvimento mais direto com a pesquisa propriamente dita, quero começar agradecendo a todos os meus amigos, na certeza de que o carinho, o calor gerado por nossos vínculos se constituiu em um dos maiores estímulos para que eu tivesse condições de chegar ao fim deste trabalho.

Em um terreno mais institucional, não posso deixar de reconhecer o meu débito com o já citado PPGAS. Isto ocorre porque foi precisamente em virtude do clima intelectual ao mesmo tempo aberto e rigoroso ali promovido que, apesar de nunca ter trabalhado profissionalmente como antropólogo, me mantive sempre interessado, fascinado pela disciplina. Tal sentimento formou-se no diálogo com Anthony Seeger, Roberto DaMatta e Rubem César Fernandes, entre outros, e, ainda que não consiga cultivá-lo da maneira que me parece a mais apropriada, continua a ser parte essencial da minha vocação.

Esta vocação, aliás, foi generosamente acolhida no Instituto Universitário de Pesquisas do Rio de Janeiro - Iuperj, local onde foi realizada a maior parte da minha investigação. É indispensável, portanto, agradecer ao conjunto dos seus professores, alunos e funcionários, que nunca deixaram de apoiar um colega cuja formação e interesses, afinal, dão a impressão de estar um pouco distantes dos que compõem a identidade mais canônica da Casa.

Gostaria de destacar, no Iuperj, o auxílio que me foi prestado por Elisa Pereira Reis, Maria Regina Soares de Lima, Amaury de Souza, Cesar Guimarães, Edmundo Campos Coelho, José Murilo de Carvalho, Olavo Brasil de Lima Junior e Renato Raul Boschi, que se mostraram companheiros sempre presentes, tornando mais fácil e prazerosa a minha adaptação ao novo ambiente; por Licia do Prado Valladares, que cedeu alguns livros da biblioteca de seu pai que foram essenciais para a confecção deste texto; e por Luiz Werneck Vianna, um interlocutor de todas as horas, compassivo e atento, capaz de partilhar o seu conhecimento acerca do pensamento social no Brasil de forma absolutamente desprendida.

Maria Alice Rezende de Carvalho, Luiz Eduardo Soares e Renato Lessa, amigos de longa data e agora mais uma vez colegas, dividem comigo há anos as alegrias e as perplexidades dessa estranha profissão, mistura de teatro, laboratório e confessionário, que terminamos por abraçar. Criamos, desse modo, uma atmosfera de cumplicidade e afeto que tem ajudado, decisivamente, na superação dos desafios do cotidiano.

Quanto aos alunos, particularmente os meus orientandos e ex-orientandos, Bárbara Musumeci Soares, Carmem Felgueiras, Maria Eliza Linhares Borges, Monica Grin, Myrian S. dos Santos, Santuza Cambraia N. Ribeiro, Carlos Eduardo Rebello de Mendonça, Gilson P. Gil, Leo Lince, Manoel Eduardo Aires, Marcos Chor Maio e Robert Wegner, o que posso dizer é que significaram e significam uma rara oportunidade de troca intelectual e emocional, fazendo inclusive com que valha a pena essa estranha profissão à qual me referi há pouco.

Além disso, gostaria igualmente de ressaltar que Angela Mara Ribeiro Lima, Beatriz Garrido Guimarães e Maria Cristina Zinezi na biblioteca, Beth Cobra em vários lugares diferentes, Violeta Maria Monteiro e Florita Coelho dos Santos na secretaria executiva, Charles Pessanha na revista *Dados*, Edson Luiz Vieira de Melo na administração e Altidório Silva na portaria forneceram-me não apenas o benefício da sua competência profissional como também o conforto da sua amizade. As bibliotecárias, em especial, colaboraram de forma inestimável para a realização da pesquisa.

Além do Iuperj, não posso deixar de lembrar as outras duas instituições em que já trabalhei: o CPDOC, da FGV/RJ, cujo ambiente de pesquisa desempenhou um papel fundamental na formulação da idéia da tese, e o Departamento de História da PUC-Rio, onde provavelmente se formou a maior parte da minha identidade profissional. Contudo, não se trata apenas de reconhecer a óbvia dívida acadêmica que contraí com essas duas instituições: lá também deixei amigos que foram muito valiosos tanto para o andamento desta investigação quanto para a minha própria estabilidade emocional, desempenhando o papel de verdadeiros anjos da guarda, para os quais sempre podia recorrer em caso de necessidade. Assim, para não desmentir excessivamente os votos de modéstia sentimental que formulei no começo, refiro-me somente a Alzira Abreu, Aspásia Camargo, Helena Bomeny e a Lúcia Lippi de Oliveira no CPDOC, e a Berenice Cavalcanti, Margarida Souza Neves, Antonio Edmilson Martins Rodrigues, Carlos Zilio, Francisco Falcon, Ilmar Rohloff de Mattos e Marcelo Jasmin na PUC.

Devo registrar, ainda, que recebi durante três anos uma bolsa de doutorado do CNPq, o que me proporcionou algum tempo livre para um primeiro contato com o material que teria de levantar. Parte deste material, a propósito, foi exposto no Grupo de Trabalho sobre Pensamento Social no Brasil, da Anpocs, no Curso de Pós-Graduação em Literatura Brasileira, da UERJ, e no CPDA, da UFRRJ: agradeço a todos os que me convidaram e discutiram generosamente a primeira versão de alguns dos capítulos deste trabalho.

Rebeca Schwartz, Vanna Piraccini, Aluizio Leite e Jorge Bastos são amigos que partilham comigo uma curiosa devoção pelo livro. Talvez seja por esta razão que as suas lojas acabaram por assumir um aspecto tão fraterno e acolhedor, permitindo-me vagar, flanar entre as suas estantes com a tranqüilidade de quem se encontra efetivamente em casa.

Georges Avelino Filho, José Reginaldo Gonçalves e Marcos Veneu, velhos amigos, discutiram incansavelmente comigo os argumentos que agora vêm a público. Devo ainda a Reginaldo um agradecimento por ter, juntamente com Luiz Eduardo Soares e Marcelo Jasmin, ajudado na digitação dos originais, sem o que, seguramente, não teria concluído dentro do prazo.

A banca foi composta pelos professores Luiz Costa Lima, Wanderley Guilherme dos Santos, Gilberto Velho, Luiz Fernando Dias Duarte e Otávio Velho. Gilberto orientou-me no mestrado do PPGAS e teve grande influência na minha formação. Luiz Fernando foi meu colega no mesmo curso. Ambos travam comigo desde então um diálogo, embora intermitente, sempre enriquecedor. O fato de terem concordado em ser meus examinadores representa ao mesmo tempo uma honra e uma grata oportunidade de aprofundar a relação com a Antropologia, cuja importância já foi enfatizada.

Luiz e Wanderley, por sua vez, ocupam na minha vida e — creio — na de vários dos meus companheiros de geração um lugar especial: o de constantes e intensas fontes de inspiração, onde, a cada contato, não só recebemos lições de independência, rigor e heroísmo intelectual, mas também nos expomos a uma amizade e dedicação simplesmente ilimitadas, duplo movimento que, sem dúvida, traz consigo ao menos uma centelha de felicidade.

Meu orientador, Otávio Velho, não será motivo de muitos comentários aqui. Estou certo de que o leitor já irá perceber que a minha gratidão para com ele é de tal porte que, na total impossibilidade de recorrer à música, pode se expressar apenas por intermédio de um relativo, mas eloqüente, espero, silêncio.

Devo ainda, aos membros da banca, um agradecimento tanto pela leitura extremamente minuciosa, crítica e generosa da tese, quanto pela criação de uma atmosfera de gentileza, dignidade e bom humor que marcou a defesa. Não me foi possível incorporar todos os seus comentários e objeções, mas isto também se deve ao fato de que eles se constituem em um verdadeiro programa de trabalho, de cuja execução me esforçarei por estar a altura.

Maria Luiza Freire Farias digitou com enorme talento, paciência e cuidado a versão final da tese. Tema Pechman, por sua vez, fez a mais minuciosa revisão a que já tive a sorte de assistir. Mas não fez só isso: corrigiu carinhosamente alguns dos meus excessos, animou o meu espírito ao ressaltar um ou dois acertos e procurou continuamente agir com justiça e humor, convertendo-se em uma das maiores descobertas que pude até agora fazer no Iuperj.

Silvana, minha mulher, e Alice e Carolina, minhas filhas, participaram de maneira naturalmente intensa da enorme confusão que costuma acompanhar a realização de um doutoramento. Nunca, porém, deixaram de me incentivar, sempre fingindo aceitar com enorme boa vontade o adiamento de todas as promessas para "depois da tese". Vou tentar cumpri-las.

Ricardo Benzaquen de Araújo

GUERRA E PAZ

Casa-Grande & Senzala
e a Obra de Gilberto Freyre nos Anos 30

Aos meus pais, Sol e Ilídio

Ao meu orientador, Otávio Guilherme Velho

e à memória do professor
Isaac Kerstenetsky

LISTA DE ABREVIATURAS

AJ — Artigos de Jornal
Ass — Assucar
CGS — Casa-Grande & Senzala
ECS — O Estudo das Ciências Sociais nas Universidades Americanas
Guia — Guia Prático, Histórico e Sentimental da Cidade do Recife
Ingl — Ingleses
MN — Mucambos do Nordeste
Nord — Nordeste
SM — Sobrados e Mucambos
TMOT — Tempo Morto e Outros Tempos

Ricardo Benzaquen de Araújo

INTRODUÇÃO

Este livro se concentra na análise das obras que Gilberto Freyre escreveu nos anos 30, principalmente *Casa-Grande & Senzala*. A questão que fez com que eu seguisse esse caminho diz respeito, acima de tudo, ao meu interesse em examinar as relações que podem ser estabelecidas entre as *ciências sociais*, amplamente definidas, e as *propostas modernistas*, ainda bastante influentes no período.

Isso não quer dizer, contudo, que os capítulos que se seguem contenham uma discussão sobre os vínculos de Gilberto com as sugestões de renovação estética embutidas no *modernismo*, nacional ou internacional, nem com as grandes correntes em que se dividia a reflexão sociológica na época. Ao contrário, não há praticamente nenhuma alusão explícita a esses temas durante todo o desenrolar deste estudo, o que torna necessário tanto explicar por que eles não foram abordados diretamente quanto avaliar o alcance e o sentido — ainda que tácito — da inspiração por eles fornecida.

Para que isso ocorra, entretanto, será preciso que tente dar conta, de forma breve, do caminho pelo qual cheguei a me preocupar com o debate desse assunto. Na verdade, a própria informação acerca das ligações de alguns dos ensaístas das décadas de 20 e 30 com os pontos de vista modernistas sempre esteve disponível: todos sabemos, por exemplo, que Paulo Prado, autor de *Retrato do Brasil* (1928), foi um dos principais animadores e patrocinadores do movimento, escrevendo o prefácio-manifesto da "Poesia Pau-Brasil" (1924) de Oswald de Andrade e tendo inclusive recebido — juntamente com Tarsila do Amaral — a dedicatória das *Memórias Sentimentais de João Miramar* (1924), do mesmo Oswald, e de *Macunaíma*, de Mário de Andrade, que vem a público precisamente no mesmo ano que seu *Retrato*.

Todavia, os compromissos estéticos de Paulo, bem como os de Sérgio Buarque de Holanda, que em 1936 publica *Raízes do Brasil*, depois de uma longa militância modernista, dão a impressão de que não são habitualmente considerados fortes o suficiente para afetar, com profundidade, a substância de sua argumentação histórico-sociológica. No máximo, é possível encontrar-se às vezes uma indicação de que esta argumentação era perfeitamente compatível com o segundo momento do modernismo, de 1924 em diante, no qual a preocupação com o progresso técnico parece harmonizar-se com uma revalorização da tradição, infundindo-lhe método e racionalidade para transformá-la na base de uma verdadeira identidade nacional (cf. Paula, 1990).

Basta ver, a propósito, que o justamente famoso prefácio de Antonio Candido à 5ª edição de *Raízes do Brasil* (1967) não julgou indispensável ressaltar a sua associação com o modernismo, preferindo enfatizar — corretamente, aliás — a dívida intelectual de Sérgio com a reflexão alemã, particularmente com a de Max Weber. É lógico que o tom do texto é memorialístico, em especial na sua primeira parte, mais geral, mas, por isso mesmo, essa omissão me parece extremamente significativa. Com efeito, o próprio Sérgio, em uma entrevista a Richard Graham (1987), reconhece o seu débito modernista de forma apenas ligeira, como uma entre outras vertentes relevantes na sua formação, sem lhe dar qualquer realce.

Tratando, então, de uma questão com a qual nem a melhor opinião corrente e nem mesmo um dos autores frontalmente envolvidos pareciam importar-se muito, resolvi aos poucos ampliar a área da pesquisa, nela incluindo um número maior de alternativas. Isso terminou por ser feito não só através da consideração de outras variantes regionais do modernismo, notadamente a de Minas Gerais e a do Nordeste, como também pela focalização de novos autores dentro do próprio ambiente paulista, alguns deles, inclusive, tendo já desempenhado papéis de destaque na condução do movimento.

Essa providência, creio eu, se mostrou acertada: por um lado, tornou-se claro que até na obra de Mário e de Oswald, como demonstra Moraes (1983) em sua tese de doutorado, é possível identificar-se um diálogo franco e aberto com as ciências sociais, sobretudo com a Antropologia; por outro, ela permitiu que se incorporasse aos meus interesses a contribuição mineira de Afonso Arinos de Melo Franco, cuja produção ensaística dos anos 30, destacando-se aí *O Índio Brasileiro e a Revolução Francesa* (1937), dá a impressão de ter sido tão importante quanto a sua opção posterior pela biografia, um dos mais tradicionais gêneros históricos.

No entanto, foi efetivamente o contato com a reflexão de Gilberto Freyre que acabou por se mostrar como o mais compensador resultado desse segundo momento da pesquisa. Isto se explica, entre outras razões, porque ele parece envolver uma série quase surpreendente de paradoxos que chegam, até certo ponto, a desafiar a própria investigação: Gilberto se dizia modernista e, de fato, o levantamento que já havia feito confirmava os seus laços com Manuel Bandeira, Prudente de Morais Neto, Rodrigo Melo Franco de Andrade e — sugestivamente — Paulo Prado, Sérgio Buarque e Afonso Arinos. Vale a pena observar, porém, que expressiva parcela da crítica atual costuma classificá-lo exatamente na posição inversa, contrapondo a sua obra, pelo regionalismo e pelo perfil tradicional, aristocrático e conservador que a caracterizaria, às demandas modernizantes do modernismo paulista (cf. D'Andrea, 1992).

Além disso, mesmo que fosse possível se comprovar as suas relações com a nossa atmosfera modernista, parecia-me evidente que ela dificilmente teria condições de dar conta do conjunto do seu pensamento: bacharelando-se em ciências políticas e sociais pela Universidade de Colúmbia, em 1922, e passando depois curtas temporadas na Europa, Gilberto transmite a sensação de ter-se aproximado da literatura de vanguarda da sua época de forma bastante peculiar, idiossincrática mesmo, sem nada dever diretamente à agitação cultural que animava o sul do País.

Começava, portanto, a surgir a oportunidade de interpretar a sua produção intelectual no período não tanto como uma alternativa conservadora, mas como um outro modernismo, eventualmente distinto daquela postura a um só tempo nacionalista e modernizadora que se tornava gradualmente hegemônica entre nós. A exploração dessa oportunidade, diga-se logo, foi enormemente estimulada por uma rápida, superficial vista-d'olhos na bibliografia internacional sobre o tema, posto que ela não apenas discute a possibilidade de serem percebidos vínculos de substância entre as posições modernistas e as ciências sociais, mas também aponta para divergências que iam além daquelas correntes — cubismo, futurismo, dada, surrealismo etc. — em que convencionalmente se dividia a vanguarda européia.

No que se refere ao primeiro ponto, por exemplo, cabe assinalar a discussão dos elos que ligam, no quadro cultural francês, a experiência surrealista a uma corrente específica da Sociologia, reunida nos anos 30 no Collège de Sociologie e que se concretizou em torno de nomes como Georges Bataille, Michel Leiris e Roger Caillois. Interessados em ampliar a tradição durkheimiana tanto pela valorização da transgressão e do excesso quanto pela incorporação do espírito que animava as técnicas da *collage* modernista, esses escritores/cientistas terminam afinal por construir uma imagem da sociedade marcada por um grau inusitado de tensão e ambigüidade (cf. Hollier, 1970; Clifford, 1988, cap. 4).

O estudo desse tipo de conexão, na verdade, tem se multiplicado nos últimos tempos: Stocking (1974) e Clifford (1988, cap. 3) debruçaram-se sobre as relações de Joseph Conrad com Malinowski, poloneses praticando a cultura e a língua inglesas em situações extremas — na África e na Oceania — e esforçando-se por manter um instável equilíbrio entre as tradições da civilização ocidental e as urgências de um cotidiano "exótico"; Lepenies (1988) e Goldman (1988), por sua vez, têm identificado uma espécie de diálogo implícito entre as obras de Weber e de Thomas Mann, salientando a sua preocupação com a falência da *bildung* e as próprias dificuldades enfrentadas pela sua substituição pela idéia de vocação, preocupação acentuada por partilharem de uma visão comparável, paradoxal e mesmo trágica da existência.

A menção a Conrad e Thomas Mann como autores modernistas talvez possa soar estranha ao leitor. Entretanto, se passarmos para o segundo ponto enfatizado pela crítica mais recente, aquele que introduz a possibilidade de um genuíno realinhamento no interior do modernismo, essa questão talvez possa ser apresentada com maior nitidez. Com efeito, Calinescu (1987) e Burger (1984), por exemplo, têm procurado justamente distinguir o modernismo propriamente dito das atividades das vanguardas: estas se esforçariam, acima de tudo, em abolir a esfera autônoma da arte, procurando superar a sua oposição em relação à vida pela adoção de uma postura combativa, otimista e, com freqüência, totalizante; aquele, ao contrário, continuaria a se alimentar exatamente dessa mesma oposição, concentrando as suas energias, como os dois romancistas citados no início deste parágrafo, em um processo de renovação especificamente estético.

Todas essas afinidades e diferenças, sem dúvida, possuem um caráter bastante discutível e precário, exigindo maiores investigações para que se possa avaliar o real alcance de sua contribuição. Elas já deixam

Ricardo Benzaquen de Araújo

claro, porém, que a abordagem contemporânea do modernismo internacional está longe de reificar-se na afirmação de uma posição básica, ortodoxa, abrindo-se inclusive para uma ampliação do número de lugares que poderiam ostentar a dignidade de centros modernistas, ampliação que vem até mesmo fazendo com que Viena assuma, junto com Paris, a condição de uma das capitais do movimento (cf. Schorske, 1988; Clair, 1986).

Nesses termos, a possibilidade de dedicar a pesquisa a Gilberto e em especial a suas obras da década de 30, que dão a impressão de revelar maiores vínculos com as propostas modernistas, pareceu-me de fato muito atraente. É preciso esclarecer, contudo, que não se trata aqui de supor que aqueles desafios que a sua investigação comportava pudessem ser facilmente, ingenuamente resolvidos pela mera utilização de algumas dessas hipóteses de trabalho levantadas pela bibliografia internacional.

Note-se, por exemplo, que Merquior (1981) chega a indicar que Gilberto praticava um modernismo realmente singular, anárquico e relativamente distante das formulações vanguardistas tão influentes em São Paulo. Contudo, tal constatação serve-lhe apenas para aproximar, na clave mesmo da anarquia, a sua reflexão da de Oswald — aproximação reafirmada por Benedito Nunes (1987) —, em uma perspectiva que torna evidente a necessidade de uma avaliação extremamente cautelosa dos temas em pauta, evitando-se qualquer precipitação classificatória que poderia apenas empobrecer a discussão.

Na verdade, foi justamente por esta razão, para diminuir o risco de uma interpretação estreita e simplificadora que, apesar de reconhecer a inspiração retirada dessas questões no início da investigação, julguei mais apropriado não retomar o seu debate, ao menos de forma explícita, nos capítulos seguintes. Optei, então, por uma abordagem enfaticamente monográfica da reflexão de Gilberto, alternativa que torna possível uma análise mais aprofundada, mais atenta às ambigüidades e paradoxos do seu pensamento. Tal opção permite inclusive que, quando se vier a esboçar uma avaliação sistemática do lugar ocupado pela Sociologia do nosso autor dentro do movimento modernista, ela talvez possa implicar uma síntese bem mais abrangente, complexa e matizada do que aquela que poderia ser exibida neste momento.

Este trabalho, portanto, vai se constituir de duas partes, ambas dominadas pela ambição de realizar um exame, se possível exaustivo, do conjunto da produção intelectual de Gilberto nos anos 30. A primeira é ocupada por um comentário, o mais completo e meticuloso que fui capaz de fazer, em torno daqueles que me pareceram ser os mais importantes argumentos substantivos de *Casa-Grande & Senzala*. Já na segunda parte, ainda que minha preocupação central se mantenha nesse mesmo texto, o foco da análise transfere-se para outros trabalhos por ele publicados — em sua grande maioria — na década em pauta: aqui, a intenção foi não só a de acompanhar as transformações sofridas pelas questões levantadas no seu exame do período colonial, mas também a de averiguar em que medida surgiram em sua obra outros pontos de vista, paralelos mas não obrigatoriamente excludentes em relação ao seu livro de estréia.

A conclusão retorna à *CGS*, procurando agora demonstrar que as teses de conteúdo histórico-sociológico ali defendidas eram como que confirmadas, autenticadas pela própria maneira em que foram escritas, só que isto se dá, como se verá mais adiante, pelo menos de duas formas distintas e, mais uma vez, não excludentes. O conjunto da análise transcorre de fato por esse caminho, chamando vivamente a atenção do leitor para o talento de Gilberto em aproximar visões diferentes, antagônicas até, sem dissolvê-las ou mesmo reduzir consideravelmente a sua especificidade. Assim, se o modo pelo qual essas e outras questões se ligam com o modernismo e com o restante da reflexão sociológica da época permanece, por um lado, apenas sugerido, por outro, espero que esta pesquisa, ao apontar a influência — mesmo implícita — desses temas, possa representar uma contribuição para sua discussão.

Ricardo Benzaquen de Araújo

PRIMEIRA
PARTE

— *A RÚSSIA AMERICANA* —

1.
CORPO E ALMA DO BRASIL

Creio que seja necessário, para começar, encontrar uma via que nos permita um acesso direto e imediato às grandes questões, aos principais argumentos sociológicos de *Casa-Grande & Senzala*. A busca desse caminho, por sinal, talvez possa até ser abreviada pela citação de um trecho do Prefácio à sua 1ª edição, trecho quase surpreendente, pois focaliza um raro momento em que Gilberto demonstra claramente endossar uma posição racista:

> "vi uma vez, depois de quase três anos maciços de ausência de Brasil, um bando de marinheiros nacionais — mulatos e cafuzos — descendo não me lembro se do *São Paulo* ou do *Minas* pela neve mole do Brooklin. Deram-me a impressão de caricaturas de homens. E veio-me à lembrança a frase de um viajante inglês ou americano que acabara de ler sobre o Brasil: 'the fearfully mongrel aspect of the population'. A miscigenação resultava naquilo" (*CGS*, p. XII).

Tenho a impressão de que seja difícil exagerar a importância dessa passagem, inclusive porque o livro inteiro transmite a sensação de ter sido escrito para *refutá-la*. De fato, ela serve acima de tudo para permitir que Gilberto introduza no texto a questão da raça de forma peculiarmente dramática, visto que a expõe através de uma confissão de racismo para, no mesmo momento, distanciar-se decisivamente dela pela afirmação de que, graças ao

> "estudo da Antropologia sob a orientação do professor Boas [,] que primeiro me revelou o negro e o mulato no seu justo valor — separados dos traços de raça os efeitos do am-

biente ou da experiência cultural [,] aprendi a considerar fundamental a diferença entre raça e cultura" (ibidem).

Gilberto, como se pode perceber, arma o cenário de uma verdadeira história de conversão: temos uma primeira posição, absolutamente pecaminosa, um neófito, um mestre, a possibilidade de transformação pelo estudo e finalmente a aquisição de uma nova e superior forma de verdade, "o critério de diferenciação fundamental entre raça e cultural [, no qual] assenta todo o plano deste ensaio" (ibidem).[1]

Assentado nesse critério, ele ambiciona tornar-se o autor do primeiro grande trabalho de cunho sociológico que consiga romper com o racismo que caracterizava boa parte da nossa produção erudita sobre o assunto até 1933, consagrando-se então como aquele que tenta recuperar positivamente as contribuições oferecidas pelas diversas culturas negras para a formação da nossa nacionalidade.

Mas não nos apressemos: antes de prosseguir na análise dessa ambição talvez valha a pena que nos detenhamos um pouco para um brevíssimo e certamente esquemático resumo dos principais modelos que orientaram o tratamento dispensado à questão da raça antes da publicação de CGS, inclusive para que possamos avaliar com um pouco mais de segurança o real significado do seu ineditismo.

Um primeiro ponto a ser sublinhado nesse resumo, ponto por sinal evidente na própria citação de Gilberto sobre os marinheiros brasileiros no Brooklin, é que a discussão do "problema racial" na época era com freqüência levada adiante sob um prisma bastante particular, que acentuava enfaticamente a questão da mistura de etnias, da miscigenação no País. Com efeito, aceitando como um fato natural, como um dado de contexto o caráter basicamente híbrido da nossa sociedade, grande parte da intelectualidade da República Velha terminava por se distribuir, a respeito desse tema, em pelo menos duas posições distintas.

A primeira delas, possivelmente a menos popular, incorporava argumentos sobre o Brasil levantados por alguns autores que nos haviam visitado no século XIX, como Agassiz e Gobineau, argumentos que praticamente sustentavam a inviabilidade do País. Isto acontecia

---

[1] Observe-se que no diário de Gilberto, que cobre o período que transcorre entre 1915 e 1930, há uma anotação feita em Nova Iorque, em 1921, praticamente idêntica ao trecho do Prefácio à 1ª edição de CGS que estamos examinando (TMOT, p. 68).

essencialmente porque se imaginava que a miscigenação, ao propiciar o cruzamento, a relação entre "espécies" de qualidade diversa, levava inexoravelmente à *esterilidade*, senão biológica, certamente cultural, comprometendo irremediavelmente qualquer esforço de civilização entre nós (cf. Skidmore, 1976, pp. 46-7 e 66-7).

Já a segunda posição vai exatamente procurar nos libertar dessa suposta condenação à barbárie que acabo de descrever. Ela também parte da miscigenação, mas apenas para inverter completamente a sua direção, fazendo com que deixe de ser a responsável pela nossa ruína para se converter num mecanismo capaz de garantir a redenção do Brasil, a extinção da sua questão racial e o seu conseqüente ingresso na trilha do progresso.

Isso tudo só se torna possível porque a mestiçagem passa a ser considerada como envolvida em um processo de *branqueamento*, processo que Skidmore (*idem*, p. 81) dá a impressão de entender quase como uma solução tipicamente brasileira para o problema da miscigenação, pelo qual se poderia assegurar um gradual predomínio dos caracteres brancos sobre os negros no interior do corpo e do espírito de cada mulato. Assim, dentro de um prazo determinado, calculado eventualmente em cerca de três gerações ou mais ou menos 100 anos (cf. Seyferth, 1985), acreditava-se que a herança negra estaria definitivamente erradicada do Brasil.

Como se vê, ambas as perspectivas avaliam de maneira profundamente negativa o relacionamento com essa herança, posto que a maior divergência entre elas parece consistir simplesmente em que a primeira julga os constrangimentos que supostamente daí derivaram como totalmente insuperáveis, enquanto a segunda, aparentemente, aposta na sua futura eliminação. De qualquer modo, tanto em um caso quanto no outro, é a postulação da supremacia branca que dá sentido ao argumento.[2]

Ora, se retornarmos agora a Gilberto e, mais especificamente, àquele trecho onde ele exibe a sua confissão de racismo, teremos con-

---

[2] Quanto aos debates em torno da questão racial no Brasil, em particular no período da Primeira República, creio que o estudo de Skidmore (1976) ainda possa ser consultado com bastante proveito. Além disso, é importante também que se faça uma menção à pequena monografia de Seyferth (1985) sobre João Batista de Lacerda, um dos mais articulados defensores da posição que sustentava o branqueamento entre nós.

dições de perceber que a sua postura era até mais próxima daquela primeira posição, mais radical, que desqualificava a mestiçagem e transformava o seu fruto em verdadeiras "caricaturas de homens", do que da segunda, um pouco mais moderada, que pelo menos a valorizava, desde que ela redundasse no branqueamento do País.

É evidente, porém, que esta *nuance* serve apenas para tornar mais longa a distância — e portanto ainda maior o seu mérito — que separava Gilberto de uma terceira posição, que ele mesmo inaugura em *CGS*: distinguindo raça de cultura e por isto valorizando em pé de igualdade as contribuições do negro, do português e — em menor escala — do índio, nosso autor ganha forças não só para superar o racismo que vinha ordenando significativamente a produção intelectual brasileira mas também para tentar construir uma outra versão da identidade nacional, em que a obsessão com o progresso e com a razão, com a integração do País na marcha da civilização, fosse até certo ponto substituída por uma interpretação que desse alguma atenção à híbrida e singular articulação de tradições que aqui se verificou.

Dessa forma, essa terceira posição daria ao Brasil a oportunidade de superar o "inacabamento", definitivo ou temporário, que habitualmente o caracterizava, fornecendo-lhe um passado, minimamente aceitável, que não o condenasse a se realizar — na melhor das hipóteses — *apenas no futuro*, depois da indispensável erradicação de alguns dos personagens que haviam participado mais ativamente da sua formação. Reconhecendo o valor da influência dos negros e dos índios, a reflexão desenvolvida por Gilberto parecia lançar, finalmente, as bases de uma verdadeira identidade coletiva, capaz de estimular a criação de um inédito sentimento de comunidade pela explicitação de laços, até então insuspeitos, entre os diferentes grupos que compunham a nação.[3]

Sucede, contudo, que essa reflexão aparentemente também continha um segundo significado, responsável direto pela mais dura e freqüente crítica que a obra de Gilberto e *CGS* em especial costumam receber. Ela se refere ao fato de que, no mesmo movimento em que se afasta do racismo e admite a relevância de outras culturas, nosso au-

---

[3] O primeiro capítulo do livro de Carvalho (1990) faz uma bela, embora forçosamente sintética, avaliação das mais significativas correntes em que se dividiu a produção intelectual brasileira no debate, travado durante a República Velha, que se indagava acerca dos destinos do País.

tor teria criado uma imagem quase *idílica* da nossa sociedade colonial, ocultando a exploração, os conflitos e a discriminação que a escravidão necessariamente implica atrás de uma fantasiosa "democracia racial", na qual senhores e escravos se confraternizariam embalados por um clima de extrema intimidade e mútua cooperação.[4]

Essa crítica, sem dúvida, não é inteiramente desprovida de fundamento, o que me leva a acreditar que o seu exame, isto é, a apreciação do grau de *mistificação* encerrado na imagem da sociedade brasileira produzida por *CGS*, talvez possa realmente nos conduzir a algumas das questões centrais do livro.

No entanto, antes de prosseguir por esse caminho, creio que seja fundamental, inevitável mesmo, que diminuamos um pouco o nosso passo para considerar uma outra objeção, até mais dramática, endereçada à reflexão de Gilberto. Aprofundada ultimamente em um trabalho de Costa Lima (*idem*), embora pressentida em estudos anteriores (cf., por exemplo, Mota, 1977, p. 61), essa crítica simplesmente questiona que o nosso autor tenha de fato abandonado a utilização da idéia de raça e sequer separado o seu emprego da de cultura, critério essencial, lembremo-nos, do próprio plano em que se assentava a confecção de *CGS*.

É importante observar, desde logo, que o reparo efetivamente procede, e de tal modo que chega a ser surpreendente que ele não tenha sido feito mais vezes, com maior ênfase e repercussão. De fato, a leitura de *CGS* evidencia inclusive que o destaque recebido pela noção de raça não se concentra em uma passagem localizada nem se refere apenas a um ou outro dos grupos sociais citados no texto. Ao contrário, ela dá a impressão de se distribuir, ainda que de forma irregular e sempre dividindo o seu prestígio com o conceito de cultura, ao longo de virtualmente todo o relato, alcançando indistintamente portugueses, mouros, judeus, negros e índios.

Poderíamos, por conseguinte, colher exemplos da permanência de uma lógica racial em *CGS* em várias partes do livro. Todavia, remetendo de imediato o leitor interessado em uma discussão mais minuciosa do tema para o estudo de Costa Lima (1989, cap. III), parece-me que, para os meus interesses aqui, talvez seja suficiente a reprodução de alguns

---

[4] Para citar apenas algumas das mais recentes e sérias análises que desenvolveram esse ponto de vista, recomendaria uma consulta aos trabalhos de D'Andrea (1992) e especialmente Costa Lima (1989).

pequenos trechos da sua argumentação, com o único intuito de tornar mais concreta a questão que estou tentando enfrentar.

Neste sentido, desde a sua análise da formação histórica de Portugal, resultado de uma singular mistura em que "o sangue português, já muito semita, por infiltrações remotas de fenícios e judeus, infiltrou-se de mouro durante os fluxos e refluxos da invasão maometana" (*CGS*, p. 230), passando por uma sugestiva avaliação da herança hebraica, que fazia com que os seus titulares se convertessem em

"técnicos da usura [:] tais se tornaram os judeus em quase toda a parte [,] por um processo de especialização quase biológica que lhes parece ter aguçado o perfil no de ave de rapina, a mímica em constantes gestos de aquisição e de posse, as mãos em garras incapazes de semear e de criar. Capazes só de amealhar" (*idem*, p. 249),

até a sua observação, já no contexto totalmente diferente do Brasil Colônia, de que

"pode-se juntar à [...] superioridade técnica e de cultura dos negros, sua predisposição como que biológica e psíquica para a vida nos trópicos. Sua maior fertilidade nas regiões quentes. Seu gosto de sol. Sua energia sempre fresca e nova quando em contato com a floresta tropical" (*idem*, pp. 307-8),[5]

podemos comprovar que Gilberto realmente preserva em *CGS* todo um vocabulário, marcado pelo louvor à biologia, que parece muito mais compatível com o determinismo racial do século XIX que com o elogio da diversidade cultural que ele desde o início procurou endossar.

A mera transcrição dessas três passagens, portanto, consegue suscitar uma série de problemas, pois desmente ou pelo menos atenua o

---

[5] Devo registrar que as duas primeiras citações deste parágrafo foram retiradas do trabalho de Costa Lima (1989), e a terceira do de Medeiros (1984), embora todas tenham sido cotejadas com a edição original de *CGS*. Procedi deste modo porque, como elas me pareceram extremamente representativas da maneira pela qual Gilberto opera com a idéia de raça, julguei que não haveria necessidade de procurar novos exemplos.

lugar, a dignidade de verdadeiro marco de renovação da nossa produção intelectual que *CGS* sempre procurou, abalando conseqüentemente a insistente pretensão de originalidade de Gilberto, que recorria ao ensinamento relativista de Boas para se distanciar dos seus antecessores e competidores nacionais. Além disto, e ainda mais grave, a explicitação desses trechos acaba por fazer com que o seu livro se transforme em um trabalho assolado pela mais terrível e absoluta imprecisão, visto que, como já foi sugerido, o aproveitamento da idéia de raça em momento algum tem forças para cancelar o realce que a de cultura nele também vai obter.

Mas será que este diagnóstico de indefinição e falta de rigor encerra definitivamente o debate sobre o papel desempenhado pela noção de raça em *CGS*? Não cultivo, obviamente, nenhuma desconfiança quanto à veracidade e ao peso dos argumentos recém-apresentados, mas tenho a impressão de que valeria a pena um rápido esforço para tentar qualificá-los e levá-los um pouco mais adiante, quanto mais não seja para que possamos tornar mais visível o sentido *específico* dessa inesperada adesão de Gilberto a explicações de cunho tão biologizante quanto as que terminamos de observar.

Devo assinalar, no entanto, que essa qualificação exigirá que façamos uma curta digressão capaz de nos proporcionar uma revisão, ainda que obrigatoriamente incompleta e esquemática, de alguns dos significados de que o conceito de raça modernamente se revestiu, condição imprescindível para uma exploração um pouco mais nuançada do assunto em pauta.

Julgo, antes de mais nada, que essa revisão deva ter como ponto de referência os debates políticos e intelectuais propiciados pelas correntes iluministas do século XVIII. Isto ocorre, sobretudo, porque as concepções de raça que informavam o contexto em que Gilberto se desenvolveu eram aparentemente muito dependentes de algumas das propostas oriundas dessas correntes, em particular das que diziam respeito a uma redefinição da própria idéia de natureza humana.

Com efeito, até o século XVIII a noção de "gênero humano" dava a impressão de ser definida em função de uma insuperável *ambigüidade*: de um lado, possuía uma conotação eminentemente *totalizante*, englobando todos os povos conhecidos no seu raio de ação; de outro, efetuando uma repartição absolutamente *assimétrica* entre esses povos, diferenciando preliminarmente os que viviam nas trevas, bárbaros ou pagãos, dos que divisavam de alguma maneira a luz da civilização clássica e/ou da religião cristã. Assim, se não havia muitas dúvidas de que ambos eram humanos, modelados à imagem e semelhança do *Deus Pai*, tampouco se questionavam as fundas e eventualmente invencíveis divergências, de origem natural ou sobrenatural, que os separavam.

Essa partilha, de sabor essencialmente clássico, vai contudo ser abalada com o advento do Iluminismo e, fundamentalmente, da Revolução Francesa. Isto ocorre porque ambos irão abrir espaço para distintos esforços e reflexões que terão em comum, simplesmente, a preocupação em eliminar aquela ambigüidade pela concretização, pela transformação em realidade daquela promessa de igualdade que a visão mais tradicional da natureza humana já parecia potencialmente antecipar.

Anulando hierarquias, suprimindo privilégios e tentando transferir a soberania dos príncipes para o povo, eis que se instaura então no Ocidente uma generosa obsessão com a efetivação dos direitos naturais da pessoa humana e a conversão da justiça em algo palpável e universal. Esta obsessão, vale a pena registrar, admitirá as substâncias mais diversas e os mais variados caminhos, mas irá seguramente se tornar um dos ideais fiadores da nossa concepção de modernidade.

Sucede, porém, que o processo necessário para a realização desse ideal não pôde ser levado adiante sem que se verificassem algumas conseqüências inesperadas, contraditórias até. Dentre elas, importa ressaltar especificamente a enorme dificuldade que algumas vertentes do Iluminismo passaram a ter para encontrar um espaço onde as vozes que discordavam das suas posições, mesmo e principalmente das mais meritórias, pudessem ser legitimamente alojadas. Afinal, quem cria obstáculos para o estabelecimento da natureza humana arrisca-se, no limite, a ser excluído dela, metamorfoseando-se em um *monstro*, em um aleijão, em um repto à sociedade e sobretudo à razão.[6]

Essa questão conheceu evidentemente inúmeros desdobramentos, especialmente políticos, fixando-se como um dos pólos em torno dos quais girou o debate sobre a herança do Iluminismo e da Revolução. No que se refere particularmente ao surgimento da concepção moderna de raça, sua importância se faz presente quando nos lembramos que foi precisamente por seu intermédio que o Iluminismo enfrentou o problema de como classificar as sociedades que relutavam em aceitar os

---

[6] Grande parte do raciocínio que orienta este e também os últimos parágrafos está baseada em um texto de Koselleck (1985, pp. 159-97).

34   Ricardo Benzaquen de Araújo

princípios da natureza humana. Desprezando a liberdade e ofendendo a razão, propriedades supostamente congênitas da espécie, essas sociedades constituíram-se em um verdadeiro desafio para um projeto de igualdade que, repita-se, deveria se implantar, de maneira simétrica e uniforme, em todas as latitudes do planeta. Como conviver, ou melhor, como entender, então, o persistente amor à servidão na Vendée, o canibalismo na Polinésia, a hiperexcitação sexual no Oriente e assim por diante?

Tais perguntas receberam muitas respostas ao longo dos séculos XVIII e XIX, mas interessa-me reter aqui somente duas delas, pois ambas lançam mão da noção de raça como uma categoria central para a sua explicação, ao mesmo tempo que lhe desenham perfis, altamente diversificados mas igualmente influentes, cujo prestígio se fará sentir até o momento em que Gilberto inicia a redação de *CGS*.

A primeira posição que vamos examinar pode mesmo ser apontada como aquela que se alinha de maneira mais ortodoxa ou radical com a lógica iluminista (cf. Poliakov, 1974, cap. 7). Denominada genericamente de *poligenismo* e tendo em Voltaire o seu mais ilustre defensor durante o século XVIII, ela exibia como o seu principal argumento a antiga fórmula *pré-adamita* da época do Renascimento, fórmula que postulava a existência de múltiplos e independentes centros de criação da raça humana, muitos, inclusive, antecedendo o aparecimento de Adão.[7]

Se isso era verdade, as constantes diferenças que se conseguia observar entre aquelas sociedades podiam enfim ser justificadas pelo fato de que elas pertenciam a raças completamente distintas, a maior parte delas sub humanas e, em alguns casos, enfática e irreversivelmente marcadas pela *bestialidade*. Deste modo, o sonho de uma fraternidade universal terminava curiosamente por se restringir e especializar, viabilizando-se apenas através de um povo, os *arianos*, os únicos que possuíam condições de suportar as exigências de civilidade e de racionalização que asseguravam o ingresso na natureza humana.

Na verdade, se percorrermos com Stocking (*idem*), Poliakov (1974) e Said (1985) a galeria dos autores que se filiaram ao poligenismo durante o século XIX, acabaremos por chegar a uma conclusão irônica e

---

[7] Sobre o poligenismo, além da obra de Poliakov (1974) já mencionada no texto, também recomendaria enfaticamente a consulta ao livro de Stocking (1968), em particular ao seu terceiro capítulo.

quase surpreendente: é como se a própria concepção de uma unidade efetiva e absoluta do gênero humano tivesse que se diluir e pulverizar no momento exato da sua concretização, dividindo-se entre uma infinidade de sub-raças, semitas, negróides e eslavas, por exemplo, todas comprometidas por sinais de nascença que limitavam física e portanto drasticamente o seu acesso às conquistas do espírito, e uma solitária estirpe de super-homens, os já mencionados arianos, cujo favorecimento biológico os transformava nos singulares herdeiros do destino da humanidade.[8]

Essa corrente, no entanto, não esgotava o repertório de propostas de inspiração iluminista que empregavam a idéia de raça para dar conta da flagrante divergência estabelecida entre as várias experiências de vida social que então se podia constatar. Podemos indicar ainda uma segunda alternativa, normalmente chamada de *monogenismo*, que se distinguia do poligenismo exatamente porque continuava a afirmar a existência de uma única origem para todo o gênero humano.[9]

Tal posição, que elegeu Buffon como o seu principal sistematizador durante o Iluminismo, conseguia portanto manter o dogma cristão que sustentava que todos os homens descendiam de um ancestral comum, mas somente ao preço de ver reaparecer a indagação acerca do princípio e do significado da diversidade entre os povos. Ora, é justamente aqui que intervém o argumento étnico, condicionando e estratificando *temporalmente* as raças, ou seja, fazendo com que cada uma delas apresente um ritmo de evolução inteiramente peculiar, alguns bastante lentos, outros bem mais rápidos. Esta diferença, contudo, seria naturalmente temporária, passageira, pois nunca teria condições de impedir, precisamente porque todas provinham da mesma raiz e conseqüentemente avançavam na mesma direção, que elas atingissem no futuro o patamar já alcançado pela mais desenvolvida delas, nossos conhecidos arianos ou indo-europeus.

Assim, o monogenismo termina por converter a história da Europa numa espécie de prefiguração da marcha da humanidade, em um

---

[8] Não é à toa, portanto, que os arianos acabem sendo aproximados da Grécia clássica, o que inclusive estimula o surgimento de um brilhante conjunto de reflexões que, pontuando todo o romantismo e o neoclassicismo alemães, persistirá até a *Origem da Tragédia* de Nietzsche, publicada em 1872 (cf. Silk e Stern, 1984).

[9] Quanto ao monogenismo, os trabalhos de Stocking e Poliakov, já lembrados, podem ser complementados pelo artigo de Clastres (1983).

processo que tomaria essa história como um modelo cujos diversos estágios forneceriam a chave para a compreensão dos momentos específicos — mas de forma alguma singulares — enfrentados por cada uma das várias sociedades na realização do seu destino comum. As diferenças geográficas seriam assim drasticamente reduzidas pela sua inclusão num mesmo eixo de tempo, o qual, transformado em uma linha que se movimenta sempre para a frente, confundindo-se com o progresso, parecia garantir que todas as raças teriam finalmente a mesma rota e a mesma sorte, só que ambas regidas por valores eminentemente ocidentais.

Não foi outra, aliás, a conclusão a que chegamos quando encerramos aquela sucinta resenha do poligenismo. A supremacia da raça branca, quer assumindo o papel de único representante da natureza humana, quer se comportando como a sua norma e o seu exemplo, dá realmente a impressão de se constituir em um ponto de convergência das propostas que, partindo do Iluminismo, desenvolveram ao longo do século XIX todo um raciocínio baseado no mais rigoroso determinismo biológico.

Acredito, a esta altura, que estejamos chegando ao fim da nossa digressão, até porque suponho que já tenha ficado bem claro que as duas posições que acabamos de resumir marcaram decisiva presença naquela discussão sobre os destinos do Brasil que antecedeu a elaboração de *CGS*. O poligenismo, com o seu exclusivismo étnico, dando substância erudita a reflexões, como as introduzidas por Agassiz, que condenavam o País ao fracasso em virtude da ampla acolhida que aqui teve a mestiçagem, pois é lógico que, se as raças possuíam origens totalmente incompatíveis, o seu intercâmbio só poderia nos trazer a esterilidade e a ruína. E o monogenismo, mais abrangente, capaz de postular a disseminação da herança ocidental desde que sob o seu mais estrito controle, tornando intelectualmente possível uma fórmula como a do branqueamento que, ao contrário inclusive do que Skidmore supõe, não era uma solução peculiar ou originalmente brasileira, tendo sido mesmo objeto de grande atenção no ambiente cultural francês nos anos que se seguiram à Revolução.[10]

---

[10] A ideologia do branqueamento, neste contexto, foi particularmente utilizada no debate acerca do futuro das recém-libertadas colônias francesas do Ultramar, cujo contingente de negros, no conjunto da população, era extremamente elevado. Sobre este ponto, pode-se procurar o artigo de Duchet (1980).

Mas como então pode ser conduzida, tendo como pano de fundo o quadro que acabamos de esboçar, a questão da preservação da noção de raça em *CGS*? Se, por um lado, não podemos duvidar da efetiva utilização desta categoria por Gilberto, por outro, o significado preciso que ela vai adquirir no seu raciocínio ainda não parece estar completamente definido. Afinal, ele tanto afirma, celebra mesmo a miscigenação, prática profundamente desaconselhável e perigosa em uma ótica poligenista, quanto acentua o valor das contribuições negras e árabes para a cultura nacional, exatamente aquilo que a lógica monogenista pretendia evitar, desafiando portanto, em ambos os casos, a hierarquia racial e a superioridade branca que essas posições buscavam estabelecer.

Gilberto, assim, opera com o conceito de raça, mas transmite a curiosa sensação de que não quer se comprometer com o seu sentido mais usual, deixando-nos diante de um dilema ou, pelo menos, obrigando a questão a permanecer em aberto. Acredito, porém, que este pequeno enigma possa começar a ser elucidado se introduzirmos na discussão uma terceira categoria, o *meio físico*, cuja importância na costura das teses apresentadas em *CGS* não pode de maneira alguma ser desprezada. Na verdade, como diz o nosso autor,

"embora o clima já ninguém o considere o senhor-deus-todo-poderoso de antigamente, é impossível negar-se a influência que exerce na formação e no desenvolvimento das sociedades, senão direta, pelos efeitos imediatos sobre o homem, indireta pela sua relação com a produtividade da terra, com as fontes de nutrição e com os recursos de exploração econômica acessíveis ao povoador" (*CGS*, p. 18).

Percebo, diga-se logo, o risco envolvido no destaque dessa categoria, posto que de início ela dá a impressão de simplesmente adicionar mais um elemento ao problema, sem condições de ajudar a resolvê-lo e, pior ainda, conseguindo até agravá-lo. Com efeito, como já foi dito antes, desde o texto de Costa Lima (1989), a maior dificuldade que adviria do fato de Gilberto empregar noções tão contraditórias quanto as de raça e cultura residiria, exatamente, na extrema imprecisão que passa então a povoar o seu texto. Esta imprecisão, obviamente, tende só a aumentar com o aparecimento da idéia de clima, inclusive porque todas elas parecem ser tratadas em pé de igualdade, consideradas como equivalentes e quase sinônimas,[11] numa indefinição que poderia apenas afastar a sua reflexão dos critérios que orientam a atividade científica.

Pois bem: concordo plenamente com a questão da imprecisão, e diria mesmo que ela pode ser apontada como um dos componentes mais importantes de CGS, pontuando toda a sua narrativa e fornecendo valiosas pistas para a compreensão de alguns dos seus mais interessantes propósitos. Entretanto, *neste* caso em particular, acredito que a sua relevância talvez possa ser bastante atenuada, e justamente através da consideração da noção de meio ambiente, que parecia ser capaz apenas de exacerbá-la.

Na verdade, em vez de ser percebida como um terceiro elemento isolado, que poderia unicamente se somar aos anteriores, esta noção deve ser compreendida como uma espécie de *intermediária* entre os conceitos de raça e de cultura, relativizando-os, modificando o seu sentido mais freqüente e tornando-os relativamente *compatíveis* entre si. Isto só é possível porque Gilberto trabalha com uma definição fundamentalmente *neolamarckiana* de raça, isto é, uma definição que, baseando-se na ilimitada aptidão dos seres humanos para se *adaptar* às mais diferentes condições ambientais, enfatiza acima de tudo a sua capacidade de incorporar, transmitir e herdar as características adquiridas na sua — variada, discreta e localizada — interação com o meio físico, dando origem ao que William I. Thomas (*apud* Stocking, 1968, p. 245) denominava de

> "raças artificiais ou históricas, [cuja formação se dá] por intermédio da influência do *milieu* e da difusão de um fundo comum de crenças, sentimentos, idéias e interesses entre uma população heterogênea e trazida pela sorte e pelo acaso a uma mesma zona geográfica".

Não é por outra razão, inclusive, que Gilberto afirma que "como salienta Spengler [,] uma raça não se transporta de um continente para o outro; seria preciso que se transportasse com ela o meio físico" (*CGS*, p. XVII). Convertendo portanto a idéia de raça muito mais em um efeito

---

[11] Como por exemplo: "O português, não: por todas aquelas felizes predisposições de raça, de mesologia e de cultura a que nos referimos [...]" (*CGS*, p. 17).

do que propriamente em uma causa, essa concepção neolamarckiana conseguia garantir consistência, estabilidade e sobretudo perenidade à cultura, mas esta garantia se baseava em um compromisso essencialmente biológico e por conseguinte destoante, pelo menos até certo ponto, do estilo que caracterizava o mais puro legado de Boas, ao qual Gilberto sempre tentou se filiar.[12] Contudo, é indispensável que nos lembremos que esse compromisso não implicava *necessariamente* nenhuma adesão a ideais marcados pelo evolucionismo ou pela hierarquia racial, como o monogenismo e o poligenismo, visto que, motivados pelo *milieu*, os grupos que dele derivavam não tinham nenhuma outra opção senão manter permanentemente um uso bastante peculiar, *simétrico e imparcial*, da idéia de diversidade.

Podendo também ter a sua história retraçada até o Iluminismo, com o próprio Lamarck, esta terceira posição, se nunca conheceu o mesmo prestígio desfrutado pelas suas congêneres, terminou por nos "proporcionar o último elo importante entre a teoria social e a biologia" (cf. Stocking, 1968, p. 265), quase uma ponte entre a velha idéia de "temperamento racial" e a percepção mais recente da cultura como uma entidade fundamentalmente autônoma. Vale a pena assinalar, aliás, que o contexto ao qual Stocking se refere em sua pesquisa, onde se poderia encontrar esse "último elo", é precisamente o da academia norte-americana no começo do século XX, no momento mesmo em que Gilberto fazia os seus estudos de pós-graduação por lá. Estes, a propósito, importaram em uma ligação não só com Boas mas igualmente com o sociólogo Franklin Giddings, também professor de Colúmbia, que pode ser arrolado entre os intelectuais que desenvolveram um diálogo mais regular e fecundo com o neolamarckianismo, constituindo-se possivelmente em um dos canais pelos quais nosso autor veio a entrar em contato com essa doutrina (cf. Stocking, 1968, p. 243).

Assim, não é de se estranhar que descubramos portugueses, árabes, judeus e ingleses em *CGS*, mas nunca arianos e... raramente se-

---

[12] O relacionamento de Boas, na verdade um tanto ambíguo, com o conceito de cultura e com as várias acepções da idéia de raça pode ser acompanhado pela leitura do trabalho de Stocking (1968), em especial nos seus capítulos de número 7, 8, 9 e 10. Agora, no que se refere ao peso de uma orientação neolamarckiana na reflexão de Gilberto, é bom lembrar que ele a discute cuidadosa e demoradamente em *CGS*, entre as páginas 312 e 323, devotando-lhe claramente grande simpatia, mas terminando por insistir em que a sua filiação básica é mesmo com o culturalismo de Boas e de Lowie.

mitas; ou que, embora tratando os escravos negros de maneira freqüentemente indistinta, Gilberto não se dispense de fazer, baseado em Melville Herskovitz e Nina Rodrigues, uma longa discriminação dos vários grupos africanos trazidos para o Brasil (cf., por exemplo, *CGS*, pp. 326-41), demorando-se em explicar detalhadamente as suas diferenças, tanto físicas e geográficas quanto culturais.

Todavia, como o uso da expressão *raramente* no último parágrafo já sugeria, é preciso que repisemos que a adoção de uma perspectiva neolamarckiana no que se refere ao conceito de raça talvez até tivesse forças para reduzir a ambigüidade suscitada pela introdução desse conceito ao lado do de cultura, mas certamente não era capaz de provocar a sua completa anulação. Podemos, inclusive, localizar passagens em que Gilberto encampa posições francamente evolucionistas, como por exemplo quando compara os diversos grupos africanos entre si (*idem*, pp. 339-41) ou contrasta a contribuição que alguns povos negros deram à nossa cultura com aquela fornecida pelas tribos indígenas (*idem*, pp. 306-7).

De toda forma, se a denúncia de imprecisão deve portanto ser mantida e até ampliada, suponho que tenha ficado bastante claro que, no que diz respeito especificamente à questão da raça, ela não alcança uma dimensão tal que possa prejudicar irremediavelmente a vocação, digamos, cultural, do conjunto de sua reflexão, embora, sem dúvida, lhe acrescente um matiz de inegável importância. Isto posto, imagino que seja finalmente a hora de passarmos a discutir aquela outra objeção, que acusava *CGS* de ter transformado a nossa experiência colonial, e a própria relação entre senhores e escravos que aqui se estabeleceu, quase que em um verdadeiro paraíso tropical.

2.
AGONIA E ÊXTASE

"sem crueldade não há festa."
Nietzsche

2.1.
ÁGUA E AZEITE

A acusação de que Gilberto esboça em *CGS*, por intermédio do elogio da miscigenação, um quadro extremamente suave, edulcorado e conseqüentemente mistificador do nosso passado colonial é, realmente, das mais graves e recorrentes. Como enfrentá-la? Minha intenção inicial foi a de discuti-la diretamente, mas cheguei à conclusão de que seria mais esclarecedor se começasse a sua abordagem por um caminho lateral, concentrando-me no exame de um dos capítulos, o terceiro, dedicado à avaliação dos "antecedentes e predisposições" do "colonizador português", no qual, inclusive, pouco se fala das suas relações com os escravos.

Minha opção se explica, simplesmente, pelo fato de que esse capítulo parece nos permitir um entendimento mais complexo e nuançado da noção de mestiçagem empregada por Gilberto, ponto de partida, não nos esqueçamos, da análise dos argumentos substantivos de *CGS*. Ocorre, porém, que essa noção não é aqui aplicada somente ao fruto do intercâmbio entre as diversas raças que povoaram o Brasil, como nos habituamos a imaginar. Ao contrário, em um deslocamento quase surpreendente, ela é destinada sobretudo ao próprio português, que perde inapelavelmente a sua identidade de branco "puro", passando então a ser encarado como um personagem *híbrido*, resultado de um amálgama iniciado antes, muito antes do seu desembarque no continente americano.

Isto se dá, antes de mais nada, pela mera localização geográfica de Portugal, situado em uma das fronteiras da Europa, rota de passagem para a África e portanto cenário natural de um enorme número de cruzamentos étnicos e culturais — estas expressões já podem ser tomadas virtualmente como equivalentes — que iriam caracterizar os seus habitantes. Neste sentido, Gilberto nos oferece uma impressionante descrição dos movimentos dos mais diversos povos que, desde a pré-história (*CGS*, pp. 216-20) até a ocupação moura (*idem*, pp. 223-30) converteram a Península Ibérica e em especial a sua face lusitana em um local de intensos encontros, contatos nem sempre pacíficos mas ainda assim capazes de produzir mútuas e duradouras influências.

Mas qual seria a concepção de miscigenação que estaria orientando esta construção do português como um ser que só pode ser definido pelo resultado do comércio, risonho ou brutal, que se desenvolveu, para citar apenas alguns exemplos, entre romanos, fenícios, árabes, franceses e judeus?

Essa concepção envolve, a meu juízo, uma compreensão da mestiçagem como um processo no qual as propriedades singulares de cada um desses povos *não* se dissolveriam para dar lugar a uma nova figura, dotada de perfil próprio, síntese das diversas características que teriam se fundido na sua composição. Desta maneira, ao contrário do que sucederia em uma percepção essencialmente *cromática* da miscigenação, na qual, por exemplo, a mistura do azul com o amarelo sempre resulta no verde, temos a afirmação do mestiço como alguém que guarda a indelével lembrança das *diferenças* presentes na sua gestação.[13]

É até difícil, diga-se de passagem, exagerar a relevância dessa concepção em *CGS*. Ela permitirá a Gilberto definir o português — e mais adiante o brasileiro — em função de um "luxo de antagonismos" (*idem*, p. 6) que, embora equilibrados, recusam-se terminantemente a se desfazer e a se reunir em uma entidade separada, original e indivisível. Esta recusa vai garantir o privilégio de uma imagem da sociedade extremamente híbrida, sincrética e quase polifônica, uma sociedade

"indefinida entre Europa e a África. Nem intransigentemente de uma nem de outra, mas das duas. A influência africana fervendo sob a européia e dando um acre requeime à vida sexual, à alimentação, à religião; o sangue mouro ou negro correndo por uma grande população brancarana quando não predominando em regiões ainda hoje de gente escura;

[13] Repetindo, então, só para enfatizar o argumento: ao contrário do que determinariam as leis da natureza, o amarelo e o azul, mesmo combinados, preservariam as suas tonalidades originais.

Ricardo Benzaquen de Araújo

o ar da África, um ar quente, oleoso, amolecendo nas instituições e formas de cultura as durezas germânicas; corrompendo a rigidez doutrinária da Igreja medieval; tirando os ossos ao cristianismo, ao feudalismo, à arquitetura gótica, à disciplina canônica, ao direito visigótico, ao latim, ao próprio caráter do povo" (*idem*, pp. 2-3).

Tal indefinição, é evidente, tem o seu preço. Primeiramente em termos biológicos, pois "em vão se procuraria um tipo físico unificado, notava recentemente em Portugal o conde Hermann de Keyserling" (*idem*, p. 4). Em decorrência disto,

"Portugal é por excelência o país europeu do louro transitório ou do meio louro. Nas regiões mais penetradas de sangue nórdico, muita criança nasce loura e cor-de-rosa como um menino-Jesus flamengo para tornar-se depois de grande, morena e de cabelo escuro. Ou então, o que é mais característico, revela-se a dualidade, o equilíbrio de antagonismos, naqueles minhotos de que nos fala Alberto Sampaio: homens de barba loura e cabelo escuro. Homens morenos de cabelo louro" (*idem*, p. 218).

É lógico, porém, que essa ambigüidade não se concentrou somente nos caracteres biológicos do português. Ela também atinge, e profundamente, a sua própria constituição espiritual, convertendo-o em um povo cujo

"caráter [...] dá-nos principalmente a idéia de 'vago, impreciso' [...] e essa imprecisão é que permite ao português reunir dentro de si tantos contrastes impossíveis de se ajustarem no duro e anguloso castelhano, de um perfil mais definidamente gótico e europeu" (*idem*, pp. 6-7).

Reencontramos a imprecisão, irmanada agora com a heterogeneidade na composição dos mais destacados princípios formadores da alma portuguesa, princípios capazes de fazer com que ela se

"assemelh[e] nuns pontos à do inglês; noutros à do espanhol. Um espanhol sem a flama guerreira nem a ortodoxia dramática do conquistador do México e do Peru; um inglês sem as duras linhas puritanas. O tipo do contemporizador. Nem ideais absolutos, nem preconceitos inflexíveis" (*idem*, p. 197).[14]

Diferença, hibridismo, ambigüidade e indefinição: parecem ser estas as principais conseqüências da idéia de miscigenação utilizada em *CGS*. Note-se, entretanto, que a palavra *preço*, que empreguei alguns parágrafos acima para introduzi-las, está longe de nos indicar uma pista realmente segura para uma melhor avaliação do seu significado, posto que, segundo Gilberto, essas características não importam de maneira nenhuma em qualquer diminuição ou perda para Portugal.

Muito pelo contrário, é exatamente aí, nessa índole flexível (*CGS*, p. 7) e até vulcânica (*idem*, p. 214), inteiramente despida de compromissos com a coerência e a rigidez, que o nosso autor vai localizar a maior virtude do português, responsável inclusive pelo sucesso do processo de colonização desencadeado por ele no início dos tempos modernos. De fato, Gilberto insiste em que uma nação como Portugal, dotada de pequena população e incipientes recursos materiais, só teve condições de empreender uma expansão ultramarina na escala e na dimensão que conhecemos graças à ilimitada *mobilidade* (*idem*, p. 9), *miscibilidade* (*idem*, p. 10) e *aclimatabilidade* (*idem*, p. 13) dos seus habitantes.

Deslocando-se com rapidez, deitando-se com qualquer raça e aceitando todos os climas, o português realiza a proeza de não só se multiplicar e assegurar a sua presença nas mais longínquas regiões do planeta mas também a de fazê-lo através de um tipo singular de colonização, baseada em um íntimo contato com as terras e os povos por ele conquistados, distinguindo-se em especial da

"colonização européia e anglo-americana dos trópicos [, que] tem sido antes exploração econômica ou domínio político: a colonização do tipo que representam os setenta e seis mil ingleses que dirigem por assim dizer de luvas e preservados de mais íntimo contato com os nativos por profiláticos de borracha os negócios comerciais e políticos da Índia" (*idem*, pp. 17-8).

---

[14] Esta "indefinição" constitutiva do português já havia sido observada por Ramos (1989).

Ricardo Benzaquen de Araújo

Não é à toa, por conseguinte, que aquelas três características, a mobilidade, a miscibilidade e a aclimatabilidade, depois de condensadas por Gilberto na idéia de *plasticidade*, transformaram-se em categorias centrais da sua análise em *CGS*. Prolongamento natural daquela peculiar concepção de mestiçagem discutida há pouco, esta idéia vai representar, ao mesmo tempo, uma ampliação e uma concretização da experiência étnica e cultural de Portugal.

Passamos, como se vê, da miscigenação à plasticidade, em um percurso que apenas *reforça* aquela visão idílica da colonização portuguesa no Brasil, sustentada justamente pelo descarte dos conflitos e pela ênfase na adaptação, na tolerância recíproca e no intercâmbio — principalmente — sexual.

Assinale-se ainda que este argumento pode ser até mesmo aprofundado por intermédio do exame de um detalhe, de um ponto específico, embora revelador, do argumento de Gilberto: ele acentua, ao longo de todo o livro, a enorme importância da contribuição muçulmana na "composição" do português, recuperando inclusive de maneira *positiva* uma série de elementos, como a sua violenta sexualidade e o sentido simultaneamente festivo e guerreiro — antiascético — da sua religião, tradicionalmente denunciados pelo Ocidente no afã de produzir uma imagem capaz de reunir e estigmatizar, no mesmo movimento, os povos do Oriente (cf. Said, 1985).

Todavia, o que me interessa reter agora dessa discussão é simplesmente o fato de que Gilberto, dialogando com e freqüentemente *invertendo* a perspectiva orientalista, deixa completamente de lado, praticamente desconhece aquela que talvez seja a mais famosa bandeira dessa posição, a noção de *despotismo oriental*. Esta noção, cujos principais formuladores foram provavelmente Aristóteles e Montesquieu, vai indicar o Oriente como o lugar natural para o desenvolvimento dessa forma absoluta, imoderada de poder, fazendo com que ele se torne uma espécie de alternativa patológica, de duplo invertido do Ocidente, visto que este parece permanentemente obcecado pela busca da liberdade.[15]

Ora, se nos lembrarmos que a idéia de despotismo, convertendo todos os súditos em servos e retirando-lhes qualquer direito em relação ao príncipe, esteve sempre estreitamente associada com a escravi-

---

[15] Entre os textos que se dedicam a analisar a noção de despotismo oriental, destacaria o de Venturi (1963) e, sobretudo, o sugestivo livro de Grosrichard (1988).

dão, podendo até ser definida por Montesquieu (*apud* Venturi, 1963, p. 135) como um *"esclavage politique"*, veremos que a omissão de Gilberto dá realmente a impressão de que ele imaginava existir aqui o que poderíamos chamar de uma *escravidão não-despótica*, docemente embalada pela miscigenação e pela plasticidade que normalmente identificavam o português.

2.2.
O JARDIM DOS SUPLÍCIOS

Apesar de todas as evidências apresentadas na seção anterior, ainda tenho, contudo, alguma dificuldade em concordar que a visão que Gilberto possuía da nossa sociedade colonial envolvesse, de fato, a afirmação de um paraíso tropical. Não é que pretenda refutar inteiramente esta posição, muito ao contrário, mas não consigo apagar a sensação de que estamos, acima de tudo, diante do que talvez se possa denominar de uma meia verdade, tomando-se inclusive esta expressão no seu sentido mais literal, ou seja: não se trata de uma falsidade ou de um equívoco, mas de uma afirmação que atinge apenas parcialmente o seu alvo, necessitando por conseguinte ser um pouco mais debatida e qualificada.

Para tanto, creio que valha a pena começar esta discussão registrando que, da mesma maneira que encontramos em *CGS* um vigoroso elogio da confraternização entre negros e brancos, também é perfeitamente possível descobrirmos lá numerosas passagens que tornam explícito o gigantesco grau de *violência* inerente ao sistema escravocrata, violência que chega a alcançar os parentes do senhor, mas que é majoritária e regularmente endereçada aos escravos.

Assim, desde o Prefácio, onde nos deparamos com "senhores mandando queimar vivas, em fornalhas de engenho, escravas prenhes, as crianças estourando ao calor das chamas" (*CGS*, pp. XXXII-XXXIII), até a denúncia, algo mais sutil, de um outro tipo de violência, a "sifilização do Brasil" (*idem*, p. 354), realizada essencialmente pelos portugueses e acusada em praticamente todo o texto (*idem*, cf., por exemplo, pp. 73-7 e 352-6), podemos perceber que, apesar da mestiçagem, da tolerância e da flexibilidade, o inferno parecia conviver muito bem com o paraíso em nossa experiência colonial.

Não acredito, porém, que a enumeração de trechos em que se possa captar essa dimensão opressiva da escravidão portuguesa no Brasil seja suficiente para nos proporcionar um melhor entendimento do seu significado. Suponho, na verdade, que teremos de dar um passo mais ousado do que a mera citação de dados brutos, de episódios dignificantes ou desabonadores, na busca de uma compreensão mais rigorosa e sistemática do modo pelo qual a intimidade e a distância, o céu e o inferno, conseguem se relacionar em *CGS*.

Esse passo, contudo, obriga-me a fazer uma ligeira mas indispensável referência a duas das tradições, a clássica e a cristã, que têm influenciado da maneira mais consistente e duradoura a reflexão ocidental sobre a questão da escravidão. Não tenho, obviamente, sequer a pretensão de oferecer um resumo dos argumentos que ambas produziram acerca dessa questão, mas somente a de isolar um ou outro dos seus componentes mais importantes, especialmente aquele que diz respeito ao papel nelas desempenhado pelas idéias de violência e de confraternização, pois tenho a intenção de construir um modelo — *ad hoc*, de validade obviamente restrita aos limites deste estudo — com o qual o raciocínio de Gilberto talvez possa ser confrontado.

Muito bem: se começarmos pela análise do modelo clássico, representado de agora em diante pelo seu primeiro protagonista, a sociedade grega, veremos que a noção de violência aqui praticamente se confunde com a de despotismo, o que nos obriga a retornar ao seu exame e a tentar aprofundá-lo, providência imprescindível para que obtenhamos uma avaliação mais correta da percepção greco-romana da escravidão.

De crescimento supostamente fácil e natural na Ásia, como já havia sido mencionado, o despotismo também podia, então, ser encontrado entre os gregos. Acontece, no entanto, que a sua aplicação legítima aqui era reservada exclusivamente aos escravos, o que quer dizer, entre outras coisas, que ele permanecia totalmente confinado às fronteiras do lar, ou melhor, da esfera doméstica da existência. A autoridade despótica, portanto, era o verdadeiro reverso da medalha do centro da vida social da *pólis*, o *agora*, espaço público fundado em uma concepção de liberdade que significava eminentemente *ação*, ação política em que as decisões e o próprio governo da cidade dependiam do debate aberto entre cidadãos, ao menos idealmente, equivalentes.[16]

Ressalte-se todavia que, se este confinamento à vida privada aproxima por um lado o despotismo dos demais poderes que eram privilé-

---

[16] A discussão destes temas pode ser acompanhada através das obras de Arendt (1983), Finley (1983) e Vidal-Naquet (1981).

gio de um chefe de família, por outro, estava longe de ter condições de assegurar a sua completa identificação. Isto ocorre simplesmente porque a autoridade de um pai sobre seus filhos ou de um marido no tocante à sua esposa tinha de respeitar o fato de que estes eram seres basicamente livres, o que importava na consideração das suas necessidades e, eventualmente, até mesmo dos seus desejos.

Ao contrário, como diz Aristóteles (*apud* Grosrichard, 1988, p. 15), "a autoridade despótica é exercida no interesse do senhor, e, só acidentalmente, no interesse do escravo". É justamente este o ponto que me parece digno de destaque, pois ele implica que se defina o despotismo não apenas pela *extensão* do poder nele embutido, maior ou menor, absoluto ou relativo, mas também e principalmente em função da sua *qualidade* específica, isto é, desta total primazia das conveniências do senhor em relação às dos escravos.

É evidente que essa primazia não envolvia necessariamente violência física, sendo possível, às vezes, descobrir-se ocasiões em que se dispensava um bom tratamento aos escravos. Sucede, apenas, que esse tratamento era permanentemente submetido àquele reificante "interesse do senhor", traço de união entre o despotismo e a escravidão e sugestiva presença do fantasma oriental na imaginação grega.

Importa assinalar, de passagem, que é precisamente aqui que reside a mais séria divergência entre a escravidão e as numerosas condições servis que podiam ser localizadas na Antiguidade clássica e, mais adiante, na Idade Média. Estas condições podem nos oferecer assustadoras demonstrações da exploração de um grupo social pelo outro, mas somente muito raramente uma situação que acarrete o mais completo desapreço pelas mínimas necessidades da posição subordinada, sendo por esta razão, inclusive, que a maior parte dos especialistas, como Finley (1983) e Vidal-Naquet (1981), tem se recusado a considerar os escravos por dívidas, de Atenas, e os hilotas, de Esparta, como exemplos de escravidão. Os primeiros tinham a sua cidadania colocada temporariamente em recesso, mas preservavam todas as qualidades essenciais para reavê-las, enquanto os segundos constituíam-se em um povo subjugado, mas subjugado enquanto povo, quer dizer, mantendo os laços de solidariedade e os vínculos de propriedade em uma escala tal que lhes possibilitou a persistente defesa de algumas das suas mais importantes prerrogativas.

Não deve nos surpreender, conseqüentemente, que a esmagadora maioria dos escravos na Antiguidade clássica consistisse basicamente de *estrangeiros*, oriundos, pela pirataria, guerra ou comércio, *não* de outras cidades gregas, mas de populações e impérios *bárbaros*, relativamente acostumados, acreditava-se, a admitir o poder despótico. Realmente, eles tinham de se comportar como se fossem súditos de um monarca oriental, pois exigia-se que se colocassem inteiramente à disposição do seu senhor, intervindo na vida social apenas quando, como e onde isto pudesse atender às pretensões dele e às leis da *pólis*.

Vale a pena, neste contexto, uma breve menção aos *metecos*, estrangeiros não-escravos,[17] que viviam na cidade mas que, de certo modo, não participavam dela, visto que não possuíam nenhuma influência sobre a condução dos assuntos públicos. Os escravos, da mesma maneira, podiam até viver no lar, no *oikos*, mas também não participavam dele, na medida mesmo em que qualquer contribuição mais pessoal que lhe quisessem fazer dependeria sempre da anuência, teria forçosamente de passar por este filtro em que se constituía sua rigorosa adequação aos propósitos do senhor. Deriva exatamente daí, inclusive, o fato de ter sido possível a reunião de uma quantidade tão grande e variada de povos e tradições específicas na Grécia sem que o apolíneo desenho da sua cultura olímpica, o seu ideal de proporção, medida e individuação, tivesse sido, por isto, seriamente abalado.

Ora, se retornarmos então ao exame de *CGS*, veremos que, pelo menos no que se refere à questão do despotismo, entendido agora como expressão da mais completa disponibilidade do escravo em relação aos interesses do senhor, parece efetivamente existir alguma afinidade com o modelo clássico. O que é interessante, em especial, é que esta afinidade talvez possa ser melhor apreciada justamente no contexto que dá a impressão de possuir mais condições para refutá-la, o da proximidade, de natureza sobretudo sexual, que ocorreu entre portugueses e negros em nossa sociedade colonial. Isto se dá porque Gilberto deixa suficientemente claro que

"o intercurso sexual entre o conquistador europeu e a mulher índia [...] verificou-se — o que depois se tornaria extensivo às relações do senhor com as escravas negras — em circunstâncias desfavoráveis à mulher [... Portanto,] o fu-

---

[17] Cuja maior parte não era formada por bárbaros, mas sim por descendentes de gregos que haviam abandonado a sua região natal, transferindo-se para uma outra pólis.

ror feme•iro do português se terá exercido sobre vítimas nem sempre confraternizantes no gozo; ainda que se saiba de casos de pura confraternização do sadismo do conquistador branco com o masoquismo da mulher indígena ou negra. Isto quanto ao sadismo do homem para a mulher — não raro precedido pelo de senhor para moleque. Através da submissão do moleque, seu companheiro de brinquedos, [...] iniciou-se muitas vezes o menino branco no amor físico" (*CGS*, p. 78).

E não se pense que a menção ao "sadismo" dos senhores e ao "masoquismo" dos escravos tenha a função de amenizar a crítica, reduzindo o despotismo aqui apontado a uma mera decorrência das características psicológicas — ainda que patológicas — dos grupos em pauta. Com efeito, logo dois parágrafos depois, ele se apressa em

"salienta[r] que a primeira direção tomada pelo impulso sexual na criança — sadismo, masoquismo, bestialidade ou fetichismo — depende em grande parte de oportunidade ou *chance*, isto é, de influências externas sociais. Mais do que de predisposição ou de perversão inata" (*idem*, p. 79).

"Influências sociais" que, na verdade, prolongavam a violência em várias direções e atingiam até as crianças escravas, tanto incluindo-as no rol dos interesses sexuais do jovem senhor, como já se viu, quanto, indo além do sexo, fazendo com que o

"moleque *leva-pancadas* [...] desempenh[asse] entre as grandes famílias escravocratas do Brasil as mesmas funções de paciente do *senhor moço* que na organização patrícia do Império Romano o escravo púbere escolhido para companheiro do menino aristocrata: espécie de vítima," (*ibidem*) [...] "um objeto sobre o qual o menino exerce os seus caprichos [, posto que] suas funções foram as de prestadio manégostoso, manejado à vontade por nhonhô, apertado, maltratado e judiado como se fosse todo de pó de serra por dentro; de pó de serra e de pano como os judas de sábado de aleluia, e não de carne como os meninos brancos" (*idem*, p. 378).

É lógico que essa tendência acaba por se aperfeiçoar com a chegada da maturidade,

"transforma[ndo] o sadismo do menino e do adolescente no gosto de mandar dar surra, de mandar arrancar dente de negro ladrão de cana, de mandar brigar na sua presença capoeiras, galos e canários — tantas vezes manifestado pelo senhor de engenho quando homem feito" (idem, pp. 79-80).

Registre-se, inclusive, que esse "gosto de mando violento ou perverso" (idem, p. 80) termina por impregnar todo o restante da vida social da casa-grande, informando as relações do senhor com a sua sinhá (idem, pp. 80 e 140), desta com as suas mucamas (idem, p. 380), dos pais com os filhos (idem, pp. XXV e 440), com as filhas (idem, pp. 454-5) e assim por diante. Cria-se, desta forma, uma atmosfera de verdadeiro e generalizado terror, ancorado, sobretudo, na própria orientação despótica do sistema escravocrata em vigor.

Gostaria de assinalar, no entanto, que a minha intenção não é de forma alguma a de tentar inverter a nossa impressão inicial, substituindo a imagem daquele suposto paraíso tropical por uma cópia, uma experiência que partilhe exatamente a mesma natureza da opressiva escravidão grega. Afinal, não só a "perversidade" e a "violência" anotadas por Gilberto não pretendem apagar os vínculos estabelecidos pela intimidade e pela miscigenação, convivendo de maneira tensa mas equilibrada com eles, como também o significado e a vocação do despotismo aqui identificado pelo nosso autor estão longe, muito longe mesmo de se colocar a serviço da preservação de qualquer uniformidade cultural, tal como teria se verificado na antiga e olímpica Grécia.

Muito pelo contrário, CGS dá a impressão de ter sido escrito justamente para acentuar a extrema heterogeneidade que caracterizaria a colonização portuguesa, ressaltando basicamente a ativa contribuição de diversos e antagônicos grupos sociais na montagem da sociedade brasileira. As conseqüências do despotismo, portanto, são totalmente diferentes, até opostas, em cada um dos casos que estamos analisando, dando um aspecto sincrético à nossa cultura e garantindo que a "formação brasileira [...] não se [tivesse] processado no puro sentido da europeização" (idem, p. 82).

Ainda existe, além dessa, uma outra divergência em relação ao modelo clássico: o fato de que os escravos, em virtude mesmo de tudo o que já se disse até agora, terminassem sendo incorporados ao lar, *sem* que isto envolvesse obrigatoriamente algum abrandamento da opressão a que estavam costumeiramente submetidos. Deste modo, quer pelo que se refere às mulheres, que

"consegui[am] impor-se ao respeito dos brancos; umas pelo temor inspirado por suas mandingas; outras [...] pelo seus quindins e pela sua finura de mulher. Daí ter uma minoria delas conquistado para si uma situação [...] de 'caseiras' e 'concubinas' dos brancos; e não exclusivamente de animais engordados nas senzalas para gozo físico dos senhores e aumento do seu capital-homem" (*idem*, pp. 462-3),

quer pelo que toca aos seus filhos, objeto de "um vivo sentimento cristão de amor pelos bastardos" (*idem*, p. 476), que terminavam inclusive sendo contemplados em testamento, o que acarretava "uma grande dispersão de dinheiro, em prejuízo da perpetuidade e coesão patriarcal dos bens nas mãos dos filhos legítimos " (*idem*, p. 477), temos a origem de uma das categorias que recebem maior destaque em *CGS*, a de *patriarcalismo*. Esta categoria nos remete ao ideal de uma família extensa, híbrida e — um pouco como no velho testamento — *poligâmica*, na qual senhoras e escravas, herdeiros legítimos e ilegítimos convivem sob a luz ambígua da intimidade e da violência, da disponibilidade e da confraternização.

A essa altura, porém, acredito que devamos prosseguir de maneira um pouco mais cautelosa, pois começamos a enveredar por um terreno ainda não mapeado, precisamente aquele ocupado pelo outro modelo, o cristão, que havia me comprometido a examinar. De fato, é este o modelo que se preocupa, por excelência, com a inclusão do escravo na família, o que evidentemente nos força a indagar até que ponto a sua argumentação acerca dessa questão se afina com aquela desenvolvida por Gilberto em *CGS*.

Tal inclusão se baseia no próprio relato bíblico que procura encontrar uma explicação para a escravidão no interior da tradição cristã: ele se refere a um dos filhos de Noé, Cam, o qual, depois do dilúvio, tê-lo-ia observado dormindo, bêbado e despido, em sua tenda, enquanto os seus irmãos, Sem e Jaffé, teriam coberto a nudez do pai sem fitá-la. Em decorrência disto, ao acordar, Noé iria reagir a essa "indiscrição" de Cam amaldiçoando todos os seus descendentes por intermédio da sua transformação em "servos dos servos", isto é, da sua redução ao cativeiro (cf. Jordan, 1971, p. 17 e Carvalho, 1988, p. 291).[18]

Essa história, como se vê, associa de forma automática a *escravidão* com o *pecado*, punindo a excessiva proximidade demonstrada por Cam com a exagerada distância que vem normalmente embutida na idéia de cativeiro. Acontece, no entanto, que essa distância precisa ser cuidadosamente relativizada e atenuada, já que o tradicional monogenismo que acompanhava a concepção cristã (cf. cap. 1 deste livro), convertendo todos os homens em filhos de Adão, impedia um afastamento tão drástico quanto aquele preconizado pela noção de estrangeiro, melhor dizendo, de bárbaro entre os gregos.

Desse modo, encarada como um fruto do pecado, a escravidão acaba por se tornar uma espécie de *castigo* dentro desse modelo cristão, e castigo, pelo menos nessa perspectiva, implica *relação*, obriga a que se leve em consideração o que se supunha que fosse o maior interesse dos escravos, ou seja, a sua reabilitação, mesmo quando isto ocorria em oposição às mais expressas manifestações da sua vontade.

Ao separar, por conseguinte, a escravidão do despotismo, o cristianismo termina por fazer com que o escravo, pela sua própria ligação com o pecado, torne-se uma verdadeira *criança*, chegando finalmente a ser incorporado à casa do senhor. A este, logicamente, é reservado somente um único papel, o de *pai*, um pai severo mas acima de tudo preocupado e *justo*, capaz de, pela prática da compaixão e da castidade, possibilitar a reforma espiritual dos seus filhos e servos, condição indispensável para a superação da maldição de Cam, a regeneração de suas almas e sua conseqüente libertação do cativeiro.

Voltando a *CGS*, podemos perceber que, também nesse caso, é apenas até certo ponto que se pode vislumbrar alguma correspondência entre as concepções mais tradicionais sobre a escravidão e aquela adotada por Gilberto. No que diz respeito especificamente à formulação cristã, de fato existe, por um lado, certa afinidade entre elas, na medida mesmo em que ambas pensam o escravo a partir da sua incorporação ao lar senhorial ou à casa-grande, no nosso caso. Por outro, todavia, pode-se constatar

---

[18] Imagino que seja evidente que esta não é a única posição do cristianismo acerca da escravidão, podendo-se vislumbrar a ativa participação de muitas das suas vertentes nas lutas abolicionistas através do trabalho clássico de Davis (1970), principalmente na sua terceira parte. Por outro lado, não deixa de ser fascinante perceber que a mesma relação entre cativeiro e pecado pôde ser surpreendida há pouco, entre populações camponesas vinculadas a uma "cultura bíblica", em estados do norte do País (cf. Velho, 1987).

divergências quase gritantes, tanto no que se refere à permanência daquela dimensão despótica, já mencionada, quanto porque essa incorporação é levada a cabo em moldes completamente diferentes.

Assim, enquanto a tradição cristã tentava fundamentalmente assegurar, pela proximidade com o *exemplo* dado pelo senhor, o controle espiritual, noutras palavras, a *conversão* do escravo, Gilberto parece tratar essa questão de maneira totalmente distinta. Para ele, o que importa é o estabelecimento de uma ampla troca de experiências, na qual, aliás, a participação da senzala é tão ou mais ativa quanto a da casa-grande, não só espalhando-se pela comida, pela língua, pelo folclore, pela higiene, pelo sexo e por inúmeras outras práticas e instituições, como também dando origem a uma experiência social marcadamente aberta, capaz de aproximar antagônicas influências culturais sem, contudo, procurar fundi-las em uma síntese mais totalizante.[19]

Qual então o encaminhamento que se poderia dar àquela indagação, levantada no início da minha argumentação, sobre a possibilidade de que a mestiçagem, tal como interpretada por Gilberto, engendrasse uma visão essencialmente *harmônica* do relacionamento estabelecido entre senhores e escravos no Brasil Colônia?

Acredito, em primeiro lugar, que esta indagação deva receber uma resposta eminentemente ambígua. Afinal, foi possível revelar no texto de Gilberto a existência de uma concepção de despotismo que, no sentido rigoroso do termo, pode até ser comparada com aquela que vigorava na Antiguidade clássica. Esta revelação, entretanto, não reúne condições de resolver totalmente o problema, visto que, *paralelamente*, pode-se discernir também uma intimidade e uma inclusão do escravo na casa-grande que parece absolutamente estranha aos hábitos gregos e bem mais próxima dos costumes cristãos, embora levada a efeito sob a égide de um espírito definitivamente distinto daquele que animava os catequéticos esforços de qualquer senhor orientado pela Bíblia.

Estamos, assim, diante de uma reflexão que combina fragmentos das duas tradições de maior relevo na condução do tema da escravidão com argumentos próprios, dando origem a uma peculiar imagem da sociedade, ou melhor, a uma visão do relacionamento entre grupos sociais opostos tão híbrida e plástica quanto aquela que norteava a dis-

---

[19] É importante lembrar, como salienta Bastos (1986), que Gilberto chega inclusive a fazer um curso sobre o escravo como *colonizador* nos seus anos de formação em Colúmbia.

Ricardo Benzaquen de Araújo

cussão sobre miscigenação realizada na primeira seção deste capítulo. Este hibridismo, a propósito, deve ser compreendido no sentido específico que Gilberto lhe empresta quando define Portugal a partir de uma "espécie de bicontinentalidade que correspondesse em população assim vaga e incerta à bissexualidade no indivíduo" (*CGS*, p. 5).

Assim, da *mesma* maneira que as distintas influências étnicas e culturais conseguiam combinar-se *separadamente* no português, a violência e a proximidade sexual, o despotismo e a confraternização familiar parecem também ter condições de conviver lado a lado, em um amálgama tenso, mas equilibrado. Neste sentido, minha impressão final é a de que esse argumento, fundado em um relativo louvor da ambigüidade, da particularidade e, portanto, incapaz de pensar a totalidade a não ser que os seus componentes tenham condições de guardar ao menos parte da memória da sua variada origem, é, mais do que uma característica de uma ou outra parte isolada do raciocínio de Gilberto, um ponto central, decisivo mesmo, da sua reflexão.

2.3.
O ELOGIO DA LOUCURA

O final da última seção tentava sugerir que a imagem de sociedade esboçada em *CGS* dependia basicamente daquilo que Costa Lima (1989), embora comentando outra passagem de Gilberto e com uma abordagem diversa da minha, chamava de "suspen[são] [d]a desconfiança fundamental que o pensamento ocidental nos ensinou a manter quanto à contradição" (*CGS*, p. 227).[20]

É evidente que acredito que esta seja uma interpretação perfeitamente adequada do ponto de vista do nosso autor, mas gostaria de deixar bem claro que estou longe de imaginar que ela nos forneça um entendimento completo e acabado de sua posição. Isso ocorre porque, se por um lado essa interpretação efetivamente realça aquela heterogeneidade constitutiva da casa-grande, por outro, não nos dá muitas

---

[20] Esta valorização da contradição parece ter alguma conexão com a inexistência de *mediações* entre as múltiplas e desiguais posições que povoavam a casa-grande, mediações que poderiam redundar em uma síntese capaz de superar a ambigüidade característica de *CGS*. Note-se, aliás, que este último ponto também pode ser aprofundado com o auxílio do mesmo texto de Costa Lima (1989, p. 215).

explicações sobre os motivos que permitem a manutenção, apesar dessa heterogeneidade, daquela enorme proximidade e confraternização, ou seja, daquilo que tornava possível alguma totalidade, ainda que sincrética e precária, em CGS.

Já sabemos, é bem verdade, que esta proximidade não pode ser debitada à ausência de despotismo, nem muito menos aos ímpetos evangelizadores da fé cristã. Por que seria, então, que os incontáveis *antagonismos em equilíbrio*, para usar uma expressão virtualmente emblemática da perspectiva de Gilberto, tal o número de vezes e os lugares — estratégicos — em que ela é apontada por ele ao longo de todo o livro, por que seria, repito, que este equilíbrio nunca chega a se romper?

Creio que o melhor caminho para começarmos a superar esta dúvida será a idéia de *trópico*, já importante em CGS, embora ainda longe do destaque que lhe será concedido por Gilberto em trabalhos posteriores. Aqui, ela tem a sua primeira definição diretamente vinculada à noção de clima, fortemente marcada, aliás, pelo fato de que

"tudo aqui era desequilíbrio. Grandes excessos e grandes deficiências, as da nova terra. O solo, excetuadas as manchas de terra preta ou roxa, de excepcional fertilidade, estava longe de ser o bom de se plantar nele tudo o que se quisesse, do entusiasmo do primeiro cronista. Em grande parte rebelde à disciplina agrícola. Áspero, intratável. Os rios, outros inimigos da regularidade do esforço agrícola e da estabilidade da vida de família. Enchentes mortíferas e secas esterilizantes — tal o regime de sua águas" (CGS, p. 22).

Como se vê, tínhamos um clima assolado pela mais absoluta irregularidade, pelo desequilíbrio e, sobretudo, pela idéia de *excesso*, que parece realmente constituir-se no significado mais aproximado daquela noção de trópico. Ora, se trópico implica excesso, creio que nem será necessário que recordemos aquela já discutida inclinação neolamarckiana de Gilberto, transformando de certa forma condições físicas e geográficas em culturais, para que percebamos que essa figura, tradução moderna da *hybris* grega[21], termina por impregnar o conjunto da vida

[21] No que diz respeito à tradução de *hybris* como excesso, sigo aqui as considerações feitas por Lafer (1990, p. 33) na versão que fez para o português da primeira parte de *Os Trabalhos e os Dias*, de Hesíodo.

Ricardo Benzaquen de Araújo

social da casa-grande, convertendo-se em uma das categorias mais importantes para a sua adequada compreensão.

De fato, a hipótese que quero sustentar aqui, já antecipando o ponto central desta seção, é a de que é justamente uma das modalidades dessa *hybris*, o excesso de natureza sexual, que pode ser apontado como o maior responsável por aquela atmosfera de intimidade e calor que, sem descartar o despotismo, caracterizava as relações entre senhores e escravos em *CGS*. É lógico que nessa atmosfera cabem também outros sentimentos, de respeito e mesmo de carinho (cf., por exemplo, *CGS*, pp. 462-3 e 476-7), só que, um e outro, como que derivados, impulsionados pela incessante preocupação com o "amor físico" que definia o português. Dessa maneira, em vez da caridade, do rigor e da serenidade que orientavam aquele pedagógico modelo cristão, temos o predomínio da irracionalidade e do furor típicos da paixão, convertendo a casa-grande e sua patriarcal família em um cenário de rivalidades e desejos.

Não devemos, contudo, supor que a posição de Gilberto possa ser inteiramente resumida a esse elogio do excesso. Ao contrário, é perfeitamente possível encontrarmos também em sua reflexão argumentos de índole nitidamente racional, argumentos capazes até de propor explicações alternativas, e conduzidas de forma impecavelmente ponderada e sociológica, a este privilégio da *hybris* como causa daquela confraternização que vínhamos discutindo.

Assim, esta confraternização seria compreensível, em primeiro lugar, pela própria "escassez de mulheres brancas entre os conquistadores" (*idem*, p. XIV), escassez que acaba por criar

"zonas de confraternização entre vencedores e vencidos, entre senhores e escravos. Sem deixarem de ser relações — as dos brancos com as mulheres de cor — de 'superiores' com 'inferiores' e, no maior número de casos, de senhores desabusados e sádicos com escravas passivas, adoçaram-se, entretanto, com a necessidade experimentada por muitos colonos de constituírem família dentro dessas circunstâncias e sobre essa base" (*idem*, p. XV).

Acrescente-se ainda, no mesmo diapasão, que aquela antiga miscibilidade do português, oriunda do fato de ele próprio ser um resultado da mestiçagem, iria facilitar em muito a adoção da intimidade sexual entre senhores e escravas como uma solução para aquela escassez mencionada acima. A miscibilidade, com efeito, teria inclusive desenvolvido nele o gosto pela "Vênus fosca", posto que o "longo contato com os sarracenos deixara idealizada entre os portugueses a figura da 'moura encantada', tipo delicioso de mulher morena e de olhos pretos, envolta em misticismo sexual" (*idem*, p. 11).

E é precisamente essa mesma preferência que também vai auxiliar na superação de outro entrave à colonização, a inexistência de um número suficiente de braços escravos para o adequado atendimento das exigências da lavoura açucareira. No que diz respeito a essa questão, a propósito, Gilberto não hesita em afirmar que

> "não há escravidão sem depravação sexual. É da essência mesma do regime. Em primeiro lugar, o próprio interesse econômico favorece a depravação, criando nos proprietários de homens imoderado desejo de possuir o maior número possível de crias. Joaquim Nabuco colheu num manifesto escravocrata de fazendeiros as seguintes palavras, tão ricas de significação: 'a parte mais produtiva da propriedade escrava é o ventre gerador'" (*idem*, p. 351),

sempre aumentando "o rebanho e o capital" (*idem*, p. 428) da casagrande.

Na verdade, essa dimensão mais sociológica do raciocínio de Gilberto pode ser bem mais dilatada, abarcando até uma justificativa rigorosamente lógica e instrumental para a inevitabilidade de aceitar a opção pelo trabalho escravo como único meio para colonizar o Brasil. É óbvio, alega o nosso autor, que se poderia

> "lamenta[r] não se ter seguido entre nós o sistema das pequenas doações [... como nos] Estados Unidos [...] Mas essas doações pequenas teriam dado resultado em país, como o Brasil, de clima áspero para o europeu e grandes extensões de terra? E de onde viria toda [esta] gente [...] capaz de fundação de lavouras em meio tão diverso do europeu? [...] Tenhamos a honestidade de reconhecer que só a colonização latifundiária e escravocrata teria sido capaz de resistir aos obstáculos enormes que se levantaram à colonização do Brasil pelo europeu. Só a casa-grande e a senzala.

O senhor de engenho rico e o negro capaz de esforço agrícola e a ele obrigado pelo regime de trabalho escravo" (*idem*, pp. 273-4).

Observe-se, para finalizar, que essa "obrigação" não estava isenta de método e de planejamento, pois, quase que em um requinte de cálculo,

"os senhores de engenho tiveram no Brasil o seu arremedo de *Taylorismo*, procurando obter do escravo negro, comprado caro, o máximo de esforço útil e não simplesmente o máximo de rendimento [,] donde a alimentação farta e reparadora [, visto que,] da energia africana a seu serviço cedo aprenderam muitos dos grandes proprietários que, abusada ou esticada, rendia menos que bem conservada" (*idem*, p. 69).

Previsão, utilidade, prudência e disciplina: precisamos realmente ter muito cuidado na tentativa de caracterizar a casa-grande como um espaço dominado pelas paixões e pela figura do excesso. Foi visto acima, porém, que *CGS* pretende reunir elementos antagônicos sem se preocupar com sua síntese ou sequer com o estabelecimento de alguma mediação entre eles. Neste sentido, apesar da evidente importância dos papéis desempenhados por esses procedimentos racionais na reflexão de Gilberto, ainda julgo ser possível defender a minha posição inicial acerca do relativo privilégio interpretativo assumido pela idéia de *hybris*, em particular no que se refere àquela indagação sobre o significado da confraternização entre negros e brancos na casa-grande.

Mantenho esta posição, entre outras razões, porque esses procedimentos conseguem iluminar apenas o *interesse* daqueles "grandes proprietários" no seu envolvimento sexual com os escravos, isto é, só explicam a necessidade de que as carências dos senhores, geradas pela falta de parceiras da mesma extração e pela ausência de uma quantidade suficiente de trabalhadores, fossem totalmente eliminadas. Sucede, todavia, que essas carências poderiam muito bem ser superadas de uma outra maneira, mais impessoal e mecânica, sem que por isto se fosse obrigado a incluir "mucamas" e "moleques" na família e, especialmente, sem que esta inclusão se concretizasse no clima quase delirante, assinalado pelos mais imoderados apetites, que definia a casa-grande.

Entretanto, procurando agora qualificar e limitar esse predomínio da *hybris* por um caminho oposto ao que até aqui foi seguido, é preciso que não percamos de vista o fato de que este predomínio está distante de envolver, por parte de Gilberto, apenas concordância ou louvor. Na verdade, além do elogio, o que também se pode encontrar é uma avaliação extremamente *crítica* da grande maioria dos contextos em que a sua desmedida presença se faz notada.

Desse modo, mesmo o clima tropical, pelo seu desequilíbrio e irregularidade, é acusado de criar muitas dificuldades para o colonizador. Ele tanto propicia secas e inundações quanto, pelo seu enorme e duradouro calor, faz com que

> "no homem e nas sementes que ele planta, nas casas que edifica, nos animais que cria para seu uso ou subsistência, nos arquivos e bibliotecas que organiza para sua cultura intelectual, nos produtos úteis ou de beleza que saem de suas mãos — em tudo se metem larvas, vermes, insetos — roendo, esfuracando, corrompendo. Semente, fruta, madeira, papel, carne, músculos, vasos linfáticos, intestinos, o branco dos olhos, os dedos dos pés, tudo é destruído ou corroído por inimigos terríveis" (*idem*, p. 23).

Além disso, o próprio excesso sexual não deixa igualmente de ser alvo de censuras, visto que, como já foi rapidamente mencionado, "à vantagem da miscigenação correspondeu no Brasil a desvantagem tremenda da sifilização" (*idem*, p. 74) "[,] a doença por excelência das 'casas-grandes' e das senzalas" (*idem*, p. 73), cuja introdução no País — Gilberto insiste sobre este ponto — foi de única e exclusiva responsabilidade dos europeus, em particular dos espanhóis, franceses e portugueses, mas que se disseminou em uma escala tão ampla que

> "em 1845 escrevia Lassance Cunha que o brasileiro não ligava importância à sífilis, doença 'como que hereditária e tão comum que o povo a não reputa um flagelo, nem tampouco a receia' [o que lhe permitiu fazer] sempre o que quis no Brasil patriarcal. Matou, cegou, deformou à vontade. Levou anjinhos para o céu. Uma serpente criada dentro de casa sem ninguém fazer caso do seu veneno" (*idem*, p. 354).

A *hybris*, portanto, vem associada a vermes e doenças, isto é, à morte. Não pára aí, contudo, o alcance de sua obra destruidora, pois Gilberto irá concentrar a sua crítica, desde o Prefácio, em outra das suas conseqüências, na terrível ameaça representada pela absorvente "monocultura latifundiária" (*idem*, p. XVI) do açúcar.

"Esterilizando tudo" (*idem*, p. 54), monopolizando as melhores terras e expulsando para longe a pecuária e as culturas de subsistência, o cultivo da cana termina acusado, em *CGS*, pelo fato de que "a nutrição da família colonial brasileira, a dos engenhos e notadamente a das cidades, surpreende-nos pela sua má qualidade" (*idem*, p. 63), o que levava à

> "diminuição da estatura, do peso e do perímetro torá-xico; deformações esqueléticas; descalcificação dos dentes; insuficiência tiróide, hipofisiária e gonadial provoca-doras da velhice prematura, fertilidade em geral pobre, não raro infertilidade. Exatamente os traços de vida esté-ril e de físico inferior que geralmente se associam às sub-raças; ao sangue maldito das chamadas 'raças inferiores'" (*idem*, p. XVI).

Gilberto, como se percebe, sustentava que provinham da alimentação, e não da raça, ocasionados pela ânsia, pela febre do lucro fácil que determinava o plantio da cana, os males de que padecia a saúde do brasileiro. Não é que se comesse *sempre* mal, posto que, nos dias de festa, de consumo público e ostentatório, podíamos encontrar até demonstrações de um luxo verdadeiramente "asiático" (*idem*, p. 58), consubstanciado em jantares e banquetes excepcionais. "Mas nos dias comuns, alimentação deficiente, muito lorde falso passando até fome" (*idem*, p. 484), definindo-se então um padrão de completa *inconstância* que aponta mais uma vez para a figura da *hybris*: "excesso numas coisas, e esse excesso à custa de dívidas; deficiências noutras. Palanquins forrados de seda, mas telha-vã nas casas-grandes e bichos caindo na cama dos moradores" (*idem*, p. 58).

Vale a pena, inclusive, assinalar que é precisamente no contexto dessa discussão sobre monocultura e alimentação que Gilberto vai nos anunciar a presença em seu livro de um outro tipo de sociedade, diverso daquele constituído pelo binômio casa-grande e senzala. Concentrando-se em São Paulo, esse novo tipo foi formado por "povoadores que [,] não sendo gente das mesmas tradições e tendências rurais, nem dos mesmos recursos pecuniários dos colonizadores de Pernambuco, mas na maior parte ferreiros, carpinteiros, alfaiates, pedreiros, tecelões, entregaram-se antes à vida semi-rural e gregária que à latifundiária e de monocultura [... o que lhes garantiu] a concentração das duas atividades, a agrícola e a pastoril, em vez da divisão quase balcânica em esforços separados e por assim dizer inimigos, que condicionou o desenvolvimento da Bahia, do Maranhão [e] de Pernambuco" (*idem*, p. 66).

O que importa ressaltar aqui é que, ao desenhar a sociedade paulista dessa maneira, Gilberto vai não só refutar o seu caráter aristocrático, discordando especificamente, neste caso, de Oliveira Vianna (*idem*, pp. 66-7), como também associá-la, decididamente, ao princípio inverso daquele sob o qual parece ter transcorrido a colonização nordestina, visto que ele não tinha dúvidas em afirmar que "a formação paulista [...] foi talvez a que se processou com mais equilíbrio" (*idem*, p. 67). Este equilíbrio, diga-se logo, podia ser percebido de forma mais plena justamente no plano da alimentação, pois "não só tinham eles em abundância a proteína da carne dos seus rebanhos de bovinos como também [...] copiosa variedade na alimentação cerealífera, como o trigo, a mandioca, o milho, o feijão etc." (*ibidem*).

Fecha-se então o círculo, acusando-se explicitamente

"a diferença nos dois sistemas de nutrição. Um, o deficiente, de populações sufocadas no seu desenvolvimento eugênico e econômico pela monocultura; o outro, equilibrado, em virtude da maior divisão de terras e melhor coordenação de atividades — a agrícola e a pastoril — entre os paulistas" (*idem*, p. 68).

Já sabemos, portanto, que CGS comporta o estudo, ainda que sucinto e pouco aprofundado, de outras formas sociais distintas da que se estabeleceu entre a casa-grande e a senzala. Entretanto, no que se refere particularmente a esta última, apesar da relevância assumida por aqueles argumentos mais racionais e mesmo por esta visão profundamente negativa de quase tudo que diz respeito à *hybris*, continuo acreditando que o excesso sexual é, de fato, o principal responsável pela

Ricardo Benzaquen de Araújo

constituição daquelas "zonas de confraternização" (*idem*, p. XV) que contrabalançavam, até certo ponto, o despotismo típico da escravidão.

Nesse sentido, além de tudo o que já foi dito, de um lado em torno da inevitável disponibilidade do negro em relação às ordens do senhor e, de outro, acerca do próprio interesse deste no aspecto reprodutivo do seu intercâmbio com os escravos, é preciso também registrar que Gilberto ainda atribui ao "conquistador europeu" uma voracidade sexual muito maior do que a dos indígenas e africanos (*idem*, p. 100). Assim, no que se reporta ao que se poderia chamar de inclinações étnico-culturais, o português dá realmente a impressão, talvez em função mesmo da incessante miscigenação que caracterizava o seu passado, de abrigar apetites bem mais exaltados do que os dos outros povos que se envolveram, de bom ou mau grado, na nossa colonização.

A expressão *talvez*, utilizada no parágrafo anterior, justifica-se pelo simples fato de que Gilberto jamais se dá ao luxo de esclarecer inteiramente a *origem* da volúpia sexual que definia o português. Contudo, se conhecemos pouco sobre o ponto de partida dessa *hybris*, acerca dos seus *efeitos*, por sua vez, parece não pairar nenhuma dúvida: eles se reúnem sob o signo da mais enfática *brutalidade*. Dessa maneira, apesar de uma solitária alusão ao "refinamento erótico [...] da Índia, onde o amor é tanto mais fina, artística e até perversamente cultivado quanto mais elevada é a casta e maior o seu lazer" (*idem*, p. 357), o que o nosso autor chama de "erotismo patriarcal" (*idem*, p. 388) é totalmente incapaz de admitir os freios impostos por alguma regulamentação da sua atividade.

Desse modo, só para dar outro exemplo, estamos muito distantes da versão da Antiguidade clássica recentemente produzida por autores como Paul Veyne (1978) e Peter Brown (1990), onde a existência de costumes sexuais supostamente mais livres do que aqueles normalmente aceitos pelo Ocidente moderno de forma alguma dispensava uma dieta, uma determinada modalidade de relacionamento do corpo com o espírito que limitava, sistematizava e disciplinava os jogos eróticos. Nem Índia nem Roma, a sexualidade na casa-grande aproxima-se aparentemente da mais pura *animalidade*, distribuindo-se ao longo de um espectro que inclui, quase que no mesmo plano, desde a veemente paixão dedicada a mucamas e sinhás até a satisfação da

> "experiência física do amor [...] servindo-se de vacas, de cabras, de ovelhas, de galinhas, de outros bichos caseiros: ou

de plantas e frutas — da bananeira, da melancia" (*CGS*, p. 164) "[e da] fruta do mandacaru com o seu visgo e a sua adstringência quase de carne. Que todos foram objetos em que se exerceu — e ainda se exerce — a precocidade sexual do brasileiro" (*idem*, p. 427).

Assinale-se, inclusive, que o emprego do conceito de poligamia por Gilberto dá a impressão de possuir, nesse contexto, duas acepções bem distintas. A primeira, de caráter mais sociológico, parece ser dirigida fundamentalmente às tribos indígenas (*idem*, pp. 98-9), vinculando-se e portanto submetendo-se às regras, sustentadas pela exogamia e pelo totemismo, que organizavam e restringiam, de forma severa, a convivência sexual entre eles (cf. *idem*, pp. 104-5). Já a segunda, localizada mais facilmente na própria casa-grande, parece apontar para relações que seguem um padrão muito menos rigoroso, definindo-se pela capacidade de sempre agregar um número cada vez maior de mulheres — embora algumas delas, como foi visto, possam ser objeto de algum respeito e preferência — no inconstante círculo que se reunia em torno do senhor.

Temos, conseqüentemente, a explicitação de um clima extremamente *orgiástico* na casa-grande, orgia que envolve tanto uma singular predileção pelo que Gilberto chama de "formas sadistas de amor", como o culto de "Vênus Urânia" (*idem*, p. 359), isto é, da *sodomia*, quanto a promoção de um ambiente distinguido por um grau tão alto de promiscuidade e transgressão que "muitos clérigos [...] deixavam-se contaminar pela devassidão" (*idem*, p. 90). Neste ambiente, por fim, não se recua sequer diante do próprio *incesto*, pois

> "é mesmo possível que, em alguns casos, se amassem o filho branco e a filha mulata do mesmo pai. Walsh, nas suas viagens pelo Brasil, surpreendeu uma família brasileira francamente incestuosa: irmãos amigados com irmãs. Só variavam as mães que eram duas; o pai era o mesmo. E os irmãos todos num agarrado, num chamego, que escandalizaram o padre inglês" (*CGS*, p. 385).

Parece razoável, por conseguinte, supor que essa "intoxicação sexual" que animava e definia a casa-grande teria, forçosamente, que deixar marcas profundas na constituição espiritual do português ou, no caso, dos senhores de engenho. A mais destacada delas, creio eu,

Ricardo Benzaquen de Araújo

remete-nos de imediato a um confronto com a aristocracia européia, que, no que se refere especificamente à questão da sexualidade, costumava por um lado associá-la com a doença, como por exemplo à lepra, e, por outro, esforçava-se tenazmente por isolá-la junto às classes habitualmente denominadas de subalternas.[22]

Indo um pouco mais adiante, antes de revelar o ponto específico que orienta essa comparação, gostaria de ressaltar que os camponeses e pobres urbanos, que a tradição mais européia tomava virtualmente como *bestas*, incapazes de se conter, acabam sendo inapelavelmente assimilados ao pecado, do qual se tornam prisioneiros, merecendo portanto a servidão a que estavam obrigados. Eles se transformam, assim, em uma espécie de imagem em negativo da aristocracia medieval, que dá a impressão de legitimar a sua superioridade, entre outras razões, numa suposta disposição de cultivar a virtude e, mais ainda, de combater e sacrificar-se por ela.

Esse fenômeno, inclusive, pode ser identificado desde a versão mais antiga dessa aristocracia, aquela que se concretiza na senhorial "nobreza de espada", que parece considerar a manutenção da castidade como uma das façanhas mais difíceis e portanto mais dignas de ser enfrentadas por um cavaleiro. Do mesmo modo, o sucedâneo mais moderno dessa mesma aristocracia, a "nobreza de Corte", em função mesmo do elaborado ritual das *regras de etiqueta* a que estava submetida, também consegue temperar e policiar os apelos da carne, não propriamente condenando o sexo, como fazia a sua antecessora, mas convertendo-o em um jogo sutil, idealizado e extremamente complexo, capaz até de comportar manobras de inspiração bélica, como tão bem nos mostra *As Relações Perigosas*, de Choderlos de Laclos.[23]

De qualquer forma, ainda que oscilemos entre a total reprovação e o moderado desfrute, pode-se verificar que, em ambos os casos, estamos diante de uma situação em que a pretensão da aristocracia de obter o exclusivo controle de todas as paixões, particularmente das de

[22] Um resumo claro e bem-feito dessa e de outras questões ligadas à sexualidade medieval pode ser encontrado em Le Goff (1985, pp. 136-48).

[23] Devo logicamente remeter o leitor tanto ao recente filme de Stephen Frears quanto à tradução brasileira, feita por Carlos Drummond de Andrade, do romance de Laclos (1987); já no tocante às regras de etiqueta e à nobreza de Corte, além do pequeno mas instigante trabalho de Ribeiro (1983), a referência básica é o livro de Elias (1974).

natureza sexual, faz com que ela desenvolva um *ethos* assinalado pela mais acentuada *distância* no que diz respeito às suas relações com outros grupos sociais. É como se a remota distinção clássica entre um estilo *elevado* de linguagem, que cuidasse unicamente dos assuntos importantes e graves, e outro *humilde*, inteiramente devotado às questões menores e cotidianas, fosse aplicado diretamente à sociedade, separando-a rigorosa e verticalmente em dois planos, garantindo para a nobreza o monopólio dos temas sublimes e ideais e reservando para as classes — por isso mesmo — *baixas* o manuseio dos problemas vulgares e banais (cf. Auerbach, 1976).

Ora, o ponto que me interessa salientar é que é precisamente esse ideal de distância, que parece se colar ao significado — mais — ocidental da idéia de aristocracia, que termina sendo inteiramente subvertido em CGS. Não se trata, é óbvio, de postular a inexistência de divisões e antagonismos na casa-grande: eles desempenham, como já foi examinado, um papel de excepcional relevância na constituição do seu universo espiritual, distribuindo-se praticamente por todos os seus cômodos e resistindo a fundir-se em uma totalidade mais homogênea e estável. Ocorre, porém, que elas não importam em nenhum afastamento, reunindo-se então sob o signo da mais estreita *proximidade*, o que acaba por configurar um domínio aristocrático de porte extremamente peculiar, peculiaridade pela qual respondem não somente aquelas explicações mais utilitárias sobre o caráter da confraternização — substituição das mulheres brancas e ampliação da força de trabalho — mas também, e principalmente, a excessiva disposição sexual do português.

Nesse sentido, não devemos estranhar que mesmo uma brevíssima comparação de CGS com o consagrado trabalho de Mikhail Bakhtin, *A Cultura Popular na Idade Média e no Renascimento: O Contexto de François Rabelais* (1987),[24] possa trazer alguns resultados bastante sugestivos. Organizado em torno do contraste entre uma cultura oficial, baseada na seriedade, na hierarquia e em aristocráticas separações, e uma popular, preocupada com a promoção da familiaridade, da liberdade e do humor, esse texto tenta basicamente analisar a

---

[24] Comparação permitida não só porque Gilberto faz algumas alusões breves, mas significativas, a Rabelais em CGS, como por exemplo na página 130, mas também porque ela mesma já havia sido antecipada, na própria década de 30, por pelo menos um dos seus mais importantes comentadores, Afonso Arinos de Melo Franco ([1934], *in* Fonseca, 1985).

obra de Rabelais a partir de sua aproximação com o *ethos* carnavalesco típico desse universo plebeu da civilização medieval.

Não tenho, é evidente, a menor intenção de resenhar aqui o livro de Bakhtin, e menos ainda a de propor um confronto mais sistemático com o de Gilberto, levantando alguns pontos de contato que podem ser percebidos entre as suas distintas reflexões.[25] O que me importa, na verdade, é chamar a atenção para o fato de que boa parte das características que ele vai imputar àquele universo popular e enfaticamente antiaristocrático pode perfeitamente se encaixar na casa-grande, só que para designar, sobretudo, o comportamento dos *senhores*, da nossa nobreza açucareira, o que de certo modo confirma, pelo avesso, a interpretação que estou procurando desenvolver.

Seria possível, diga-se de passagem, selecionar vários momentos dos dois textos para corroborar essa afirmação. Como julgo que isso não seja necessário, prefiro escolher apenas duas questões específicas, pelo simples motivo de que ainda não foram mencionadas neste estudo. Essas questões, torno a dizer, vinculam-se ao povo, em Bakhtin, mas ajustam-se impecavelmente ao perfil da aristocracia na obra de Gilberto.

A primeira dessas questões nos remete diretamente a uma indagação acerca do significado assumido pela noção de corpo nos trabalhos dos nossos dois autores. Ela se apresenta, em ambos os casos, muito distante da concepção clássica que lhe foi originalmente conferida no Ocidente pelo modelo grego, concepção fundada na supremacia da medida, da harmonia e da graça, o que, por isso mesmo, a definia como uma entidade, de um lado, perfeita e *acabada*, e, de outro, fechada, limitada e completamente *isolada*, posto que era coordenada, como diria Nietzsche (1977), pelo escultural e apolíneo "princípio de individuação".

Em vez dessa concepção, a imagem do corpo em Rabelais, por exemplo, dependerá do inacabamento, do exagero, do movimento e da profusão, pois

"coloca-se ênfase nas partes [...] em que ele se abre ao mundo exterior [...] através de orifícios, protuberâncias, rami-

---

[25] Esse confronto, na clave mesmo do excesso, também poderia incluir o livro de Bataille (1965). Não deixa de ser estimulante, nesse contexto, que LaCapra (1983, p. 324) chame a atenção precisamente para a necessidade de uma comparação entre Bakhtin e Bataille.

ficações e excrescências, tais como a boca aberta, os órgãos genitais, seios, falo, barriga e nariz. É em atos tais como o coito, a gravidez, o parto, a agonia, o comer, o beber, e a satisfação de necessidades naturais, que o corpo revela sua essência como princípio em crescimento que ultrapassa os seus próprios limites, [mostrando-se...] eternamente incompleto [... e] sempre [...] pronto para conceber e ser fecundado, com um falo ou órgãos genitais exagerados" (cf. Bakhtin, 1987, p. 23).

Ora, é exatamente nesse mesmo sentido, em que a *hybris* implica a um só movimento *deformação* e *relacionamento*, que o corpo também será considerado por Gilberto. Deste modo, ele nos fala de um corpo adulterado e amolecido pelo *ócio* assegurado pela escravidão, um corpo que passava o dia a se balançar em uma rede, na qual até "deixa [va-se] tirar de dentro de casa como geléia por uma colher" (*CGS*, p. 468), o que faz com que

"Burton not[e] [...] no 'íbero-brasileiro' a 'beleza, pequenez e delicadeza dos pés e das mãos, delicadeza às vezes exagerada, degenerando em efeminação' [, enquanto, ao mesmo tempo,] no senhor branco o corpo quase que se tornou exclusivamente o *membrum virile*. [Assim, resumindo:] mãos de mulher; pés de menino; só o sexo arrogantemente viril" (*idem*, p. 467).

Não causa surpresa, por conseguinte, que ambos os livros façam referência ao que Bakhtin (1987, p. 139) chama de "doenças alegres", especialmente a sífilis, fruto da imoderação sexual mas também expressão, gravada no próprio corpo, dessa singular disposição para a intimidade e a confraternização.

A mesma ambigüidade, por sinal, pode ser igualmente constatada na segunda questão a ser focalizada nessa comparação entre *CGS* e *A Cultura Popular*...: ela se refere à enorme importância assumida nos dois textos pelo que Bakhtin denomina de "vocabulário da praça pública", de uma linguagem que "caracteriza-se pelo uso freqüente de grosserias, ou seja, de expressões e palavras injuriosas" (*idem*, p. 15), descambando quase sempre para a prática de um humor rude e profundamente vulgar.

Ricardo Benzaquen de Araújo

Começando agora por Gilberto, vale a pena observar que

"outro aspecto da obsessão que se tornou em Portugal o problema do amor físico surpreende-se no fato de não haver, talvez, nenhum país onde a anedota fescenina ou obscena tenha maiores apreciadores. Nem em nenhuma língua os palavrões ostentam tamanha opulência" (*CGS*, p. 284).

Esse culto à obscenidade, não nos esqueçamos, não se realiza nas praças públicas, tal como no outro padrão analisado por Bakhtin, mas no interior dos aristocráticos salões de Portugal e das casas-grandes do Brasil, encontrando aparentemente o seu ápice na pequena história que se segue, que faz até com que Gilberto diga que

"só em Portugal se consideraria pilhéria de salão a que nos referiu um amigo ilustre. Passou-se com ele numa das mais fidalgas casas de Lisboa e em sociedade mista elegantíssima. À hora da ceia anunciou-se uma surpresa aos convivas. Essa surpresa era nada mais nada menos do que os pratos, à mesa, substituídos por papéis higiênicos; e sobre eles, fino doce de cor parda, esparramado em pequenas porções. Imaginem-se entre os convivas, ingleses ou norte-americanos! Teriam sucumbido de pudor. Em Portugal e no Brasil é comum pilheriar-se em torno desse e de assuntos parecidos; somos todos de um rude naturalismo, em contraste com os excessos de reticência característicos dos anglo-saxões" (*idem*, p. 285).

"Rude naturalismo"? Qual seria, afinal, o sentido desse "erotismo grosso [e] plebeu" (*idem*, p. 284) que parece dominar essa curiosa visão da tradição luso-brasileira esboçada por Gilberto? Creio, a esta altura, que tal indagação já possa ser respondida diretamente por Bakhtin, quando ele nos recorda que essa grosseira linguagem de praça pública, como tudo aquilo que *degrada*, pode também servir para *regenerar*, promovendo uma franqueza e uma intimidade completamente impossíveis naquela polida cultura oficial (cf., por exemplo, Bakhtin, 1987, pp. 16-21).

Note-se, inclusive, que a própria brincadeira relatada por Gilberto parece encontrar aí a sua explicação, visto que as fezes, neste caso, podem muito bem ter o propósito de aproximar as pessoas, lembrando-as, de forma até bastante compatível com a mais pura tradição cristã, de que são feitas do mesmo barro e sujeitas, portanto, aos mesmos constrangimentos e necessidades. Este argumento, na verdade, termina por lhes dar um caráter absolutamente ambivalente, convertendo-as em uma "matéria alegre" (*idem*, p. 151), pois "os excrementos est[ão] indissoluvelmente ligados à fecundidade" (*idem*, p. 128), tendo

"o valor de alguma coisa a meio caminho entre a terra e o corpo, alguma coisa que os une. São assim algo intermediário entre o corpo vivo e o corpo morto em decomposição, que se transforma em terra boa, em adubo; o corpo dá os excrementos à terra durante a vida; *os excrementos fecundam a terra, como o corpo do morto*" (*CGS*, p. 151).

Espero que agora, finalmente, já esteja conseguindo tornar mais evidentes os motivos que me levam a invocar o auxílio de Bakhtin para encerrar este capítulo. Não se trata somente de comprovar, por caminho inverso, o estilo imoderado e vulgar da aristocracia retratada em *CGS*, nem de permitir que novas questões pudessem ser focalizadas dentro dessa perspectiva, embora tanto uma coisa quanto outra fossem certamente importantes.

Na verdade, porém, o que me parecia realmente fundamental era destacar o fato de que os vários elementos por ele congregados para formar a idéia de "cultura popular" davam a impressão de partilhar de uma mesma e essencial *ambigüidade*. Dessa maneira, o corpo e a linguagem, assim como o sexo e a gula, sempre tingidos pelo excesso, vão nos remeter *simultaneamente* para a morte e a ressurreição, o vulgar e o sublime, o aviltamento e a confraternização, em um movimento que rompe de forma irrecorrível com a separação e a distância que caracterizavam, estilística e socialmente, a concepção mais tradicional de nobreza no Ocidente.[26]

Nesse sentido, a degradação embutida na convivência com aquelas desmedidas entidades está longe de ter um significado apenas negativo, envolvendo também familiaridade, festividade e abundância. Ora, o relativo elogio que Gilberto faz à loucura em *CGS* garante que

---

[26] É importante assinalar que o texto de Soares (1989) também aponta para esta ambigüidade, este duplo sentido, negativo e positivo, da noção de *hybris*.

a *hybris* também esteja presente tanto no que *rebaixa* quanto no que *redime* a vida social, na violência e no despotismo do mesmo modo que na intimidade e na confraternização. Assim, ainda que imprimisse uma marca extremamente prejudicial na natureza tropical, coalhando-a de vermes, no regime alimentar da colônia, tornando-o vítima do maior desequilíbrio que se possa imaginar, e na própria atividade sexual, transformando-a, através da sífilis que ela propagava e do sadismo com que era exercida, em um veículo de sofrimento, deformação e morte, o domínio do excesso também vai permitir que a afirmação daqueles *antagonismos* seja perfeitamente compatível com um grau quase inusitado de *proximidade*, recobrindo de um colorido, de um *ethos* particular a senhorial experiência da casa-grande.

3.
OS ANJOS DA TERRA

Creio, na verdade, que a maior parte da análise desenvolvida até aqui talvez possa ser resumida a uma tentativa de elucidar o significado da expressão "antagonismos em equilíbrio". Tomada como uma espécie de emblema da argumentação de Gilberto em *CGS*, tal expressão, como vimos no final do capítulo anterior, envia-nos para uma situação na qual as divergências estabelecidas no interior da casa-grande[27] aproximam-se sensivelmente mas não chegam a se dissolver, conformando portanto uma visão altamente sincrética do todo.

Se alguma solução foi realmente encontrada, acredito então que o próximo passo venha a exigir o seu emprego na discussão de uma nova e decisiva questão: o entendimento do enorme e quase paradoxal destaque recebido pela religião e, mais especificamente, pelo catolicismo em *CGS*.

Quase paradoxal, diga-se logo, porque o simples exame do que já foi dito deixa claro que estamos diante de uma imagem da sociedade que parece reservar muito *pouco* espaço para a concretização dos valores consagrados no dogma cristão. Basta lembrar, por exemplo, o papel crucial desempenhado por alguns dos assim chamados "pecados capitais", como a luxúria, a gula e mesmo a preguiça na definição do estilo espiritual da casa-grande.

A importância do catolicismo em *CGS*, apesar de tudo, dá a impressão de ser absolutamente inquestionável, atingindo tal ponto que

---

[27] E unicamente dela, pois Santos (1985) certamente tem razão quando afirma que a análise de Gilberto nunca se dedica de forma específica e sistemática à senzala. O argumento que a minha interpretação procura sustentar, contudo, é o de que a senzala acaba por se fazer culturalmente presente no interior da casa-grande, pela própria heterogeneidade, indefinição e permeabilidade que, como temos visto, caracterizam o português.

Gilberto chega a observar que as nossas conhecidas "voluptuosidade e indolência" só conseguiam ser quebradas por intermédio do

"espírito de devoção religiosa [... Assim,] saltava-se das redes para rezar nos oratórios: era obrigação. Andava-se de rosário na mão, bentos, relicários, patuás, Santo Antônios pendurados ao pescoço; todo o material necessário às devoções de reza, [enquanto] dentro de casa rezava-se de manhã, à hora das refeições, ao meio-dia; e de noite, no quarto dos santos — os escravos acompanhavam os brancos no terço e na Salve Rainha" (CGS, p. 471).

Não pára aí, contudo, o realce obtido pela religião: comandando os nascimentos e as mortes (idem, p. 477), resguardando a moagem da cana de quaisquer perigos (idem, p. 475) e protegendo a família, através de papéis grudados com orações nas janelas e nas portas, de doenças, ladrões, assassinos e tempestades (idem, p. 473), ela ocupa virtualmente todos os momentos e lugares da casa-grande, saturando a sua já carregada atmosfera com preocupações, até certo ponto inesperadas, acerca da compaixão e da caridade cristãs.

Resta descobrir, é lógico, como esses dados se coadunam com a despótica e sensual visão da casa-grande que temos discutido. Será que a aclamada explicação weberiana (Weber, 1983) sobre o caráter mais tolerante do catolicismo — quando comparado com o puritanismo — em relação ao pecado, posto que ele dispõe de instrumentos, como a confissão e a penitência, capazes de redimi-lo, tem condições de dar conta dessa questão?

Talvez sim, mas desconfio que só até certo ponto. Na verdade, o que acredito que seja mais interessante na forma pela qual Gilberto enfrenta o tema da religião é, justamente, o seu esforço em incluir o pecado como parte integrante, fundamental mesmo, da experiência cristã. Não se trata, para deixar bem claro o argumento, de uma incorporação apenas negativa, ou seja, de uma avaliação do vício como algo humano e natural, mas indubitavelmente errado, condenável, objeto portanto de um incondicional e indispensável combate por parte dos mecanismos da Igreja e da fé. Ao contrário, o que estou sugerindo aqui é que alguns pecados, em especial a luxúria, parecem se revestir em CGS de um significado eminentemente positivo, convertendo-se praticamente em uma virtude e tornando-se, então,

Ricardo Benzaquen de Araújo

parcela constitutiva e rigorosamente legítima do credo católico da casa-grande.

Sei muito bem que, se isso puder ser confirmado, estaremos lidando com um catolicismo, se não herético, pelo menos muito pouco ortodoxo, um catolicismo da festa, da guerra, do sexo, enfim, para falar com Bataille (1965), da transgressão e não do interdito. Como explicá-lo?

Existem, para tanto, no mínimo dois caminhos, distintos mas não excludentes, percorridos por Gilberto em CGS. O primeiro deles, inclusive, é bem menos explorado que o segundo, mas nem por isto pode deixar de ser mencionado. Este caminho se refere, especificamente, ao fato de que a compreensão que Gilberto parece possuir do conjunto do legado cristão já aponta para uma sensibilidade religiosa amplamente permeável ao império das *paixões*, deixando em segundo plano, entre outras, aquelas vertentes católicas mais racionais que passam a ser estimuladas após o advento da Contra-Reforma. Prova disto é o seu persistente, embora discreto, louvor aos *franciscanos*, os quais, sempre que aparecem em CGS, são saudados com algum comentário de natureza extremamente positiva. Na página 168, por exemplo, Gilberto não hesita em indicá-los como aqueles que melhor se desincumbiriam da tarefa de evangelizar os índios do Brasil, lamentando profundamente a sua substituição pelos jesuítas, pois o franciscano,

"pelo menos [...] em teoria [é:] inimigo do intelectualismo; inimigo do mercantilismo; lírico na sua simplicidade; amigo das artes manuais e das pequenas indústrias; e quase animista e totemista na sua relação com a natureza, com a vida animal e vegetal. [Em resumo:] para São Francisco dois grandes males afligiam o mundo cristão do seu tempo: a arrogância dos ricos e a arrogância dos eruditos".

É preciso, de imediato, ressaltar que essa associação entre franciscanismo e humildade está longe de ser descabida. De fato, eles são considerados os principais representantes medievais de um movimento que, inspirado em algumas tradições do primeiro cristianismo, se esforça por superar aquela antiga e já citada distinção, de sabor eminentemente clássico, entre um estilo, um *sermo sublimis* ou elevado e um *sermo humilis*, baixo e vulgar, distinção que, como se conseguia depreender daquela breve alusão ao livro de Bakhtin, foi preservada, pelo menos até certo ponto, durante a Idade Média. Ora, este ponto é exatamente o do surgimento de São Francisco, que vai tentar, baseado na humildade da encarnação — "Deus não escolheu um orador ou um senador, mas um pescador", diz Santo Agostinho (apud Auerbach, 1965, p. 43) —, fomentar

"uma espécie totalmente nova do sublime, da qual nem o quotidiano nem o humilde ficavam excluídos, de tal forma que no seu estilo, assim como no seu conteúdo, realizou-se uma combinação imediata do mais baixo com o mais elevado" (cf. Auerbach, 1976, p. 134).

Não é que se pretenda com isso pleitear qualquer originalidade para São Francisco. Sucede, apenas, que ele

"personifica, de um modo exemplar, a mistura a que já nos referimos de sublimitas e humilitas [...] pois o cerne da sua existência [...] baseia-se na vontade da imitação radical e prática de Cristo; esta tinha adotado na Europa, a partir do momento em que desapareceram os mártires da fé, uma forma predominantemente místico-contemplativa; ele conferiu-lhe uma tendência para o prático, o quotidiano, o público e o popular" (cf. idem, p. 141).

Todavia, o que me importa efetivamente salientar é que, no contexto mesmo desse resgate do humilde e do popular, também vai ser possível encontrar uma reabilitação da figura das paixões. Definida pela filosofia clássica, especialmente pelos estóicos, em função da sua ligação com os excessos do cotidiano, esta figura termina por ser denunciada como uma verdadeira ameaça à serenidade e, por conseguinte, à razão, passando então a sofrer, em boa parte da Antiguidade tardia, o combate de ascéticos exercícios espirituais (cf. Veyne, 1990).

Com o triunfo do cristianismo, porém, o seu significado mais corrente, que implicava a idéia de um ardente e entusiasmado afeto, vai ser submetido a uma profunda alteração por intermédio da sua identificação com os sofrimentos, com a Paixão de Cristo. Deriva daí, então, a afirmação de uma nova concepção de amor, uma concepção essencialmente positiva, envolvendo ao mesmo tempo agonia e êxtase, tormento e prazer, e fazendo até com que "a paixão do amor conduza, através do sofrimento, ao excessus mentis e à união com Cristo; aqueles que

Ricardo Benzaquen de Araújo

não têm *passio* também não possuem a graça" (cf. Auerbach, 1965, p. 78).[28]

A recordação desses humildes e apaixonados franciscanos serve-nos, conseqüentemente, para que possamos começar a qualificar um pouco melhor aquela vocação antiascética que, animada pela mestiçagem e pela *hybris*, parece atravessar de ponta a ponta o raciocínio de Gilberto em *CGS*. No entanto, como os frades preferidos do nosso autor estão longe de renegar o dogma do pecado original, transformando o sexo em uma fonte de genuína intimidade *cristã*, esta recordação acaba por se revelar incapaz de dar conta inteiramente daquela singular e semi-herética versão do catolicismo que, a meu juízo, habitava a casa-grande.

O máximo que conseguimos perceber, portanto, foi que Gilberto era um adepto das "paixões do espírito", descartando ou pelo menos diminuindo a importância das alternativas que traziam consigo uma visão mais disciplinada e sublime do catolicismo. Esta percepção, contudo, precisa ser completada por uma investigação acerca do lugar, de tamanho destaque, ocupado em sua reflexão pelas "paixões da carne".

Tal investigação, sem dúvida, exigirá que se lance mão daquele segundo caminho anunciado acima, que diz respeito, sobretudo, às múltiplas influências sofridas pelo "cristianismo português" (*CGS*, p. 245). Estas influências, diga-se logo, são provenientes dos vários povos que participaram daquele multissecular processo de miscigenação que, iniciando-se na pré-história, chega a abarcar a colonização do Brasil, ainda que Gilberto empreste uma ênfase particular, neste caso, à contribuição oferecida pela "moral maometana sobre a moral cristã" (*ibidem*).

Ele insiste, com efeito, em afirmar que é justamente por essa razão que não há

> "nenhum cristianismo mais humano e mais lírico do que o português. Das religiões pagãs, mas principalmente da de Maomé, conservou como nenhum outro cristianismo na Europa o gosto de carne [... chegando a exceder] neste ponto [...] ao próprio maometanismo. Os azulejos, de desenhos assexuais entre os maometanos animaram-se de formas quase afrodisíacas nos claustros dos conventos e nos rodapés de sacristias. De figuras nuas. De meninozinhos-Deus em

---

[28] Talvez valha a pena assinalar, nesta passagem, que Rabelais também chegou a fazer parte da Ordem Franciscana (cf. Auerbach, 1976, cap. 11).

que as freiras adoravam muitas vezes o deus pagão do amor de preferência ao triste e cheio de feridas que morreu na cruz" (*idem*, pp. 245-6).

Não causa estranheza, então, que ele sublinhe que

"o cristianismo [...], em Portugal, tantas vezes tomou características quase pagãos de culto fálico. Os grandes santos nacionais tornaram-se aqueles a quem a imaginação do povo achou de atribuir milagrosa intervenção em aproximar os sexos, em fecundar as mulheres, em proteger a maternidade" (*idem*, p. 277),

sendo, por isso, perfeitamente admissível o

"costume das mulheres estéreis de se friccionarem desnudadas, pelas pernas da imagem jacente do Bem-aventurado, enquanto os crentes rezam baixinho e não erguem os olhos para aquilo que não devem ver. A fricção sexual dos tempos pagãos acomodada a formas católicas" (*idem*, p. 280).

Vale a pena assinalar que esses "grandes santos nacionais", tais como Santo Antônio, São João, o Menino-Deus e Nossa Senhora do Bom Parto, não se preocupam apenas com assuntos ligados ao sexo, estendendo também a sua proteção sobre as festas e mesmo as guerras. Basta lembrar, no primeiro caso,

"a festa de São Gonçalo de Amarante que La Barbinais assistiu na Bahia no século XVII [. Ela] surge-nos das páginas do viajante francês com todos os traços dos antigos festivais pagãos. Festivais não só de amor, mas de fecundidade. Danças desenfreadas em redor da imagem do santo. Danças em que o viajante viu tomar parte o próprio vice-rei, homem já de idade, cercado de frades, fidalgos, negros. E de todas as marafonas da Bahia. Uma promiscuidade ainda hoje característica das nossas festas de igreja. Violas tocando. Gente cantando. Barracas. Muita comida. Exaltação sexual. Todo esse desadoro — por três dias e no meio da mata. De vez em quando, hinos sacros. Uma imagem do santo tirado do altar andou de mão em mão, jogada como uma peteca de um lado para o outro. Exatamente — notou La Barbinais — 'o que outrora faziam os pagãos num sacrifício especial anualmente oferecido a Hércules, cerimônia na qual fustigavam e cobriam de injúrias a imagem do semi-deus'" (*idem*, p. 281).

Quanto ao segundo caso, registre-se apenas que Gilberto sugere que não houve

"nenhum resultado mais interessante dos muitos séculos de contato do cristianismo com a religião do Profeta [...] que o caráter militar tomado por alguns santos no cristianismo português e mais tarde no Brasil. Santos milagrosos como Santo Antônio, São Jorge e São Sebastião foram entre nós sagrados generais ou chefes militares como qualquer poderoso senhor de engenho. Nas procissões carregavam-se outrora os andores dos santos como a grandes chefes que tivessem triunfado em lutas ou guerras. Alguns eram mesmo postos a cavalo e vestidos de generais. E acompanhando essas procissões, uma multidão em dia de festa. Gente fraternal e democraticamente baralhada. Grandes senhores com pata-missa na cabeça e prostitutas de pereba nas pernas. Fidalgos e moleques" (*idem*, p. 247).

Creio que seja hora de interromper essa verdadeira cascata de citações, inclusive porque as informações nelas contidas começam a transitar de uma para outra, corroborando-se mutuamente. Observe-se, porém, que muitas outras ainda poderiam ser feitas, em especial no que diz respeito à inclusão do sexo na experiência católica luso-brasileira.[29] Entretanto, não julgo nem que elas sejam indispensáveis nem, francamente, que o leitor tenha condições de suportá-las por muito mais tempo.

[29] Como por exemplo na página 283, onde se pode encontrar uma referência ao simbolismo sexual dos "doces", "bolos" e "caramelos" fabricados pelas freiras portuguesas. Cabe lembrar, ainda, que a monografia de Sanchis (1985) sobre as festas religiosas em Portugal, baseada em um trabalho de campo realizado durante a década de 70, apresenta — particularmente no seu capítulo V —, sugestivos pontos de contato com a análise de Gilberto sobre esse assunto.

De todo modo, o que me interessa efetivamente ressaltar é que os dois caminhos trilhados até aqui, tanto o das franciscanas paixões da alma quanto o das muçulmanas paixões da carne, embora diferentes e submetidos a ênfases bastante desiguais em *CGS*, vão desaguar em uma mesma concepção religiosa. Marcada pela *vitalidade* e pelo sexo, pela inclinação bélica, festiva e quase orgiástica, essa híbrida e descontrolada concepção termina por afirmar "o que pode haver de menos nazareno no sentido detestado por Nietzsche [,] no sentido sorumbático e triste" (*CGS*, pp. 247-8), dentro do catolicismo, promovendo assim o culto a um Cristo até certo ponto peculiar, um Cristo mais ou menos *dionisíaco*.

Se isso for verdade, torna-se então absolutamente necessário que o nosso próximo movimento importe em uma cuidadosa avaliação do caráter assumido pela Igreja católica em *CGS*. Afinal, qual seria a autoridade eclesiástica capaz de apoiar ou meramente veicular uma concepção como a que acabamos de discutir?

Para Gilberto, essa questão se explica pelo simples fato de que a esmagadora maioria dos padres que se envolveram na colonização do Brasil vivia sob a tutela, física e moral, dos senhores de engenho. Em decorrência disto,

"a Igreja que age na formação brasileira, articulando-a, não é a catedral com o seu bispo [...] nem a igreja isolada e só, ou de mosteiro ou abadia [...] É a capela de engenho. [Desta forma,] não chega a haver clericalismo no Brasil [... pois os] clérigos e até mesmo frades acomodaram-se, gordos e moles, [...] à confortável situação de pessoas da família, de gente da casa, de aliados e aderentes dos grandes proprietários rurais, no século XVIII muitos deles morando nas próprias casas-grandes" (*idem*, pp. 205-6).

Completamente dominados, portanto, por aquele excessivo *ethos* senhorial que foi examinado no capítulo anterior, esses capelães terminam por se ajustar de maneira impecável à "função útil, embora nada seráfica, de procriadores" (*idem*, p. 206), habilitando-se conseqüentemente a partilhar e difundir aquela original concepção de catolicismo que acabamos de discutir.

Não se encerra aí, contudo, a peculiaridade característica da Igreja católica no Brasil. Ainda é preciso notar que, pelo próprio peso que a miscigenação adquiriu no País, essa Igreja foi forçada a aceitar a convivência com uma série de crenças e práticas oriundas das populações nativas e, sobretudo, dos muitos povos de origem africana que para cá foram transportados (cf., por exemplo, *idem*, pp. 404-6), produzindo-se então o fenômeno que ficou consagrado na bibliografia sob a denominação de "sincretismo religioso".

Não há, sem dúvida, muita originalidade nesse ponto, não só porque ele já foi intensamente estudado pela Antropologia brasileira como também porque, no contexto específico da argumentação de Gilberto em *CGS*, a noção de sincretismo parece ocupar um lugar de extremo destaque, indo além da religião propriamente dita e, como já foi mostrado, espalhando-se praticamente por todo o texto. Deve-se notar, no entanto, que a sua concretização na casa-grande, em particular no que se reporta à esfera do sagrado, não tem apenas um sentido *passivo*, fundado na mera admissão e entrelaçamento das contribuições provenientes das outras culturas em uma unidade precária, onde cada componente, a par das relações que estabelece com os seus vizinhos, guarda o selo e a recordação da sua origem.

Além disso, essa heterogênea experiência religiosa apresenta também um aspecto eminentemente *ativo*, inclusive porque ela não tem como escapar de um íntimo envolvimento com as graves e numerosas *tensões* provocadas pelos antagonismos que povoam a casa-grande. Tais tensões, vale a pena repetir, opunham basicamente os senhores aos escravos, como foi discutido no capítulo 2, mas alcançavam também outras relações, como por exemplo as estabelecidas, no interior da própria nobreza açucareira, entre pais e filhos: afinal,

> "que judiasse com os moleques e as negrinhas, estava direito; mas na sociedade dos mais velhos o judiado era ele. Ele que nos dias de festa devia apresentar-se de roupa de homem; e duro, correto, sem machucar o terno preto em brinquedo de criança. Ele que em presença dos mais velhos devia conservar-se calado, um ar seráfico, tomando a benção a toda pessoa de idade que entrasse em casa e lhe apresentasse a mão suja de rapé. Ele que ao pai devia chamar 'senhor pai' e à mãe 'senhora mãe': a liberdade de chamar 'papai' e 'mamãe' era só na primeira infância" (*idem*, pp. 452-3)

Mas não é apenas a convivência dos senhores com os seus herdeiros que demonstra a existência de distâncias e constrangimentos:

noutra dimensão, a estreita e cotidiana ligação entre sinhás e mucamas exibia também uma série de dificuldades, na medida mesmo em que as segundas tanto podiam servir de olhos e ouvidos do patrão, denunciando possíveis infidelidades da esposa (*idem*, p. 455), quanto transformavam-se, elas mesmas, em rivais das suas senhoras, desencadeando violentas reações:

> "Não são dois nem três, porém muitos os casos de crueldade de senhoras de engenho contra escravos inermes. Sinhás-moças que mandaram arrancar os olhos de mucamas bonitas e trazê-los à presença do marido, à hora da sobremesa, dentro da compoteira de doce e boiando em sangue ainda fresco [...] outras que espatifavam a salto de botina dentaduras de escravos; ou mandavam-lhes cortar os peitos, arrancar as unhas, queimar a cara ou as orelhas [...] O motivo, quase sempre, o ciúme do marido. O rancor sexual. A rivalidade de mulher com mulher" (*idem*, p. 380).

Importa destacar, deste quadro despótico e brutal, que a proximidade e o comprometimento daquela acepção doméstica da Igreja católica com esses conflitos termina por retirar dos padres qualquer vislumbre de uma compreensão mais *ética* da religião, com tudo o que isto implica em termos da adoção de uma perspectiva mais sistemática, neutra e impessoal da doutrina cristã. Ao contrário, o que vamos encontrar em *CGS* é uma prática fundamentalmente *mágica* do catolicismo, em que todos os anjos, santos e o próprio Cristo eram mobilizados em prol dos mais mundanos e contraditórios interesses dos habitantes da casa-grande. Entendido aqui como uma experiência religiosa de caráter essencialmente utilitário, capaz de convocar fontes sobrenaturais de poder para a consecução de objetivos puramente materiais,[30] não chega a causar espécie, a esta altura, que o cristianismo tenha sido considerado e empregado, antes de mais nada, em assuntos que diziam respeito ao sexo.

Deve-se lembrar, a bem da verdade, que Gilberto registra em algumas passagens um empenho na proteção "mística" às grávidas e aos

---

[30] A concepção de magia que estou utilizando, por me parecer a mais adequada para dar conta da reflexão de Gilberto, é basicamente a que nos é indicada pelo trabalho de Weber (1983).

recém-nascidos (*CGS*, pp. 362-6), temas relacionados mas não inteiramente reduzíveis à índole sensual que caracterizava o português. No geral, todavia, "o amor foi o grande motivo em torno do qual girou a bruxaria em Portugal" (*idem*, p. 362), em *Portugal*, sublinhe-se, pois "da crença nos sortilégios já chegavam impregnados ao Brasil os colonos portugueses. A feitiçaria de direta origem africana aqui desenvolveu-se em lastro europeu" (*ibidem*), argumento que apenas reforça a raiz lusitana daquela *hybris* sexual que recentemente examinamos.

Essa raiz parece se mostrar igualmente ativa em uma outra característica desse imoderado e lascivo "catolicismo português", característica de cuja importância boa parte da efetividade dessas técnicas mágicas irá depender: a extrema *intimidade* nele desenvolvida entre os santos e os seus devotos, uma afinidade que chega às raias da "sem-cerimônia obscena" (*idem*, p. 247), visto que alguns santos eram encarregados de embalar o berço das crianças, outros guardavam as terrinas de doce e de melado contra as formigas, e o próprio "menino Jesus só faltava engatinhar com os meninos da casa; lambuzar-se de geléia de araçá ou goiaba; brincar com os moleques" (*idem*, p. XXIII).

Laços tão estreitos podem, sem dúvida, fortalecer a possibilidade de que essa inclinação para a magia que estamos discutindo tenha realmente se tornado bastante difundida no interior da casa-grande. Com efeito, basta ver que, transformados em intermediários — lembremo-nos de Santo Antônio —, estes santos "padroeiros" irão se converter nos verdadeiros defensores dos seus fiéis, o que pode logicamente resultar em uma sanção divina e, portanto, numa *exasperação* das diferenças que já os separavam.

Deste modo, procurando resumir em um parágrafo ao menos parte do que acabou de ser dito sobre o papel da religião em *CGS*, voltamos a encontrar, só que agora na dimensão do sagrado, a mesma relação básica entre antagonismo e proximidade que já havia sido surpreendida anteriormente. De fato, a própria idéia de um catolicismo mágico e sensual parece simbolizar esta relação de maneira perfeitamente adequada, com o sexo apontando para uma prática capaz de diminuir e equilibrar as divergências, ainda que sem condições, como bem demonstra o uso que ele vai receber na feitiçaria, de erradicá-las completamente.

Esta questão, na verdade, merece um cuidado adicional, posto que não é apenas através do cristianismo ou das religiões indígenas e africanas que este pendor para a magia vai conseguir se realizar; além disto, "abaixo dos santos e acima dos vivos ficavam, na hierarquia patriarcal, os mortos, governando e vigiando o mais possível a vida dos filhos, netos, bisnetos. Em muita casa-grande conservavam-se seus retratos no santuário, entre as imagens dos santos, com direito à mesma luz votiva de lamparina de azeite e às mesmas flores devotas" (*ibidem*).

Apresentada como "um culto doméstico dos mortos que lembra o dos antigos gregos e romanos" (*ibidem*), essa adoração dos mortos vai consistir, por conseguinte, em mais uma daquelas "sobrevivências pagãs" que se congregavam neste sincrético catolicismo luso-brasileiro. Só que, no caso, reforçando sensivelmente a sua vocação para a feitiçaria, para o contato com entidades em condições de atender aos desejos humanos, inclusive porque essas entidades constituem-se aqui em figuras excessivamente próximas aos seus devotos, que são nada mais nada menos que os seus próprios parentes.

Assinale-se que Gilberto já nos advertia de que "os mal-assombrados costumam reproduzir as alegrias, os sofrimentos, os gestos mais característicos da vida nas casas-grandes" (*idem*, p. XXVI). De fato, é como se os mortos, ou melhor, os mortos-vivos, as assombrações, ainda não tivessem desencarnado completamente, guardando tanto algo do corpo, a linha, o contorno de um perfil humano, quanto um persistente interesse nos assuntos mundanos, o que termina por convertê-los em parceiros poderosos e em mediadores ideais para os seus íntimos e domésticos fiéis.

A influência do culto dos mortos, entretanto, não se faz sentir apenas na *chance* de um recrudescimento dessa face mágica do catolicismo patriarcal. Ele ainda produz uma segunda conseqüência, pois a simples possibilidade de que *cada* casa-grande tivesse condições de adorar os seus próprios antepassados específicos importa, sem dúvida, na oportunidade de observar o conjunto delas sob a luz de um inesperado *politeísmo*.

Este politeísmo, evidentemente, envolve a possibilidade de que, além daquele híbrido catolicismo, tivéssemos também a ocasião de revelar a presença de outras divindades — mesmo que de segunda ordem, "abaixo dos santos" — participando dos destinos da civilização que se organizou em torno da casa-grande, divindades aliás distintas e potencialmente adversárias. O mais importante, contudo, é que esse novo efeito do culto dos mortos acaba inapelavelmente por nos conduzir da religião à *política*, já que ele se enlaça com todo um raciocínio, desenvolvido por Gilberto, acerca do caráter essencialmente privado e familiar da colonização do Brasil. Assim, foi

"a família, não o indivíduo, nem tampouco o Estado nem nenhuma companhia de comércio [...] o grande fator colonizador no Brasil, a unidade produtiva, o capital que desbrava o solo, instala as fazendas, compra escravos, bois, ferramentas, a força social que se desdobra em política, constituindo-se na aristocracia colonial mais forte da América. Sobre ela o rei de Portugal quase reina sem governar" (*idem*, p. 27).

Os chefes dessas famílias disporiam então de tamanha independência que se dariam inclusive ao luxo de praticar uma forma privada e patriarcal de justiça, chacinando escravos e esposas infiéis a seu bel-prazer, como já foi visto, e não recuando sequer diante da possibilidade de "matar os próprios filhos. Um desses patriarcas, Pedro Vieira, já avô, por descobrir que o filho mantinha relações com a mucama de sua predileção, mandou matá-lo pelo irmão mais velho" (*idem*, p. XXV).

O que mais me chama a atenção, no entanto, é que essa preponderância virtualmente absoluta da "iniciativa particular" terminou por se mostrar quase incapaz de assegurar alguma ordem e tranqüilidade para a vida social "sob o regime de economia patriarcal". Pelo contrário, o cenário desenhado por Gilberto exibe fundas e quase incontornáveis divergências *entre* as casas-grandes, redundando em "lutas tremendas [que] separa[vam] primos e até irmãos [...] extremando-os em inimigos de morte" (*idem*, p. 386), lutas que decorriam, como dizia Antonil, citado pelo nosso autor, do fato de que

"há no Brasil muitas paragens em que os senhores de engenho são entre si muito chegados por sangue e pouco unidos por caridade, sendo o interesse a causa de toda a discórdia, e bastando talvez um pão que se tire ou um boi que entre em um canavial por descuido para declarar o ódio escondido, e para armar demandas e pendências mortais. Mal inseparável do privatismo; do exagerado sentimento de propriedade privada. O qual começa criando rivalidades sangrentas entre vizinhos — grandes senhores de terras — para terminar balcanizando continentes" (*idem*, pp. 386-7).

É preciso assinalar, a propósito, que esses conflitos dão a impressão de acarretar um relativo cancelamento das divisões que ocorriam no *interior* das casas-grandes, pois até os escravos podiam então ser encontrados "sempre fiéis e valentes ao lado dos senhores. Brigando. Morrendo por eles" (*idem*, p. 387). É como se as tensões fossem transferidas, nesse momento, para fora de cada lar senhorial, em um processo que só faz ressaltar a importância daquela acepção politeísta do culto dos mortos na confecção de um mínimo de consenso, de uma nova "zona de confraternização" dentro de *CGS*.

Deve-se observar, a essa altura, que Gilberto chega mesmo a definir a nossa sociedade colonial como feudal ou "semifeudal" (cf., por exemplo, *idem*, p. XIV), embora o faça, é verdade, com a sua peculiar e costumeira imprecisão. Todavia, mesmo que acrescentemos a esta imprecisão a consideração de que essa face propriamente política da casa-grande ocupa um lugar de pouco destaque no texto, merecendo muito menos atenção do que a análise das dissensões e dos excessos domésticos, ainda assim creio que valha a pena um estudo um pouco mais acurado da maneira pela qual ele utiliza o conceito de feudalismo. Quanto mais não seja, este procedimento talvez possa nos ajudar a esclarecer esse aspecto fundamentalmente discordante do relacionamento das famílias patriarcais em *CGS*.

Não se imagine, porém, que eu esteja sugerindo que a noção de feudalismo comporte uma espécie de "propensão natural" para o conflito, desencadeando ventos e tempestades cada vez que é acionada. A grande questão, a meu ver, reside no fato de que o emprego dessa noção, por Gilberto, realça somente um ou outro dos seus componentes, deixando totalmente de lado aqueles que teriam condições de promover alguma conciliação, mesmo em uma ordem social dividida entre grandes proprietários tão autônomos e poderosos quanto os nossos.

Por exemplo: ele destaca o papel desempenhado pela *autarquia* das casas-grandes, que serviam ao mesmo tempo de "fortaleza, capela, escola, oficina, santa-casa, harém, convento de moças, hospedaria [e até de] banco" (*idem*, pp. XXIII-XXIV), papel que não faz outra coisa senão reforçar a virtual independência dos senhores de engenho em relação à Coroa portuguesa. Contudo, ainda que empreste um significado tão nitidamente político à sua concepção de feudalismo, até porque não há sentido em falar de servidão em uma sociedade escravocrata, Gilberto não faz nenhuma referência mais sistemática a qualquer categoria capaz de despontar como um equivalente à idéia de

Ricardo Benzaquen de Araújo

vassalagem, ou seja, a um sistema que permitisse a celebração de certos tipos de contrato entre aqueles grandes proprietários, contratos em condições de regular minimamente as suas relações e estabelecer alguma aliança entre eles.

Não creio, porém, que se trate de algum equívoco ou descuido do nosso autor. O que acontece, a meu juízo, é que boa parte dos argumentos apresentados até agora deixa evidente a impossibilidade de alcançar uma forma de governo suficientemente definida e estável em uma civilização tão exposta a divisões e excessos quanto a que estamos discutindo.

Vejamos um pouco mais de perto, só para aprofundar a questão, dois desses argumentos: o primeiro remete-nos de imediato para o segundo capítulo, quando examinávamos o modelo grego de escravidão, sustentando que o despotismo nele embutido não importava necessariamente em violência física, mas na transformação do escravo em um ser absolutamente disponível aos interesses do senhor. O que não mencionei completamente então foi a natureza sobretudo *pública* desses interesses, isto é, o fato de que o sistema escravocrata parecia ter como uma de suas atribuições a de *liberar* o proprietário para o exercício da cidadania, para a sua plena dedicação à vida política da *pólis*. Prova disto, inclusive, é o destaque que lá vai ser dado à figura do *supervisor*, um serviçal que cuidava dos assuntos domésticos — em especial dos outros cativos — para que o seu mestre não fosse obrigado a desviar inteiramente a sua atenção dos assuntos ligados ao governo da cidade.[31]

Ora, a situação focalizada por Gilberto transmite a sensação de envolver princípios inteiramente diferentes. O senhor de engenho aparece em *CGS*, desde o início, como alguém que deposita *todos* os seus interesses na esfera mais privada da existência, quer no que diz respeito aos negócios, obcecado pelos lucros fáceis que poderiam advir da monocultura da cana, quer no que se refere à sua vida propriamente doméstica, totalmente destinada à satisfação dos seus ilimitados apetites: a gula, o sexo etc... Não é de estranhar, portanto, que não se encontre em todo o livro nenhum vestígio de um personagem ao menos comparável ao supervisor clássico, ou que, no único momento em que se fala de um proprietário *distante* da casa-grande, no final do Pre-

---

[31] O papel do supervisor é discutido especificamente por Grosrichard (1988, pp. 18-9) e por Finley (1983, p. 100).

fácio, isto seja apresentado exatamente como um sinal da sua *deca-dência*, com

> "o escravo substituído pelo pária de usina; a senzala pelo mocambo; o senhor de engenho pelo usineiro ou pelo capitalista ausente. Muitas casas-grandes ficaram vazias, os capitalistas latifundiários rodando de automóvel pelas cidades, morando em chalés suíços e palacetes normandos, indo a Paris de vez em quando" (*CGS*, pp. XL-XLI).

Esse desinteresse do senhor de engenho pela vida pública, contudo, não esgota a explicação daquela dificuldade em construir um sistema político mais consistente para o Brasil colonial. Existe ainda um segundo argumento a ser apreciado, argumento que, embora o considere de certo modo mais decisivo que o primeiro, talvez até possa ser objeto de um resumo mais sucinto, visto que ele se reporta ao tema central do nosso último capítulo: a importância crucial da *hybris* na formação do clima espiritual da casa-grande.

De fato, suponho que a simples recordação de que uma das mais antigas e persistentes tradições da civilização ocidental afirme, de Ésquilo a Weber, a impossibilidade de fundar a ordem pública em um terreno irrigado basicamente pelo excesso, seja suficiente para que se esclareça o ponto que pretendo ressaltar. Afinal, o privilégio das paixões e da falta de limites que delas decorre parece realmente tornar inviável o fechamento ou mesmo a preservação de qualquer acordo que possa garantir alguma segurança e estabilidade para a vida social.

Justiça patriarcal, autarquia e autonomia senhoriais, interesse no privado e predomínio da *hybris*: estas indicações não querem necessariamente dizer que não haja atividade política em torno das casas-grandes, mas, apenas, que a noção de feudalismo adotada por Gilberto dá a impressão de tomar decididamente o rumo da *anarquia*, privilegiando não apenas a *soberania* dos senhores de engenho mas também o caráter fundamentalmente errático, incerto de qualquer aliança que eles pudessem tecer entre si. Neste sentido, configura-se uma situação na qual uma ação concertada entre eles é até possível, mas somente a partir de razões eventuais e fortuitas, sempre dependente de um motivo de força maior, como por exemplo uma revolta de escravos ou uma invasão estrangeira, jamais em função de uma *norma* habitual e universalmente aceita por todos.

Ricardo Benzaquen de Araújo

Esta argumentação nos leva a uma nova questão, pois torna-se difícil, nesse contexto, imaginar que a casa-grande tenha condições de assegurar muito mais que uma precária e incompleta *unidade nacional*. Não se trata, é lógico, de uma limitação regional, pois Gilberto insiste no fato de que ela, "embora associada particularmente ao engenho de cana, ao patriarcalismo nortista, não se deve considerar expressão exclusiva do açúcar, mas da monocultura escravocrata e latifundiária em geral: criou-a no Sul o café tão brasileira como no Norte o açúcar" (*idem*, p. XXIX).

A adesão dessas múltiplas e dispersas casas-grandes àquele mesmo *ethos* patriarcal que vínhamos discutindo poderia, sem dúvida, garantir-nos uma certa *identidade cultural*. O problema, todavia, reside no fato de que essa identidade, precisamente porque acentua, em vez de diminuir, as divergências entre esses soberanos e anárquicos grandes proprietários, termina por ser incapaz de fornecer um critério que permita a completa reunião do País em torno de um princípio comum.

Tal princípio, como acabamos de ver, não pode ser procurado na cultura nem na política, ou melhor, indo diretamente ao ponto, não pode ser inteiramente deduzido dessa senhorial convivência que estamos examinando. Gilberto, portanto, vê-se obrigado a ampliar e a complementar a sua análise pela consideração de outras formas de organização da sociedade, ainda que nunca lhes dê uma posição de grande destaque, dispensando-lhes às vezes um tratamento quase negligente — em comparação com a casa-grande — em *CGS*. Essas formas aparecem vinculadas às figuras dos já mencionados *paulistas* e, sobretudo, dos *jesuítas*, padres que nos remetem para uma segunda versão — mais oficial — do catolicismo, oposta à que foi aqui discutida e capaz até de representar uma alternativa à hegemonia daquela promíscua, orgiástica aristocracia colonial.

Devo observar, antes de prosseguir, que Gilberto também faz uma alusão ao que se poderia denominar de fatores *passivos* e *negativos* de integração, como o clima e a qualidade química e física do solo, que não variaram "o bastante para criar diferenças profundas no gênero de vida colonial" (*idem*, p. 45), ou mesmo a peculiar situação dos portugueses, que já "chega[m] às praias americanas unido[s] política e juridicamente, não traze[ndo] para o Brasil nem separatismos políticos, como os espanhóis para o seu domínio americano, nem divergências religiosas, como os ingleses e franceses para as suas colônias" (*idem*, p. 41).

Apesar de tudo, porém, acredito que, segundo Gilberto, foram de fato os paulistas e os jesuítas aqueles que contribuíram de forma mais ativa e positiva, ao lado da casa-grande, para a consolidação da unidade nacional. Assim, mesmo ressalvando que a natureza *bandeirante* dos primeiros e *catequética dos* segundos os forçava a uma mobilidade "espantosa" (*idem*, p. 45), que, pela própria precipitação inerente à obsessão com a expansão, envolvia um risco de *dispersão* nada desprezível, nosso autor não deixa de salientar que

> "os jesuítas foram outros que pela influência do seu sistema de educação e de moral sobre um organismo ainda tão mole, plástico, quase sem ossos, como a da nossa sociedade colonial nos séculos XVI e XVII, contribuíram para articular como educadores o que eles próprios dispersavam como catequistas e missionários. Estavam os padres da S.J. em toda parte; moviam-se de um extremo ao outro do vasto território colonial; estabeleciam permanente contato entre os focos esporádicos de civilização e, através da 'língua geral', entre os vários grupos de aborígenes. Sua mobilidade, como a dos paulistas, se por um lado perigosamente dispersiva, por outro lado foi salutar e construtora, tendendo para aquele 'unionismo' em que o professor João Ribeiro surpreendeu uma das grandes forças da nossa história" (*idem*, pp. 40-1).

Este relativo elogio aos jesuítas, em particular porque ocorre enquanto eles complementam, por outro caminho, a obra integradora da casa-grande, parece efetivamente ser digno de nota. Afinal, se aqueles moderados policultores paulistas já viviam sob critérios bem diversos daqueles que foram examinados e até certo ponto exaltados em *CGS*, os disciplinados e ascéticos membros da Companhia de Jesus transmitem a sensação de que se definem justamente por significar o mais sistemático e resistente desafio enfrentado pelos senhores de engenho no período colonial.

Participando de uma Ordem, isto é, dispondo de escolas e mosteiros que lhes permitiam manter algum afastamento da sociedade que os cercava, eles *nunca aceitaram* o papel de hóspedes ou agregados da casa-grande como os seculares padres-capelães vieram a fazer. Além disso, vale a pena repisar, os jesuítas adotaram um outro entendimento do catolicismo, totalmente divergente daquela sensual, vulgar e mágica interpretação que analisamos anteriormente, um catolicismo eminentemente ético e pedagógico, preocupado com a preservação da própria virtude — "donzelões intransigentes" (*idem*, p. 487), ironizará Gilberto — e também com a absoluta imposição da sua compreensão da fé a todos os povos que conseguissem conhecer. Essa preocupação, aliás, dá uma demonstração de enorme impermeabilidade e distância, precisamente o inverso daquela convivência estimulada pelo híbrido e confraternizante "cristianismo português". Não é à toa, por conseguinte, que Gilberto termine por afirmar que

"sob a influência dos padres da S.J. a colonização tomou rumo puritano — ainda que menos rigidamente seguido nesta parte da América pelos cristãos portugueses do que na outra, na do Norte, pelos verdadeiros Puritanos: os ingleses. Deu, entretanto, para sufocar muito da espontaneidade nativa: os cantos indígenas, [por exemplo,] de um tão agreste sabor, substituíram-nos os jesuítas por outros, compostos por eles, secos e mecânicos; cantos devotos, sem falar em amor, apenas em Nossa Senhora e nos santos [... pois] procuraram destruir, ou pelo menos castrar, tudo que fosse expressão viril de cultura artística ou religiosa em desacordo com a moral católica e com as convenções européias" (*idem*, p. 114).

Existe certamente uma pitada de paixão nesse furor catequético, como indica Gilberto quando adverte para o risco de dispersão trazido pela exagerada mobilidade nele embutida, mas esta parece ser, pelo menos em *CGS*, uma paixão *fria*, controlada intelectual e espiritualmente por esses virtuosos soldados da fé. Na verdade, é justamente essa vocação missionária, combativa e ascética que evita que os jesuítas sejam apenas um exótico ou inofensivo "corpo estranho" no organismo patriarcal, transformando-os nos maiores rivais, pior ainda, nos principais inimigos da nossa nobreza açucareira, não só por lhe disputar o corpo e a alma dos indígenas, a quem pretendiam subtrair do cativeiro para educar nas suas reduções, mas também, e sobretudo, por introduzir uma outra opção, mais *puritana*, para a colonização do Brasil.

Mais, muito mais poderia ser dito sobre o relacionamento desse ortodoxo catolicismo dos jesuítas com a dionisíaca e semi-herética experiência religiosa que prosperou na casa-grande. O que se deve ressaltar, no entanto, é o fato de que, apesar dessa grave divergência, Gilberto não deixa de atribuir um papel de relativo destaque aos padres da Companhia, fazendo com que "a unidade essencial [da colônia fosse] assegurada pelo catecismo e pelas Ordenações, pela liturgia católica e pela língua portuguesa auxiliada pela 'geral', de criação jesuítica" (*idem*, p. 44), e, portanto, deixando que eles pudessem fornecer um *segundo* princípio de coesão nacional. Uniforme, dogmático e formal, este segundo princípio, mesmo sem conseguir eliminar ou sequer mediar de maneira convincente os conflitos senhoriais, dava a impressão de ser capaz de complementar aquela parcial e instável totalidade produzida pela casa-grande.

Pode-se corroborar esse argumento, que aponta mais uma vez para a convivência tensa, mas equilibrada, de critérios opostos, por intermédio de uma reflexão final que deve ser iniciada pelo registro de que o alcance do prestígio dos jesuítas sobrevive até à sua expulsão, no século XVIII, imprimindo portanto a sua marca na própria tradição cultural do País. Isto acontece, segundo Gilberto, porque eles teriam estendido a sua influência até o ensino da língua portuguesa, esforçando-se por torná-la castiça, inteiramente normalizada e gramaticalmente correta, nos vários estabelecimentos educacionais abertos sob a sua supervisão.

O problema, neste ponto, é que o êxito dos jesuítas foi apenas parcial, incidindo basicamente sobre a dimensão *escrita* da língua, mas sofrendo um contundente revés no que diz respeito à sua parte falada, pouco suscetível a codificações e muito mais vulnerável à ação de outras influências culturais, tão vulnerável, aliás, que acaba sendo abandonada à híbrida ascendência da casa-grande. Aqui, é lógico, esboça-se uma situação bastante diferente daquela patrocinada pela Companhia de Jesus, visto que

"a ama negra fez muitas vezes com as palavras o mesmo que com a comida: amolengou-as, machucou-as, tirou-lhes as espinhas, os ossos, as durezas, só deixando para a boca do menino branco as sílabas moles" (*idem*, p. 371). "E não só a linguagem infantil se abrandou desse jeito mas a linguagem em geral, a fala séria, solene da gente grande, toda ela sofreu no Brasil, ao contato do senhor com o escravo, um amolecimento de resultados às vezes deliciosos para o ouvido" (*idem*, p. 372).

Temos, desse modo, quase uma conspiração antiinaciana, em que

"mães negras e mucamas, aliadas aos meninos, às meninas, às moças brancas das casas-grandes, criaram um português diverso do hirto e gramatical que os jesuítas tentaram ensinar aos [...] alunos dos seus colégios; do português reinol que os padres tiveram o sonho vão de conservar no Brasil" (*idem*, p. 373).

Não se imagine, porém, que estamos diante de uma divisão insuperável, separando irremediavelmente os brasileiros entre aqueles que se mantinham aferrados ao elevado *sermo sublimis* português e os que se rebaixavam até o *sermo humilis* tropical, em um afastamento que seria apagado somente pela erradicação de um dos lados do conflito.

Ora, para demonstrar mais uma vez que Gilberto de fato procura dar um caráter não contraditório às diferenças, mesmo em um plano como o da linguagem, que não parece sequer dispor de um elemento capaz de reduzir a sua distância, serei obrigado a pedir licença ao leitor para encerrar este capítulo citando não uma ou duas rápidas passagens, mas duas páginas inteiras da edição original de *CGS*. Assim procedo porque acredito que elas representam um momento particularmente feliz da reflexão do nosso autor, resumindo-a melhor do que eu próprio poderia fazê-lo e, ao mesmo tempo, fornecendo-nos um precioso material que poderá ser melhor explicado mais à frente.

Dessa maneira, discutindo a natureza relativamente compatível das oposições que, através sobretudo dos jesuítas e dos escravos, vieram a se incrustar em nossa linguagem, Gilberto afirma que

"a língua portuguesa nem se entregou de todo à corrupção das senzalas, no sentido de maior espontaneidade de expressão, nem se conservou acalafetada nas salas de aula das casas-grandes sob o olhar duro dos padres-mestres. A nossa língua nacional resulta da interpenetração das duas tendências. Devemo-la tanto às mães Bentas e às tias Rosas quanto aos padres Gamas e aos padres Pereiras. O português do Brasil, ligando as casas-grandes às senzalas, os escravos aos senhores, as mucamas aos sinhô-moços, enriqueceu-se de uma variedade de antagonismos que falta ao português na Europa. Um exemplo, e dos mais expressivos, que nos ocorre, é o caso dos pronomes. Temos no Brasil dois modos de colocar pronomes, enquanto o português só admite um — o 'modo duro e imperativo': diga-me, faça-me, espere-me. Sem desprezarmos o modo português, criamos um novo, inteiramente nosso, caracteristicamente brasileiro: me diga, me faça, me espere. Modo bom, doce, de pedido. E servimo-nos dos dois. Ora, esses dois modos antagônicos de expressão, conforme necessidade de mando ou cerimônia, por um lado, e de intimidade ou de súplica, por outro, parecem-nos bem típicos das relações psicológicas que se desenvolveram através da nossa formação patriarcal entre os senhores e os escravos; entre as sinhá-moças e as mucamas; entre os brancos e os pretos. 'Faça-me', é o senhor falando; o pai; o patriarca; 'me dê', é o escravo, o filho, a mucama. Parece-nos justo atribuir aos escravos, aliados aos meninos das casas-grandes, o modo brasileiro de colocar pronomes. Foi a maneira filial e meio dengosa que eles encontraram de se dirigir ao *pater-famílias*. Por outro lado o modo português adquiriu na boca dos senhores certo ranço de ênfase hoje antipático: 'faça-me isso', 'dê-me aquilo'. O mestre ilustre que é João Ribeiro permita-nos acrescentar esta interpretação histórica ao seu exame psicológico da questão dos pronomes; e ao mesmo tempo fazermos nossas suas palavras: 'Que interesse temos, pois, em reduzir duas fórmulas a uma única e em comprimir dois sentimentos diversos numa só expressão?' Interesse nenhum. A força, ou antes, a potencialidade da cultura brasileira parece-nos residir toda na riqueza de antagonismos equilibrados; o caso dos pronomes que sirva de exemplo. Seguirmos só o chamado 'uso português', considerando ilegítimo o 'uso brasileiro', seria absurdo. Seria sufocarmos, ou pelo menos abafarmos metade de nossa vida emotiva e das nossas necessidades sentimentais, e até de inteligência, que só encontram expressão justa no 'me dê' e no 'me diga', vindos do escravo negro. Suprimi-las seria ficarmos com um lado morto; exprimindo só metade de nós mesmos. Não que no brasileiro subsistam, como no anglo-americano, duas metades inimigas: a branca e a preta; o ex-senhor e o ex-escravo. De modo nenhum. Somos duas metades confraternizantes que se vêm mutuamente enriquecendo de valores e experiências diversas; quando nos completar-mos num todo, não será com o sacrifício de um elemento ao outro" (*idem*, pp. 376-7).

Ricardo Benzaquen de Araújo

4.
O CÚMPLICE SECRETO

A longa citação que conclui o último capítulo permite a retomada e a reafirmação do argumento que tem assumido um papel decisivo nesta interpretação de CGS, qual seja, o de que as diferenças apontadas no livro são continuamente submetidas a um processo de equilíbrio e aproximação, ainda que esse processo não implique necessariamente a sua anulação recíproca.

Talvez valha a pena assinalar, mais uma vez, que tanto as fundamentais paixões da carne quanto a secundária — no que se refere ao seu peso específico na economia geral do texto — doutrina jesuítica só conseguiram despertar sentimentos que, no máximo, diminuíam os antagonismos internos e externos da casa-grande, sem eliminá-los ou sequer mediá-los de forma eficaz. Nesse sentido, não chega realmente a causar espécie que mesmo em uma área da vida social como a da linguagem, na qual as diferenças entre a escrita e a fala parecem não poder lançar mão de nenhuma entidade capaz de ao menos reduzir o seu afastamento, como ficou claro na discussão feita por Gilberto acerca da questão dos pronomes, seja possível estabelecer-se uma convivência não-contraditória entre elas.

Essa confirmação, pela via da linguagem, quer do caráter moderado das distinções quer da natureza absolutamente precária e sincrética do todo — o que varia aqui é apenas o ângulo da observação — talvez pudesse conduzir-nos diretamente para o término da primeira parte deste estudo. Antes que isto ocorra, porém, será preciso que seja levantada uma última questão, capaz talvez de complementar e tornar mais denso e convincente o argumento desenvolvido até aqui.

Ela diz respeito, em uma primeira abordagem, ao fato de que não é somente por intermédio dos recém-mencionados jesuítas que concepções ascéticas e mesmo puritanas se mostram ativas e importantes em *CGS*. Muito ao contrário, a hipótese que quero sugerir de imediato sustenta que a reflexão de Gilberto é atravessada, de ponta a ponta, por uma referência *negativa* e raramente explicitada ao *puritanismo*, referência que se comporta como se fosse uma espécie de fio quase invisível que procura costurar praticamente todas as partes do raciocínio do nosso autor sem que a sua presença seja muito alardeada.

Devo registrar que um maior aprofundamento dessa questão envolve, inicialmente, um breve exame do modo pelo qual Gilberto considera os Estados Unidos, até porque o puritanismo com o qual ele contrasta a casa-grande é basicamente de origem anglo-saxã. Para prosseguir nesse caminho, entretanto, serei obrigado a tentar desfazer um pequeno equívoco: uma das mais corriqueiras avaliações de *CGS* no meio acadêmico parece supor que a sua visão da escravidão norte-americana, em particular das *plantations* instaladas nos estados do Sul, seria exatamente o *inverso* daquela quase idílica relação entre senhores e escravos que se teria desenvolvido no Nordeste açucareiro.

Assim, teríamos no Brasil um escravismo eminentemente patriarcal, enquanto o dos Estados Unidos, pela sua própria interpenetração com uma lógica mais capitalista, iria adquirir tons menos suaves, mais violentos e sombrios. Esta leitura, por sinal, está longe de ser desprezível ou absurda, baseando-se inclusive em outro trabalho clássico sobre a escravidão, *Slave and Citizen*, de Frank Tannenbaum (1946), que cita efetivamente Gilberto em apoio à tese que acabei de expor.[32]

A dificuldade, contudo, reside no fato de que, embora Gilberto realmente compare em muitas ocasiões a escravidão nordestina com a que prosperou no sul dos Estados Unidos, todas, virtualmente *todas* as vezes em que esta comparação ocorre, ela sempre implica a mais absoluta *similaridade*, nunca apontando para nenhuma diferenciação. Isto pode inclusive ser notado desde o Prefácio, cujas primeiras páginas já anunciam uma viagem de trem pelo

> "velho Sul escravocrata [que] se alcança ao chegar o transcontinental aos canaviais e alagadiços da Luisiana. Luisiana,

[32] É preciso observar que Tannenbaum de fato menciona Gilberto, mas *não CGS*, o que sem dúvida introduz um novo matiz na discussão. A propósito, todo esse debate em torno da escravidão no Novo Mundo pode ser muito bem acompanhado através de uma consulta à imprescindível coletânea organizada por Foner e Genovese (1969).

Ricardo Benzaquen de Araújo

Alabama, Mississipi, as Carolinas, Virgínia — o chamado *'deep south'*. Região onde o regime patriarcal de economia criou quase o mesmo tipo de aristocrata e de casa-grande, quase o mesmo tipo de escravo e de senzala que no Norte do Brasil e em certos trechos do Sul; o mesmo gosto pelo sofá, pela cadeira de balanço, pela cozinha, pela mulher, pelo cavalo, pelo jogo; que sofreu, e guarda as cicatrizes, quando não as feridas abertas, ainda sangrando, do mesmo regime devastador de exploração agrária — o fogo, a derrubada, a coivara, a 'lavoura parasita da natureza', no dizer de Monteiro Baena referindo-se ao Brasil. A todo estudioso da formação patriarcal e da economia escravocrata do Brasil impõe-se o conhecimento do *deep south*. As mesmas influências de técnica de produção e de trabalho — a monocultura e a escravidão — uniram-se naquela parte inglesa da América, como nas Antilhas e na Jamaica, para produzir resultados sociais semelhantes aos que se verificaram entre nós. Às vezes tão semelhantes que só varia o acessório: as diferenças de língua, de raça e de forma de religião" (*CGS*, pp. X-XI).

Se isto é verdade, podemos perfeitamente concluir que a análise dedicada por Gilberto à casa-grande e às suas relações com a senzala está muito distante de envolver apenas uma definição rigorosamente *historicista*, à Boas, da noção de cultura, definição que normalmente iria supor que a cultura esgotaria o seu significado e o seu alcance na região específica, o Nordeste ou mesmo o Brasil, a que estivesse vinculada. Pelo contrário, apesar das *acessórias* "diferenças de língua, de raça e de forma de religião", ela parece também poder ser aplicada ao sul dos Estados Unidos, conformando praticamente uma mesma *civilização*, na qual podemos encontrar "quase os mesmos fidalgos rústicos" (*idem*, p. 434), ambos, os de lá e os de cá, igualmente opostos à "burguesia puritana da outra metade da América, de origem também anglo-saxônica, porém influenciada por um regime econômico diverso" (*ibidem*).

Identidade com o Sul aristocrático, afastamento do Norte puritano e burguês: observe-se que tanto o cosmopolitismo quanto a dimensão antipuritana da reflexão do nosso autor podem muito bem receber uma explicação de cunho biográfico, posto que, como se sabe, Gilberto recebeu uma educação de caráter protestante, tendo inclusive viajado aos Estados Unidos na década de 20 para, além do seu curso universitário, aperfeiçoar-se nessa direção.[33] Lá, todavia, veio a se desencantar com essa vertente do cristianismo, terminando, como diz Paul Freston (1987, pp. 34-5), por constituir "uma teoria do Brasil baseada precisamente no que poderá ter sido o centro do seu conflito com o protestantismo. Pois nada mais distante da moral sexual protestante do que a prática sexual do português desgarrado nos trópicos".

Sem diminuir nem por um instante o alcance dessa explicação, creio, porém, que ela deve ser ao mesmo tempo matizada e ampliada, até para que se possa valorizar o argumento nela embutido. Assim, por um lado, é necessário que se chame a atenção para o fato de que a formação puritana de Gilberto, além de ser fortemente influenciada pelo ensinamento evangélico de Tolstói, teve um caráter especificamente batista, mantendo, portanto, acesas divergências com a versão calvinista do puritanismo.[34]

Por outro lado, o meu entendimento do relacionamento de Gilberto com a tradição protestante apresenta ainda uma pálida *nuance* acerca do ponto que acabamos de discutir, *nuance* que, mesmo assim, gostaria de registrar: não se trata, é evidente, de questionar a natureza anticalvinista da reflexão de Gilberto, mas de salientar que ela decorre muito mais de uma excessiva *proximidade* que de um completo abandono ou afastamento do modelo puritano. Explico-me: não tenho nenhuma dúvida de que ele de fato repudia e foge desse modelo, mas é como se fosse uma fuga para dentro, capaz de *inverter totalmente* o seu perfil e de transformá-lo em uma espécie de constante, em um exemplo absolutamente inspirador, só que pelo *avesso*, do conjunto da sua análise em *CGS*.

Esse antipuritanismo, então, deve ser compreendido da maneira mais literal possível, percebido como se fosse uma imagem em negativo, uma verdadeira sombra que acompanhasse discreta e silencio-

[33] Uma primeira avaliação da formação batista de Gilberto nos é oferecida por Martins (1973) e Freston (1987).

[34] Essas divergências se ligavam fundamentalmente, segundo o livro clássico de Weber (1983), ao fato de que os calvinistas tinham na insondável idéia de predestinação a pedra de toque da sua doutrina, enquanto os batistas organizavam-se em torno da noção de uma *"believer's church"*, assentada na revelação, congregando-se então em uma verdadeira seita. Quanto aos laços de Tolstói com o protestantismo pode-se consultar o trabalho de Troeltsch (1981, p. 278).

Ricardo Benzaquen de Araújo

samente, como um cúmplice secreto, os passos de Gilberto em *CGS*. Há inúmeras passagens do livro, de certo modo todas as que foram mencionadas até aqui, que poderiam ser invocadas para se comprovar esta observação: basta que nos lembremos, por exemplo, da vigorosa afirmação da magia, do ócio e de todos os tipos de excesso, particularmente os sexuais, para que se confirme que estamos realmente diante de uma civilização povoada pelo pecado, o exato oposto, por conseguinte, daquele ideal de perfeição terrena, fundado no elogio do trabalho sistemático, da ética, do isolamento e do autocontrole que a doutrina puritana costumava pregar (cf. Weber, 1983, pp. 67-89).

A esta altura, em vez de prosseguir com este rol de contrastes, creio que talvez seja mais simples e esclarecedor selecionar um elemento básico dessa doutrina, a idéia de *constância*, desenvolvida por Leites (1987) em um diálogo com o trabalho clássico de Weber, e confrontá-lo com o *ethos* da casa-grande. Essa idéia, que por sinal se constituía em patrimônio comum de calvinistas e batistas, praticamente abrange e resume todas aquelas características citadas acima, mas o faz por intermédio de uma singular ênfase na obediência a um *único* padrão moral, apto a dispensar uma orientação invariante e metódica a todas as condutas individuais em busca de um sinal, mesmo inseguro, da salvação. Não é à toa, portanto, que uma sociedade como a norte-americana, animada igualmente pelo protestantismo e pela democracia, firme o seu compromisso com o pluralismo e com as liberdades em uma espécie de limite representado pela *Constituição*, limite a um só tempo religioso e político, posto que uma tradução secular do pacto bíblico que fundava a aliança dos homens com Deus, estabelecendo assim uma baliza, uma fronteira que todos, mesmo discordando enfaticamente entre si, são obrigados a respeitar.[35]

Pois bem: se o conceito de constância termina por nos remeter a uma consolidação de limites, parece efetivamente inevitável que a casa-grande venha a seguir na direção inversa. Assim, se o pacto constitucional produzia *cidadãos*, a ausência dele irá estimular o aparecimento de um mundo — de senhores de engenho, claro — composto apenas de *soberanos*, soberanos que desconheciam qualquer regra e qualquer autoridade superior à sua, sentindo-se desmedidamente livres tanto para impor despoticamente a sua vontade quanto para

---

[35] Consulte-se, a esse respeito, o trabalho de Arendt (1971) e o breve comentário de Velho (1989).

aceitar até as mais incompatíveis influências, de acordo com as suas conveniências.[36]

Neste sentido, é perfeitamente compreensível que a excessiva convivência senhorial, ao contrário da severa e autocontrolada obsessão puritana com o predomínio de uma norma ética, consiga apenas equilibrar e aproximar, mas nunca mediar ou dissolver os muitos antagonismos que atravessam *CGS*. Esta dissolução, na verdade, jamais seria possível, pois, até etimologicamente, o *hibridismo* deriva da *hybris*, o que confirma que as paixões não se constituem em um alicerce confiável e adequado para a construção de uma vida social consistente e estável: elas desviam os homens dos seus caminhos naturais, atraem opostos e separam iguais, sendo capazes apenas de promover uma totalidade extremamente precária, que nunca se faz presente de maneira automática, permanente e segura nas suas partes integrantes.

É precisamente por isso, inclusive, que a *anarquia* acaba por deixar de ser uma categoria meramente confinada à atividade política da casa-grande e ganha um destaque muito maior, convertendo-se em um dos princípios orientadores da sua híbrida vida social. Ora, se essa vocação anárquica for verdadeira, a imagem da sociedade patriarcal desenhada por Gilberto irá afastar-se muito não só daquilo que Richard M. Morse, em *O Espelho de Próspero* (1988), chama de "Grande Desígnio Ocidental", referindo-se à linha de desenvolvimento que redunda nas modernas democracias européias e anglo-saxãs, mas também da sua alternativa ibérica, derivada de um outro Ocidente, mais escolástico e barroco,[37] inspirado pela hierarquia, pela tradição e pela decidida busca de um ideal de comunidade.

O interessante, porém, é que esse duplo afastamento não decorre do fato de que Gilberto recorra a uma terceira posição igualmente substantiva, ou seja, a um novo modelo de base *histórica* para orde-

[36] Essa concepção de soberania vincula, até certo ponto, a nossa nobreza colonial com aquela aristocracia bárbara, afirmativa e guerreira sustentada por Nietzsche na *Genealogia da Moral* (1987). Vale a pena recordar, nesse contexto, que Velho (1985b, pp. 133 e 139) levanta a possibilidade de que a instável e desmedida experiência latino-americana talvez possa estar mais próxima da reflexão nietzschiana que a firme e civilizada tradição européia.

[37] Observe-se que a noção de *neobarroco* avançada por autores como Sarduy (1979) e Lima (1988), pelo próprio espaço que cede ao desperdício e à ambigüidade, talvez possa ser aproximada da posição de Gilberto.

nar a civilização da casa-grande. Ao contrário, o que ele vai nos apresentar é uma concepção da vida social em condições de admitir, plasticamente, a influência de qualquer tradição, muçulmana, negra, judaica ou francesa, ampliando e alterando, no mesmo movimento, a própria noção de cultura sob a qual transcorreu parte da sua formação.

Com efeito, retomando muito brevemente, para finalizar, uma discussão já travada no primeiro capítulo, gostaria ao menos de levantar a seguinte hipótese: se Gilberto, emprestando um significado neolamarckiano à idéia de raça, consegue afastar-se de uma posição marcada por um maior determinismo étnico, isto contudo não quer dizer que ele trabalhe com uma acepção mais banal do conceito de cultura, capaz de implicar apenas solidariedade, consistência, homogeneidade, enfim, *ordem e identidade.*

Assim, Gilberto tanto parece operar com uma noção mais ampla de cultura, confinando até com a de civilização, quanto transmite a sensação de que o sentido específico que lhe empresta, desenvolvendo sugestões feitas pela própria Antropologia americana (cf. Stocking, 1989), tolere um grau quase surpreendente de diferenciação e de desordem, ou seja, de anarquia, na própria matriz da vida social. Não é que não exista nenhuma preocupação com a unidade neste sentido: ela até ocorre, mas nunca de forma rotineira ou sistemática, parecendo sempre haver uma *folga* insuperável na relação que se estabelece entre as partes e o todo, o qual, conseqüentemente, termina sendo visto muito mais como uma possibilidade eventual que como uma forma obrigatória e preexistente da idéia de sociedade.[38]

De qualquer maneira, o ponto que me interessa ressaltar é o de que nem mesmo essa discrepante noção de cultura avançada por Gilberto deve ser reificada: longe de surgir do nada ou de ser apenas um romântico fruto da sua subjetividade, ela envolve, como foi dito desde o início deste capítulo, um diálogo vivo e por isso mesmo ríspido e discordante com a tradição puritana, que lhe fornece um suporte, um exemplo em condições de lhe inspirar, paradoxalmente através da sua própria e sistemática negação, a concepção e a redação de *Casa-Grande & Senzala.*

---

[38] Esta questão, de importância verdadeiramente estratégica na minha interpretação de *CGS,* me foi sugerido pela leitura dos textos de DaMatta (1985, cap. 3), Velho (1985a) e Clifford (1988, caps. 4 e 10).

SEGUNDA
PARTE

— *ARSÊNICO E ALFAZEMA* —

5.
SOB OS OLHOS DO OCIDENTE

Partindo do suposto de que os pontos básicos em torno dos quais se organiza a argumentação substantiva de *CGS* já foram discutidos na primeira parte deste livro, pretendo agora examinar os vínculos que talvez possam ser estabelecidos entre essa obra e o restante da produção intelectual de Gilberto Freyre nos anos 30.

No entanto, antes de prosseguir, acredito que valha a pena esclarecer que essa proposta não tem a intenção de submeter cada um dos textos que serão doravante considerados a uma análise mais exaustiva, nem importa em qualquer abandono ou desleixo em relação ao lugar, de vital importância, ocupado por *CGS* neste estudo. Assim, minha preocupação fundamental é a de utilizar aqueles textos para tentar obter, no final, não só uma visão mais ampla e matizada da reflexão de Gilberto no período em questão como também, espero, uma compreensão mais fina e detalhada do seu grande livro de estréia.

Esse cuidado com o contexto, na verdade, decorre do fato de que o próprio Gilberto, como já foi observado antes, sempre procurou apresentar *CGS* como uma espécie de ponto de partida do seu pensamento, insistindo inclusive em afirmar que ele não seria apenas o seu primeiro livro, mas a sua principal fonte inspiradora, fonte cuja influência se faria sentir ao longo de toda a sua obra. Nesse sentido, não tenho a menor dúvida de que um esforço para avaliar o alcance dessa afirmação, ao menos no que concerne ao conjunto dos seus trabalhos da década de 30, constitui-se em um exercício intelectual bastante interessante.

Além do mais, é indispensável que se destaque desse conjunto, que inclui desde clássicos como *Nordeste* (1937) até guias de cidades e uma lista de receitas de doces — todos relativamente pouco estudados —, o significado de um dos seus títulos mais importantes, *Sobra-*

dos e Mucambos (1936), particularmente porque Gilberto deixa claro, no Prefácio de *CGS*, que

> "o propósito de condensar num só volume todo o trabalho, não o consegui infelizmente realizar. O material esborrou, excedendo os limites razoáveis de um livro. Fica para um segundo o estudo de outros aspectos do assunto — que aliás admite desenvolvimento ainda maior" (*CGS*, p. XXXIX),

observação confirmada pela autodefinição de *SM* como uma

> "continuação de estudo já publicado, [o que faz com que] este ensaio result[e] da mesma série de pesquisas. De modo que os andaimes foram os mesmos, não sendo preciso conservá-los agora em volta do desenvolvimento mais livre — porém de modo nenhum autônomo, e sim condicionado por aquelas bases — que tomou o assunto em sua nova fase" (*SM*, p. 23).

Resultando, então, "da mesma série de pesquisas", a publicação de *SM* em 1936, somente três anos após a de *CGS*, parece realmente corroborar a hipótese de que os volumes lançados naquela época apresentam certa articulação entre si. Não se trata, é evidente, de imaginar rupturas com os trabalhos escritos antes ou depois desse momento, o que exigiria uma investigação bem maior e mais completa do que a que me foi possível realizar, nem sequer de supor que as obras que passaremos a apreciar estejam necessariamente envoltas na mesma atmosfera. Importa-me, notadamente, sublinhar o interesse que o seu exame, mesmo com as ressalvas já feitas, pode vir a ter para um melhor entendimento de *CGS*.

Em uma análise mais concreta, creio que o primeiro ponto a ser ressaltado é que os demais textos dos anos 30 representam uma ampliação, digamos, *especial* das teses sociológicas defendidas em *CGS*. Isto acontece porque, embora certamente se dediquem a comprová-las, estão longe de fazê-lo de forma meramente repetitiva ou mecânica, mostrando-se extremamente atentos às transformações que o correr do tempo e a consideração de novos temas terminam por ocasionar.

Essa questão se reveste de particular importância no que diz respeito a *SM*, pois o que basicamente se analisa ali é a *decadência* da

Ricardo Benzaquen de Araújo

sociedade patriarcal — agrária, escravocrata e polígama — discutida em *CGS*. Assim, ao contrário do que sucedia no seu primeiro livro, a passagem do tempo começa, afinal, a trazer mudanças, ainda que esta própria passagem se mantenha "espacializada", ou seja, percebida e estudada através das modificações sofridas pela arquitetura e pelas formas de sociabilidade doméstica da cultura brasileira.

É bem verdade que, noutra demonstração dos vínculos existentes entre *CGS* e *SM*, *ambas* as obras podem ser vistas sob o prisma da decadência. De fato, embora o corpo do texto de *CGS* não inclua praticamente nenhuma alusão a esse assunto, uma inspeção mais cuidadosa do seu Prefácio poderá revelar desde um pequeno trecho, onde Gilberto se refere à "casa-grande de Megahype", "estupidamente dinamitada" (*CGS*, p. XXVI), até um parágrafo inteiro em que ele lamenta que,

> "por falta de potencial humano, toda essa solidez arrogante de forma e de material foi muitas vezes inútil: na terceira ou quarta geração, casas enormes edificadas para atravessar séculos começaram a esfarelar-se de podres por abandono e falta de conservação. Incapacidade de bisnetos ou mesmo netos para conservarem a herança ancestral" (*idem*, p. XXII),

culminando na importante passagem, já parcialmente citada, em que, comentando a substituição dos engenhos pelas usinas de açúcar, ele afirma que

> "o latifúndio só tem feito progredir nos últimos anos, subsistindo à sua sombra por efeito da monocultura a irregularidade e a deficiência no suprimento de víveres: carne, leite, ovos, legumes. Em Pernambuco, em Alagoas, na Bahia continua a consumir-se a mesma carne ruim que nos tempos coloniais. Ruim e cara. De modo que da antiga ordem econômica persiste a parte pior do ponto de vista do bem-estar geral e das classes trabalhadoras — desfeito em 88 o patriarcalismo que até então amparou os escravos, alimentou-os com certa larguesa, socorreu-os na velhice e na doença, proporcionou-lhes aos filhos oportunidades de acesso social. O escravo foi substituído pelo pária de usina; a senzala pelo mocambo; o senhor de engenho pelo usineiro ou

pelo capitalista ausente. Muitas casas-grandes ficaram vazias, os capitalistas latifundiários rodando de automóvel pelas cidades, morando em chalés suíços e palacetes normandos, indo a Paris de vez em quando" (*idem*, pp. XL-XLI).

Ora, a menção a ruínas e a casas vazias *antes* mesmo do início da argumentação de *CGS* tem, de certo modo, a capacidade de enquadrá-la em um ambiente marcado pelo declínio e pela perda de substância, sugerindo, ainda que discretamente, que a matéria sobre a qual se vai ler, se não foi reduzida a "farelo" ou a "monturo" (*idem*, p. XXII), leva uma vida extraordinariamente precária e quase residual. Entretanto, é bom lembrar que a referência à decadência, aqui, não faz mais que informar ligeiramente o leitor acerca do destino do objeto de Gilberto, na medida mesmo em que a sua análise efetiva é, sem dúvida, reservada para *SM*.

5.1.
O IMPÉRIO DA LEI

O estudo da decadência do patriarcalismo em *SM* começa, na verdade, com a avaliação do impacto causado pela transferência de Dom João VI e da Corte portuguesa para o Brasil. Com efeito, "a simples presença de um monarca em terra tão antimonárquica nas suas tendências para autonomias regionais e até feudais, veio modificar a fisionomia da sociedade colonial: alterá-la nos seus traços mais característicos" (*SM*, p. 30), fazendo inclusive com que "o patriciado rural que se consolidara nas casas-grandes de engenho e de fazenda [...] começa[sse] a perder a majestade dos tempos coloniais" (*idem*, p. 29).

É interessante notar que, nesta citação, reaparece um tema discutido em *CGS*, o do caráter feudal de que se revestiu a colonização portuguesa no Brasil. Este feudalismo, porém, precisa ser duplamente qualificado: primeiro porque, como já foi examinado, ele privilegiava a autarquia em detrimento da vassalagem, adquirindo um aspecto singularmente anárquico; além disso, como Gilberto indica na página 38 de *SM*, aquela independência dos "senhores rurais" não parece ter se originado única e exclusivamente da *hybris* e conseqüentemente da indisciplina que distinguiam o português, visto que "nisso os favoreceu por longo tempo a Coroa, interessada nos lucros dos grandes proprietários e necessitando deles e de seus cabras e índios de arco e flecha, para a segurança da colônia, contra as tentativas de invasão de estrangeiros" (*idem*, p. 38).

Se a natureza apaixonada, soberana e irregular da nossa aristocracia colonial foi *também* fruto de um exercício de *raison d'état* conduzido pela Coroa portuguesa, que teria se retraído para deixar à iniciativa particular o ônus da conquista territorial, não devemos nos surpreender que, antes mesmo da chegada de Dom João VI, aquela soberania já tivesse sido drasticamente abalada em conseqüência da "descoberta das minas" no País. De fato,

"crescera desde então o interesse da coroa pela colônia americana. O Brasil deixara de ser a terra de pau de tinta tratada um tanto de resto por el-Rei, para tornar-se a melhor colônia de Portugal [...] e por isso mesmo a mais profundamente explorada, a vigiada com maior ciúme, a governada com mais rigor" (*ibidem*).

Não é à toa, portanto, que "ao chegar Dom João ao Rio, a independência dos senhores de engenho, dos Paulistas, dos mineiros e dos fazendeiros já não era a mesma do século XVII; nem tamanha, a sua arrogância" (*idem*, p. 30). Afinal,

"os capitães mandados para as Minas é como se viessem para terras que acabassem de ser conquistadas: arrogantes, dominadores, seu olhar duro fiscalizando tudo, até as libertinagens dos padres. A própria tradição dos grandes proprietários acoitarem criminoso em suas fazendas, dentro da porteira tabu dos seus engenhos, é quebrada em Minas no próprio século XVIII" (*idem*, p. 46).

Contudo, a mudança do governo e a nossa elevação a Reino Unido não são compreendidas, por Gilberto, apenas como o ápice do processo de expansão da autoridade do Estado português no Brasil. Mais que isso, ele não deixa de assinalar que, mesmo sendo o

"príncipe aburguesado, porcalhão, os gestos moles, os dedos sempre melados, de molho de galinha [...] [ele continua] trazendo consigo a coroa; trazendo a rainha, a corte, fidalgos para lhe beijarem a mão gordurosa mas prudente, soldados para desfilarem em dia de festa diante do seu palácio, ministros estrangeiros, físicos, maestros para lhe tocarem música de igreja, palmeiras imperiais à cuja sombra se levantariam as primeiras escolas superiores, a primeira biblioteca, o primeiro banco" (*idem*, p. 30).

Percebe-se aqui, por conseguinte, a existência de um verdadeiro "*processo civilizador*", comparável, até certo ponto, ao estudado por Norbert Elias (1990) para o caso europeu, processo no qual a soberania monárquica e a moderação dos costumes unem esforços para refrear aquele híbrido e anárquico, quase bárbaro poder exercido pelos senhores de engenho e outros grandes proprietários durante o período colonial.

Essa primeira linha de argumentação, todavia, está longe de esgotar a discussão acerca da decadência do patriarcado rural no Brasil. Dela, então, deve ser aproximada uma segunda, na qual essa decadência dá a impressão de se iniciar junto com a própria gênese da sociedade patriarcal, fazendo-se presente no momento mesmo em que ela começava a se instalar.

Isto sucede porque "o financiamento à grande lavoura colonial — a de açúcar — atraiu desde cedo agiotas que parecem ter se dedicado ao mesmo tempo à importação de escravos para as plantações" (*idem*, p. 38). Ora, o simples fato de que "a base principal da riqueza colonial — o escravo [—, fosse uma] riqueza, na verdade, em extremo corruptível, apodrecendo facilmente a um sopro mais forte de epidemia de bexiga ou de cólera" (*idem*, p. 39), fez com que, por um lado, os senhores de engenho tivessem de enfrentar uma permanente "situação de endividados", e, por outro,

"a figura do intermediário — negociando principalmente com escravos — não [pudesse] deixar de assumir importância considerável dentro do regime mórbido de economia patriarcal. Este a exigiu pelas duas feridas sempre abertas da monocultura e da escravidão. Duas bocas enormes pedindo dinheiro e negro. O intermediário viveu, como um médico de um doente a quem explorasse, dessas feridas conservadas abertas. E as cidades começaram a crescer a custa dos senhores de terra e de escravos, assim explorados" (*ibidem*).

É necessário observar que, entre esses negociantes, Gilberto acreditava que se podia identificar a presença de grande número de judeus, que teriam associado o seu conhecido "espírito de aventura comercial [,] aguçado como em nenhuma outra gente" (*idem*, p. 38), às evidentes oportunidades mercantis oferecidas pelo intercâmbio com a aristocracia agrária, tornando ainda mais inevitável a sua desgraça. É óbvio, porém, que tal desgraça não se explica somente pelas atividades desses intermediários, judeus ou não, acentuando-se peculiarmente em virtude de duas experiências de "*diferenciação urbana*" ocorridas na Colônia: a invasão holandesa, a qual, embora efêmera,

> "deixara no brasileiro do Norte [...] o sabor, o gosto físico, a experiência de alguma coisa de diferente a contrastar com a monotonia de vida de trabalho à sombra das casas-grandes; o gosto da vida de cidade — não daquelas cidades antigas, do século XVI e dos princípios do XVII, dependências dos engenhos, burgos de família [...]; mas o gosto de cidades com vida própria; independentes dos grandes proprietários de terras" (*idem*, p. 33),

e a já referida descoberta do ouro e das pedras preciosas nas Minas Gerais, que acabou por produzir a sua própria urbanização, gerando

> "uma nova classe, ansiosa de domínio: burgueses e negociantes ricos querendo quebrar o exclusivismo das famílias privilegiadas de donos simplesmente de terras na direção das câmaras ou dos senados. Aventureiros enriquecidos nas minas [...] que [...] terminar[am] *mercadores de sobrados*" (*idem*, p. 36).

De qualquer maneira, essas transformações chegam a tal ponto que, quando atingimos o século XIX, já é possível contemplar uma total inversão da hierarquia social vigente na época colonial, pois

> "a força do intermediário, vinda do século XVII, só fez acentuar-se. Sua figura acabou enobrecida na do correspondente, na do comissário de açúcar ou de café, na do banqueiro. Aristocrata da cidade de corrente de ouro, em volta do pescoço, [...] comendo passa, figo, ameixa, bebendo vinho do

porto [...] Tudo à custa, muitas vezes, do maria-borralheira que ficava no mato, junto à fornalha do engenho, moendo cana, fabricando açúcar, destilando aguardente; ou então plantando seu café ou cavando sua mina [...] Muitas vezes não comendo senão carne do Ceará e bebendo vinho de genipapo e cachaça" (*idem*, p. 44).

Uma alteração dessa envergadura, entretanto — e é aqui que se juntam as duas pontas do raciocínio de Gilberto sobre a origem da derrocada do patriarcalismo entre nós —, só foi possível graças ao estabelecimento de uma *aliança* entre a Coroa portuguesa e estes novos setores urbanos, uma "aliança com a plebe das cidades contra os magnatas rurais, com os mascates, contra os nobres; com os *negociantes de sobrado* do litoral, contra os senhores das casas-grandes do interior; com os mulatos, até, contra os brancos d'água doce" (*idem*, p. 47).

Observe-se, inclusive, que o que já foi ventilado acerca da "orientação, antes burguesa do que rural, [do] governo" de Dom João VI deixa claro que ele só poderia mesmo ser um "intérprete generoso" dessa "nova política econômica da metrópole portuguesa" (*idem*, p. 48). Contudo, o que realmente importa a Gilberto ressaltar é que, mais do que meramente deslocar os velhos e promover os novos aliados, ele utiliza o peso da soberania estatal para propiciar uma completa revisão na velha tradição que permitia que os

"senhores rurais, pelas próprias condições feudais em que se iniciou a colonização agrária do Brasil [...] se [tivessem] habituado a um regime de responsabilidade frouxa, ou mesmo de irresponsabilidade, com relação aos financiadores de suas lavouras" (*idem*, p. 38).

No lugar dessas facilidades, o que se assistiria sob o Reino Unido seria não só a implantação de instrumentos de crédito mais amplos, regulares e impessoais, como o Banco do Brasil — fundado justamente por Dom João (*idem* p. 48) —, mas também o fim "[d]aquelas ternuras d'el-Rei com os devedores sempre em atraso" (*ibidem*), posto que

"a cobrança de dívidas, através de agentes, que os bancos despachavam para as casas-grandes do interior, [...] concorre[u] poderosamente [tanto] para o desprestígio social dos agricultores [quanto para] a regularização de relações entre credor e devedor — outrora irregularíssima, o devedor da casa-grande quase não fazendo caso do credor de sobrado" (*idem*, p. 49).

Como se vê, o cenário armado por Gilberto no começo de *SM* parece contrariar inteiramente aquele que animava a imoderada sociabilidade dos senhores de engenho em *CGS*, superando-o de tal maneira que, na sua página 51, encontra-se uma passagem que talvez possa servir ao mesmo tempo de resumo do que foi dito até agora e de epitáfio daquela tumultuada experiência colonial:

"as cidades tomaram das fazendas e dos engenhos esses filhos mais ilustres [os bacharéis e os doutores] — e também os padres e os que se dedicavam à carreira das armas. Os inferiores em inteligência, ou os sem saúde para emigrar ou seguir a carreira militar é que foram sucedendo os avós na administração dos domínios rurais; e estes se reduzindo em tamanho e extensão; dividindo-se entre herdeiros distantes, indiferentes à agricultura, fixados nas cidades".

Entretanto, é preciso uma certa dose de cautela diante dessa pilha de evidências do declínio senhorial que Gilberto se apressa em acumular diante dos nossos olhos. Não é que devamos desconfiar da extensão e da profundidade das transformações recém-apresentadas, capazes de estabelecer o predomínio do sobrado, do comércio, da monarquia e até de alguma civilidade burguesa no Brasil do século XIX. Sucede apenas que, pouco a pouco, ao longo da sua argumentação, nosso autor vai chamando a atenção para a *persistência* de determinados componentes da tradição colonial, os quais obviamente relativizam aquelas alterações e exigem que a sua discussão seja — brevemente — prolongada.

Entre esses componentes, o primeiro que talvez possa ser apontado diz respeito ao fato de que, apesar de toda a sua decadência,

"a nobreza rural conservaria, entretanto, [...] o elemento decorativo, da sua grandeza, até os fins do século XIX. Esse elemento, como todo o ritual, toda a liturgia social, sabe-se que tem uma extraordinária capacidade para prolongar a grandeza ou pelo menos a aparência de grandeza [...] de instituições já feridas de morte nas suas raízes" (*idem*, p. 36).

E isso teria acontecido essencialmente porque

"o mercador ou reinol de origem baixa — plebéia ou pequeno burguesa —, como o aventureiro das minas, a maior sedução por que se deixava empolgar, quando bem-sucedido nos negócios, era tornar-se membro da nobreza rural, ou imitar-lhe o gênero de vida, comprando engenho, plantando cana ou café" (*idem*, p. 37).

Segundo Gilberto, porém, não foi apenas esse fascínio, quase residual, que aproximou as duas nobrezas, a rural e a urbana, analisadas em sua obra. Além disso, ele ainda salienta que, embora cultivassem um estilo bem mais moderado e burguês, os sobrados partilhavam com as casas-grandes o mesmo ideal de *autarquia* que as caracterizava, o que por sinal

"explica, em parte, pelo menos, a extensão de área das cidades brasileiras. Elas foram crescendo com os interesses de concentração urbana prejudicados pelos de autonomia econômica das casas dos ricos, que precisavam de verdadeiro luxo de espaço para senzala, chiqueiro, estrebaria, cocheira, horta, baixa de capim, pomar [...]; para todo um conjunto de atividades impostas às casas burguesas pela imperfeita urbanização da vida e pela escassa ou difícil comunicação das cidades com os engenhos e as fazendas" (*idem*, p. 202).

O hábito da autarquia, contudo, não se liga somente às dificuldades de comunicação entre o campo e a cidade ou no interior desta. Ele apresenta também um outro aspecto, muito mais importante, vinculado à absoluta *oposição* do sobrado em relação à rua. Esta oposição, aliás, não possuía apenas uma face mais agressiva, com os sobrados perpetrando "abusos" contra a rua: "biqueiras que desaguavam tão arrogantemente sobre a rua; as janelas e as portas que se escancaravam tão insolentemente sobre a rua; o abuso de certos moradores de criar porco no meio da rua" (*idem*, p. 19). Ela continha, sobretudo, um lado puramente defensivo, responsável pela "fisionomia um tanto severa dos sobrados", isto é, pela sua conversão em verdadeiras fortalezas, com

> "os cacos de garrafa dos seus muros; as lanças pontudas dos seus portões e das suas grades de ferro, onde às vezes os moleques, ladrões de manga ou de sapoti, perseguidos pelos cachorros, deixavam fiapos de carne; a grossura de suas paredes; sua umidade por dentro; seu ar abafado; sua escuridão; o olhar zangado das figuras de leão ou de cachorro nos umbrais dos portões, defendendo a casa, da rua" (*idem*, p. 219).

Descrevendo um quadro tão carregado e soturno, não é de estranhar, então, que Gilberto afirme que

> "dentro dum velho sobrado estava-se como num interior de igreja. A luz só entrava pela sala da frente e um pouco pelo pátio dos fundos; pelas frinchas das janelas ou pela telha vã dos quartos; evitava-se o sol; tinha-se medo do ar. Os morcegos é que gostavam desse escuro de igreja: e eram íntimos amigos dos velhos sobrados e casas-grandes. Eles, os camundongos, as baratas, os grilos. Todos os bichos que gostam do escuro" (*idem*, p. 225).

Chega a ser difícil, por conseguinte, exagerar-se a importância, o significado do antagonismo entre a casa e a rua na argumentação do nosso autor em *SM*.[39] Atravessando-a de ponta a ponta, esse antagonismo termina por prolongar e repor, em meio urbano, a questão das dificuldades e do isolamento das casas-grandes, tanto no que concerne à natureza tropical que as circundava quanto no tocante ao relacionamento delas entre si, com freqüência em condições de gerar uma atmosfera saturada de suspeitas e de conflitos que, como se viu em *CGS*, se espalhava ao longo das fronteiras que as mantinham precariamente separadas. De todo modo, suponho que tenha ficado claro que a autarquia e o isolamento, aliados à permanência da propriedade territorial como

---

[39] O tema da relação entre a casa e a rua, a propósito, foi retomado e desenvolvido nos últimos anos por DaMatta (1981, 1985) em uma série de trabalhos que dialogam, diretamente, com a obra de Gilberto Freyre.

símbolo de distinção, aproximaram de tal forma o sobrado da casa-grande que Gilberto chega a sugerir que pode "falar-se da casa-grande no Brasil não só como centro de um sistema rural de economia de família, mas como um tipo de habitação patriarcal que, existiu, modificado, nas imediações das cidades (chácaras, casas de sítio), ou mesmo dentro delas (sobrados)" (*SM*, p. 201). Na verdade, será precisamente essa mesma identificação entre uma "habitação patriarcal" e a outra que lhe permitirá, noutro ponto do seu raciocínio, discriminar entre

"três tipos distintos de casa e um só verdadeiro: a casa-grande patriarcal brasileira, com senzala, oratório, camarinha [...] As casas de engenho e de sítio dando a frente para estradas quase intransitáveis [...] os sobrados, para ruas sujas, ladeiras imundas, por onde quase só passavam a pé negros de ganho, moleques empinando papagaios, mulheres públicas" (*idem*, p. 159).

A percepção dessa curiosa, quase surpreendente convergência não implica, logicamente, o descarte de todas as diferenças já examinadas e que, de fato, constituem-se no tema principal e praticamente obsessivo de *SM*. Desta maneira, a explicitação de pontos de contato entre essas divergentes experiências senhoriais parece simplesmente apontar, em uma *primeira* avaliação, para o fato de que, apesar de tudo, elas nos remetem para o mesmo universo *aristocrático*, extremamente cioso da sua independência, da sua auto-suficiência, ainda que recortado, a cada caso, de forma totalmente distinta.

Muito bem: esperando que o ponto de vista da ruptura tenha sido minimamente relativizado pela introdução de um grão de continuidade, creio que agora já seja possível retomar a discussão das mudanças que, na própria perspectiva de Gilberto, tornaram o sobrado um tipo *específico* de casa-grande, concentrando-me finalmente naquelas que dão a impressão de diferenciá-lo mais fortemente da sua congênere colonial.

Neste sentido, mencionaria antes de mais nada a extrema *moderação* que parece definir a relação entre homens e mulheres dentro dos sobrados. Com efeito, no mais absoluto contraste que se possa imaginar com *CGS*, o tema do sexo quase não é abordado em *SM*, e mesmo a preocupação com a sua repressão só será objeto de dois raros e sucintos comentários: o primeiro, por sinal já citado, no contexto da consolidação da autoridade monárquica entre nós, quando Gilberto se refere aos "capitães" que, mandados para as Minas, fiscalizavam "tudo, até as libertinagens dos frades" (*idem*, p. 46); o segundo, na página 306, onde se levanta a questão do retorno ao Brasil dos bacharéis educados no exterior, os quais, embora

> "sendo eles os mais moços, [e] por conseguinte os mais inclinados à libertinagem do corpo, como à da inteligência, tornaram-se, entretanto, os censores dos mais velhos e dos exageros de vida sexual que aqui substituíam para os senhores de escravos, principalmente nos engenhos, gostos mais finos, preocupações mais intelectuais".

Todavia, a falta de referências ao sexo e sobretudo ao seu excesso no interior dos sobrados não significa, obrigatoriamente, que o processo civilizador que vimos resenhando tivesse imposto um severo voto de castidade aos herdeiros daqueles "intoxicados" portugueses focalizados em *CGS*. Longe disto, o que parece ocorrer é que, com a progressiva *liberação dos escravos* (*idem*, pp. 161 e 302), que paulatinamente diminui o número de objetos sobre os quais os senhores podiam descarregar impunemente a sua paixão, acompanhada efetivamente pela adoção de uma maior sobriedade nos costumes, instalou-se no País um clima no qual aquelas orgias patriarcais tiveram a sua prática *doméstica* um tanto ou quanto prejudicada, sendo enfim conduzidas a aceitar uma solução mais de acordo com esse clima de maior urbanidade, ou seja, a sua transferência para áreas de *prostituição*.

Assim, ao contrário de *CGS*, onde essa instituição se mostra até certo ponto desnecessária, não recebendo praticamente nenhuma atenção, em *SM* Gilberto dedicará algum tempo, entre as páginas 165 e 167, por exemplo, ao exame da zona de meretrício inaugurada, em Recife, pelos holandeses. Não é para menos, inclusive porque, ao confinar a irregularidade sexual nos seus limites, a prostituição complementa e comprova a tese que sustenta que o sexo, nos sobrados, havia se transformado em uma experiência bem mais tranqüila e temperada que nas casas-grandes.

No entanto, a própria associação entre moderação sexual e prostituição convoca uma última questão que deve ser levantada antes que encerremos esta primeira fase, mais geral, da análise das relações entre os sobrados e as casas-grandes. Essa questão, a propósito, transmite por um lado a sensação de aproximar, quase sintetizar boa parte dos pontos já mencionados, enquanto, por outro, abre um caminho pelo qual o estudo da reflexão de Gilberto talvez possa prosseguir.

Refiro-me, simplesmente, ao fato de que, junto com a relativa preponderância da cidade sobre a vida rural e do lento mas constante declínio da escravidão, deve-se também registrar a *ausência* de qualquer alusão à *poligamia* em *SM*.

Dessa forma, nosso autor esboça um quadro no qual ainda é até possível se falar em autoridade patriarcal, mas somente na medida em que fique bem claro que esta categoria possuía aqui um sentido bastante diferente do que é empregado em *CGS*. Afastando-se do campo, da escravidão e da poligamia — mas não inteiramente da *hybris*, como veremos a seguir —, essa autoridade passa a ser exercida sobre uma família basicamente *monogâmica*, de corte bem mais disciplinado e ocidental, muito mais compatível, portanto, com o conjunto das modificações estudado até o momento.[40]

Nesse contexto, acredito que valha a pena observar que Gilberto irá aprofundar a sua análise dos vínculos estabelecidos entre o patriarcalismo e a monogamia em dois capítulos de *SM* intitulados: "O Pai e o Filho" e "A Mulher e o Homem", capítulos nos quais, noutro contraste com *CGS*, se enfrenta até certa dificuldade para localizar alguma alusão mais significativa à participação do "escravo negro na vida sexual e de família do brasileiro".

Contudo, o que me parece extremamente sugestivo, além desse palpável abrandamento da promiscuidade sexual que impregnava as relações domésticas dos nossos antepassados, é o fato de que nem os filhos nem as mulheres, principais objetos sobre os quais incide em *SM* a "excessiva autoridade patriarcal" (*SM*, p. 148), dão a impressão de comungar totalmente com os princípios que a validariam. Introduz-se aqui, portanto, uma nota que promete gerar alguma instabilidade e conflito, já anunciando que mesmo essa versão urbana e monogâmica do patriarcalismo, pela própria carga de despotismo que ela ainda parece carregar, talvez não seja capaz de se manter incólume até o fim da reflexão de Gilberto.

Mas não nos apressemos. Antes de verificarmos esta hipótese, será necessário que se investigue com um pouco mais de cuidado a manei-

---

[40] É interessante observar que o pequeno texto de Simmel (1988), publicado originalmente em 1892, já chama a atenção para a relação de complementaridade estabelecida, nesta época, entre a monogamia e a prostituição.

ra pela qual nosso autor analisa esses dois pares de relações de parentesco em *SM*. Começando pelos vínculos estabelecidos entre pais e filhos, é importante assinalar que, logo no início do texto, ele nos informa que, se "nas sociedades primitivas o menino e o homem são quase iguais [,] dentro do patriarcalismo, não: há uma distância social enorme entre os dois" (*idem*, p. 87). Agora, se essa exagerada tensão entre "párvulos e adultos" parece se verificar em qualquer experiência patriarcal, o seu resultado, porém, mostra-se bastante diferente se cotejarmos *CGS* com *SM*, pois,

> "a meninice, nas sociedades patriarcais, é curta. Quebram-se logo as asas do anjo. E deste modo se atenua o antagonismo entre o menino e o homem, entre o pai e o filho. [Inversamente,] nos períodos de decadência do patriarcalismo [...] semelhante antagonismo não desaparece: transforma-se, ou antes prolonga-se, na rivalidade entre o homem moço e o homem velho" (*ibidem*).

Mas qual é a razão que torna possível a manutenção desse antagonismo? Para que possamos encontrar uma resposta convincente a esta indagação será preciso, antes de mais nada, salientar que, no que se refere especificamente à questão da *infância*, Gilberto aparentemente não registra grandes divergências entre essas duas fases, de apogeu e de declínio, do patriarcalismo. Conseqüentemente, ele não demonstra nenhum constrangimento em recuperar em *SM* análises já realizadas em *CGS*, das páginas 420 a 426, por exemplo, análises que dividiam essa mesma infância em duas fases bem distintas: na primeira,

> "o menino [...] foi sempre uma criatura conservada a grande distância do homem. A grande distância do elemento humano, pode-se acrescentar. Até certa idade, idealizado em extremo; identificado com os próprios anjos do céu; andando nu em casa como um meninozinho-Deus" (*idem*, p. 88). "Mas essa adoração pelo menino era antes dele chegar à idade teológica da razão. Dos seis ou sete anos aos dez, ele passava a menino-diabo. Criatura estranha que não comia na mesa, nem participava de modo nenhum da conversa de gente grande [...] E porque se supunha essa criatura estranha, cheia do instinto de todos os pecados, com a tendência

para a preguiça e a malícia, seu corpo era o mais castigado dentro de casa. Depois do corpo do escravo, naturalmente [...] Mas o menino branco também apanhava" (*idem*, p. 90).

Passando de anjo a demônio, a criança tornava-se então alvo de uma série de cuidados, todos no sentido de uma suposta moralização, que lhe eram dispensados pela família patriarcal. Tais cuidados envolviam desde a administração dos mais variados castigos, como acabamos de ver, até a curiosa e instigante censura

"às crianças perguntadoras [...] — que eram talvez as mais hostilizadas pelo sistema patriarcal, [assim] como pelo jesuítico, vendo-se na curiosidade o desrespeito ao mais velho, a malícia e a perturbação daquela suprema faculdade angélica, que era a memória" (*idem*, p. 104).

Essa censura, de fato, não deixa de ser extremamente instigante, inclusive porque nos permite surpreender um raro momento em que a casa-grande e os jesuítas, cuja extensa rivalidade já foi comentada na primeira parte deste estudo, parecem afinal conseguir adotar uma postura comum acerca de algum assunto. Tal postura, a propósito, dá sinais de ter sobrevivido quer à expulsão da *Companhia de Jesus* do País quer às alterações sofridas pelo patriarcalismo a partir do início do século XIX, visto que tanto aquela "pedagogia sádica, exercida dentro das casas-grandes pelo patriarca" (*idem*, p. 91), quanto "a educação do jesuíta, [que,] enquanto pôde fazer sombra à autoridade do senhor da casa-grande sobre o menino foi a mesma que a doméstica e patriarcal" (*idem*, p. 93), tiveram o "seu prolongamento terrível nos colégios de padre [...] do tipo do Caraça" (*idem*, p. 91).

A convergência da educação católica com aquela levada adiante pelas casas-grandes apresenta, contudo, limites bastante estreitos, podendo inclusive mostrar-se perigosamente enganosa. Isto ocorre fundamentalmente porque, apesar de possuírem grande identidade "no espírito e no método de quebrar a individualidade da criança" (*idem*, p. 93), os *objetivos* de cada uma delas eram completamente diferentes. Deste modo, enquanto o antigo patriarcalismo discutido em *CGS* se esforçava por formar adultos que se revelassem até "passivos e subservientes" diante do pai e da mãe, mas que, no essencial, reunissem condições de reproduzir aquele excessivo e despótico padrão anterior-

Ricardo Benzaquen de Araújo

mente examinado,[41] o ensino religioso, sobretudo o dos jesuítas, que voltam ao País no início do século XIX, preocupava-se com a difusão de valores praticamente opostos, muito mais condizentes, aliás, com os novos tempos inaugurados com o translado da Corte de Dom João VI para o Brasil.

É importante destacar, dentre estes valores, a natureza eminentemente *erudita* da formação religiosa, pois os

"padres [...] regozijavam-se diante dos meninos mais precoces, que logo cedo, amadurecidos a força, cantassem em latim, pregassem a Paixão, discutissem teologia, parecessem aos pais criaturas superiores, sem nenhum jeito ou modo de menino" (*SM*, p. 93).

Cabe notar que esta "precocidade literária" praticamente se confundia com o caráter *retórico* do ensino, já que ela importava em uma

"série de estímulos à vitória do indivíduo mais brilhante — e não do mais profundo — em coisas intelectuais, estímulos muito característicos da pedagogia jesuítica — a maior responsável, talvez, pelas escolas campo-de-batalha, com os alunos se desafiando em latim para competições em que vencia justamente o melhor polemista, o argumentador de palavra mais fácil e de memória mais fértil" (*idem*, p. 94).

É bem fácil de entender, por conseguinte, que os poucos esforços para imprimir uma orientação mais prática à educação, mesmo quando conduzidos, por exemplo, por uma figura do porte do bispo Azeredo Coutinho, no seminário de Olinda, tenham permanecido quase que inteiramente isolados no seu tempo. Afinal, tentava-se ali,

"em vez de só religião e retórica, gramática e latim [...] ensinar as ciências úteis, que tornassem o rapaz mais apto a

---

[41] Para o que seguramente terá contribuído o fato de que, *ao lado* da severa educação ministrada *dentro* de casa pelos pais, deu-se toda "a liberdade para os meninos brancos cedo vadiarem na bagaceira, deflorarem negrinhas, emprenharem escravas, abusarem de animais [...] vícios de educação, talvez inseparáveis do regime de economia escravocrata dentro do qual se formou o Brasil" (*CGS*, p. 432).

corresponder às necessidades do meio brasileiro, cuja transição do patriarcalismo agrário para um tipo de vida mais urbana e mais industrial, exigia orientadores técnicos bem instruídos [...] [além do] estudo dos problemas econômicos criados pela mineração, pela industrialização, pelo declínio da economia baseada simplesmente na monocultura ou no monopólio" (*idem*, p. 105).

Aquele virtual monopólio da religião, da retórica, da gramática e do latim, por sua vez, obedecia aparentemente a uma

"tática terrível, porém sutil, dos educadores jesuítas, de conseguirem [...] dos colonos brancos que lhes confiassem seus filhos para educarem a todos nos seus internatos, no temor do Senhor e da Madre Igreja; lançando depois os meninos, assim educados, contra os próprios pais. Tornando-os filhos mais deles, padres, e dela, Igreja, do que dos [...] senhores e senhoras de engenho" (*idem*, p. 93).

Não é de se estranhar, portanto, que estes alunos dos jesuítas — nos quais já "se anunciava o bacharel do século XIX" (*idem*, p. 96) — fossem,

"uma vez formados, elementos de urbanização e de universalização, num meio influenciado poderosamente pelos autocratas das casas-grandes, no sentido da estagnação rural e da extrema diferenciação regional. Nas modas de trajar, no estilo de vida, eles representaram aquela tendência para o predomínio do espírito europeu e de cidade sobre o agreste ou turbulentamente rural, encarnado muitas vezes pelos seus próprios pais ou avós" (*idem*, p. 100).

Nesse contexto, imagino que aquela pergunta acerca da permanência do antagonismo entre moços e velhos durante a decadência do patriarcalismo talvez já possa, então, começar a ser respondida. Na verdade, o que parece ter acontecido, segundo Gilberto, foi uma transformação radical na própria natureza dos antagonismos em pauta: substituiu-se o aspecto quase propedêutico que eles antigamente assumiam — com a infância, em particular a segunda infância, encarada como uma idade "teologicamente imunda" mas inevitável e de certa forma benigna, como as doenças de juventude, geralmente desembocando em uma definição aceitável de maturidade — por uma situação de *ruptura*, na qual os filhos acalentam projetos — intelectuais, urbanos e cosmopolitas — absolutamente opostos aos dos seus pais.

Com efeito, essa oposição parece atingir o seu ápice quando os alunos dos jesuítas completam a sua educação e se convertem em bacharéis, pois, daí em diante, podemos assistir ao total abandono daquele dionisíaco ambiente que havia caracterizado o patriarcalismo colonial, trocado enfim por um ideal de comedimento, de cultivo espiritual e de vida de gabinete. Ainda mais: quando, paralelamente ao avanço do processo civilizador mencionado no começo deste capítulo, essa nova geração se encontra finalmente em condições de ditar moda, com o Romantismo, o que se pode perceber, contra o elogio da familiaridade e da vitalidade feito, mal ou bem, em *CGS*, é um verdadeiro culto da doença e da morte, posto que

"chegara a hora de ser quase tão bonito morrer moço, aos vinte, aos trinta anos, como morrer anjo, antes dos sete. Morrer velho era para os burgueses; para os fazendeiros ricos; para os vigários gordos; para os negros de engenho. Os 'gênios' deviam morrer cedo e, se possível, tuberculosos. Nada de saúde. Nada de robustez. Nada de gordura "(*idem*, p. 110).

Não se suponha, todavia, que esse conflito de gerações tenha as suas conseqüências circunscritas às fronteiras daquela sóbria e monogâmica família que entrou no lugar do híbrido e imoderado patriarcalismo colonial. Só isto, sem dúvida, já seria suficiente para tornar esse conflito merecedor do maior destaque, na medida mesmo em que ele implica um novo golpe na autoridade patriarcal, diminuída e desafiada então a partir do seu próprio interior, com a adoção, justamente por aqueles que seriam os seus herdeiros, de uma visão de mundo que repudia inteiramente a sua "turbulenta", "agreste" e "dissolvente" tradição (*idem*, pp. 107, 100 e 99, respectivamente).

Ocorre, porém, que essa divergência de vocações acaba também por obter ressonância *pública*, em conseqüência, mais uma vez, da intervenção do Estado imperial, personificado agora na figura de Dom Pedro II, que "viu talvez nos homens de sua geração e de sua cultura literária e jurídica, os aliados naturais de sua política de urbanização e de centralização, de ordem e de paz, de política e de justiça" (*idem*, p. 107). Deste modo, "a repentina valorização do moço de vinte anos, pálido de estudar, que nem um sefardim, favorecido por uma espécie de solidariedade de geração, de idade e de cultura intelectual da parte do jovem imperador" (*ibidem*), liga-se diretamente à implementação de uma "nova ordem social e jurídica, que o imperador encarnava, contra os grandes interesses do patriarcalismo agrário, às vezes turbulento e separatista, antinacional e antijurídico" (*ibidem*). Este "reinado antipatriarcal de Pedro II" (*idem*, p. 108), portanto, terminou por criar o que "Nabuco chamou de *neocracia*: 'a abdicação dos pais nos filhos, da idade madura na adolescência'" (*idem*, p. 115), neocracia que se nos afigura com uma dimensão mais privada e outra eminentemente pública, ambas vizinhas e aliadas mas, até certo ponto, distintas.

Na primeira, torna-se patente que aqueles senhores — ainda — patriarcais dos sobrados, já reduzidos à monogamia, não tiveram sequer o direito de se manter como reis em sua própria casa, visto que o esforço em prol de uma maior moderação dos costumes que se desenvolveu no Brasil ao longo do século XIX não se deteve na soleira da porta das residências mais aristocráticas: podou os excessos paternos e cooptou os seus filhos, redesenhando inteiramente as relações domésticas de poder no período.

Mas a segunda dimensão — pública — daquela neocracia que aqui se instalou demonstra igualmente ter produzido resultados de alcance bastante considerável: garantindo aos bacharéis acesso privilegiado aos cargos políticos, ela evidencia uma alteração que Gilberto mal explicita em *SM*, mas que, mesmo assim, um tanto ou quanto escondida, parece desempenhar um papel de grande relevância na sua reflexão, notadamente porque se reporta ao surgimento de "uma nova aristocracia de sobrado, diversa da comercial. Aristocracia de toga e de beca" (*idem*, p. 305), o que consagra a ascensão dos "filhos doutores" e faz com que aqueles intermediários e comerciantes, um dos pontos de partida, não nos esqueçamos, do processo de urbanização apontado pelo nosso autor, virtualmente desapareçam do texto.

As transformações, como se vê, não diminuem o ritmo: invadem as propriedades, transtornando até os laços mais íntimos, e acentuam a face legal do Estado, com a incorporação dos bacharéis, a sua conversão nos mais próximos colaboradores do imperador e a conseqüente diminuição do prestígio social dos aventureiros mercantis, mesmo quando enobrecidos em comissários de açúcar ou de café.

Mas, e no que diz respeito às mulheres dos sobrados? Será que esse processo de urbanização, no *duplo* sentido da expressão, conseguiu alcançá-las e modificar o seu *status* dentro do patriarcalismo? Gilberto irá dedicar-se mais detidamente a esta questão no capítulo IV da edição original de *SM*, que se inicia com a afirmação de que "é característico do regime patriarcal o homem fazer da mulher uma criatura tão diferente dele quanto possível. Ele, o sexo forte, ela o fraco; ele o sexo nobre, ela o belo" (*idem*, p. 117).

De fato, a maior parte do capítulo é dedicada ao detalhamento dessas diferenças, que se extremam a ponto de transformar a mulher em objeto de *culto*, culto que vai estimular

"não só uma etiqueta de cavalheirismo exagerado, de Minha Senhora, Exma. Senhora Dona, Vossa Excelência, como uma literatura profundamente erótica de sonetos e quadras, de novelas e romances, com a figura de Elvira ou Clarice, de Dolores ou Idalina, ora idealizada em extremo, ora exaltada pelas sugestões de seu corpo especializado para o amor físico" (*idem*, p. 123).

Este culto, diga-se de passagem, parece se associar e efetivamente ajudar a explicar uma das particularidades mais marcantes da sociabilidade desenvolvida nos sobrados, aquele afastamento, verdadeira aversão que eles devotavam ao intercâmbio com a rua. Afinal, "a maior luta foi travada em torno da mulher — por quem a rua ansiava, mas que o *pater-familias* burguês procurou conservar o mais possível trancada na camarinha e entre as molecas, como nos engenhos" (*idem*, p. 62).

É necessário, porém, um certo cuidado na avaliação do significado desse culto: no mesmo momento em que o assinala, Gilberto procura também desmistificá-lo, indicando que

"esse culto pela mulher, bem apurado, é, talvez, um culto narcisista do homem patriarcal, do sexo dominante, que se serve do oprimido — dos pés, das mãos, das tranças, do pescoço, das coxas, dos seios, das ancas da mulher, como de alguma coisa de quente e de doce que lhe amacie, lhe excite e lhe aumente a voluptuosidade e o gozo. O homem pa-

triarcal se roça pela mulher macia, frágil, fingindo adorá-
la, mas na verdade para sentir-se mais sexo forte, mais sexo
nobre, mais sexo dominador" (*idem*, pp. 123-4).

A questão que Gilberto pretende levantar, portanto, é a de que essas
diferenças, mesmo quando idealizadas em culto, remetem concretamente
para a dominação da mulher pelo homem, dominação que pode até ser
chamada de *despótica*, posto que atende única e exclusivamente aos interesses masculinos. Por sinal, é exatamente por causa dessa

"diferenciação exagerada [que] se justifica o chamado padrão duplo de moralidade, dando ao homem todas as liberdades de gozo físico do amor e limitando o da mulher a ir
para a cama com o marido, toda a santa noite que ele esti-
ver disposto a procriar [...] [Além de dar] também ao homem todas as oportunidades de iniciativa, de ação social,
de contatos diversos, limitando as oportunidades da mulher
ao serviço e às artes domésticas, ao contato com os filhos,
as amas, as velhas, os escravos; e uma vez por outra, num
tipo de sociedade católica como a brasileira, ao contato com
o confessor" (*idem*, pp. 117-8).

Essa opressão, aliás, não se restringia à esfera da ética, prolon-
gando os seus efeitos para abranger também o próprio controle do
corpo e transformar a mulher em uma espécie de "boneca de carne"
(*idem*, p. 123), perfeitamente adaptada aos desejos masculinos. Assim,
da mesma maneira que os "pés das chinesas",

"os pés da brasileira foram também deformados pela preocupação do pé pequeno, bem diferente do homem e do de negra, grande, abrutalhado. A cintura da mulher que em época
bem próxima da nossa, na segunda metade do século XIX,
até na Europa já burguesa chegou aos extremos de artificialismo, entre nós se deformou exageradamente pelo uso do espartilho. O cabelo grande [...] foi outro sinal de sexo que nas mulheres brasileiras chegou a exageros ridículos" (*idem*, p. 124).

Ridículos e, na verdade, bastante perigosos, pois se "o tal arrocho do
espartilho [...] perturbava 'o jogo respiratório das costelas e diafrag-

ma', influindo sobre a hematose" (*idem*, p. 145), sua associação com o emprego de "panos espessos de lã, reduzindo os vestuários a verdadeiras estufas" (*idem*, p. 146), além de outras particularidades, terminou por fazer com que "as catacumbas das igrejas vivessem escancaradas à espera de mocinhas que morressem tuberculosas, de mulheres casadas que definhassem de anemia ou de mães cujo ventre apodrecesse de tanto gerar" (*ibidem*).

Mas não foi apenas em função do vestuário que se processou essa assustadora deformação do físico feminino. Ela envolveu também toda uma orientação alimentar específica, orientação que chegou a impor

"uma especialização humilhante de tipo físico: primeiro, a virgenzinha franzina: 'pálida virgem dos meus sonhos'. Depois de casada, a 'mulher gorda e bonita' [...] Para o primeiro tipo — o da virgem pálida — caldinhos de pintainho, água de arroz, confeitos, banhos mornos. Para o segundo — a esposa gorda e bonita — verdadeiro regime de engorda, com muito mel de engenho, muito doce de goiaba, muito bolo [...] Em ambos os casos, uma alimentação imprópria e deficiente: um regime produzindo as criaturinhas fracas do peito, meninas românticas de olhos arregalados de quatorze e quinze anos que os bacharéis namoravam [...]; o outro, as mães de dezoito e vinte anos, mulheres gordas, mas de uma gordura mole e fofa, gordura de doente; mulheres que morriam velhas aos vinte e cinco anos, no oitavo ou nono parto, sem outra intimidade com o marido, que a da cama patriarcal" (*idem*, p. 140).

Acredito que não seja preciso recorrer a novas citações para que se confirme, do ponto de vista de Gilberto, o caráter ainda excessivo e despótico da dominação masculina, mesmo nessa espécie de *última trincheira* do patriarcalismo representada pela sua versão monogâmica, típica do século XIX. Note-se, além do mais, que esse quadro constrangedor possuía somente raras e poucas válvulas de escape, como a figura do confessor, mencionada acima em uma citação (*idem*, p. 118), e os estreitos vínculos estabelecidos entre as mulheres e os seus filhos, visto que "a mãe era a aliada do menino contra o pai excessivo na disciplina e às vezes terrivelmente duro na autoridade. Sua consoladora. Sua enfermeira. Sua primeira namorada" (*idem*, p. 138).

Não foi, contudo, diretamente através dos filhos — ao menos enquanto exerciam esse papel social — ou mesmo do patrocínio imperial, eventualmente acionado por eles, que a senhora do sobrado começou a minorar os dissabores que lhe eram impostos pela desmedida autoridade patriarcal. Em vez disso, quem terminou por vir inicialmente em seu socorro foi precisamente aquele personagem que entra, até certo ponto, no lugar que vinha sendo ocupado pelo padre-capelão: o médico de família.

Equivalentes mais domésticos dos bacharéis, os doutores parecem trazer para dentro de casa a mesma inclinação urbanizadora e universalizante que os definia, o que "contribui grandemente para restabelecer na mulher brasileira, o sentido de vida e de saúde que sofrera nela e também no homem profunda perversão [...] através principalmente dos exageros do patriarcalismo" (*idem*, pp. 147-8).

Mas é evidente que os bacharéis e os doutores não agiam sozinhos:

"o absolutismo do *pater-familias* na vida brasileira foi se dissolvendo à medida que outras figuras de homem criaram prestígio na sociedade escravocrata: o médico por exemplo [mas também] o mestre-régio; o diretor de colégio; o presidente de província; o chefe de polícia; o juiz; o correspondente comercial. À medida que outras instituições cresceram em torno da casa-grande, diminuindo-a, desprestigiando-a, opondo-lhe contrapesos à influência: a igreja pela voz mais independente dos bispos, o governo, o banco, o colégio, a fábrica, a oficina" (*idem*, p. 148),

o que acaba por viabilizar "a transição do patriarcalismo absoluto para o semipatriarcalismo [, que] alguém já se lembrou de comparar com a transição da monarquia absoluta para a constitucional" (*ibidem*).

Esses "monarcas das casas-grandes" e dos sobrados têm, como se pode ver, a sua autoridade erodida até um ponto em que começa mesmo a ficar difícil se chamar à sua família de patriarcal. Para que este último ponto se esclareça, creio que valha a pena destacar uma passagem do fim do capítulo sobre "A Mulher e o Homem", passagem que se refere ao

"grande número de moças raptadas dos sobrados e das casas-grandes, na segunda metade do século XIX. Eram moças a quem os pais não consentiam, ou por questão de sangue, ou de situação social, o casamento com homens de sua predileção sexual ou sentimental. Elas, porém, já não se sujeitando com a doçura de outrora, à escolha de marido pela família, fugiam romanticamente, que nem as moças das novelas, muitas vezes com homens de situação inferior a sua e até de cor mais escura" (*idem*, p. 157).

A afirmação da autonomia individual e do seu vínculo habitual, pelo menos na moderna tradição ocidental, com o "direito de amar, independente de considerações de classe e de raça" (*ibidem*), completa, portanto, o círculo iniciado pelas atividades urbanas e mercantis, pela transferência da Corte imperial e pela implantação de uma ordem legal no País. Assim, é perfeitamente compreensível que Gilberto declare que "esses raptos marcam, de maneira dramática, o declínio da família patriarcal no Brasil e o começo da instável e romântica: patriarcas arrogantes ficaram reduzidos a uns reis Lear" (*ibidem*).[42]

Mas esses seqüestros não assinalam apenas o surgimento de um novo tipo de família, romântica, instável e conseqüentemente antipatriarcal entre nós: eles também demonstram a possibilidade de um triunfo da rua sobre a casa, anunciando mesmo um segundo momento, eventualmente mais harmônico, do relacionamento entre elas.

De fato, se "o sobrado conservou quanto pôde, nas cidades, a função da casa-grande do interior, de guardar mulheres e guardar valores" (*idem*, p. 162), esta precaução, com o agravamento da crise do patriarcalismo, perde a maior parte do seu sentido, tornando-se praticamente inevitável que as casas se abram para o exterior. Deste modo, constroem-se nelas

"a varanda e o caramanchão ou palanque, [que] marcam a vitória da mulher sobre o ciúme sexual do homem. [...] Com a varanda e o caramanchão veio o namoro. Um namoro tímido, é verdade, com sinais de lenço e de leque. Mas o bastante para romantizar o amor e torná-lo exógamo [...] inici[andose] uma nova fase nas relações entre os sexos. E ao mesmo tempo nas relações entre a casa e a rua" (*idem*, pp. 162-3).

[42] A convergência desses temas, especialmente do amor, da soberania e da individualidade, no *Romeu e Julieta* de Shakespeare, é debatida pelo trabalho de Viveiros de Castro e Araujo (1977).

5.2.
Cinzas que Queimam

A seção anterior preocupou-se em mostrar como, a partir de uma série de modificações na economia — com o fortalecimento do comércio, das cidades e a crescente diminuição da escravidão —, na política — com a transferência da soberania dos senhores de engenho para o Estado imperial e o natural abrandamento daquela atmosfera de anarquia "feudal" que predominava até então — e na cultura — com o avanço de um processo civilizador no País —, o caráter do patriarcalismo estudado em *CGS* havia sofrido uma profunda modificação. Destituído agora das suas funções públicas, ele perde também a oportunidade de continuar a criar um ambiente doméstico que, mesmo farto de exageros de natureza sexual, não deixava de estimular, sem prejuízo do despotismo inerente ao regime escravocrata, uma relativa, precária intimidade entre senhores e escravos.

Assim, a autoridade patriarcal é obrigada a conhecer uma segunda etapa, na qual, limitada a um núcleo familiar monogâmico e sexualmente mais disciplinado, passa a ser exercida basicamente sobre a mulher e os filhos dos senhores dos sobrados. No entanto, é necessário que se saliente que, para Gilberto, essa autoridade parece se tornar totalmente arbitrária e ilegítima a partir do momento em que, levada pela própria força das circunstâncias, pára de fomentar aquela instável proximidade que associava, até certo ponto, grupos sociais opostos durante o período colonial.

Nesses termos, não é de se estranhar que a apreciação feita pelo nosso autor acerca da decadência do patriarcalismo, nas partes iniciais de *SM*, termine por implicar um maldisfarçado tom de *satisfação*. Isto ocorre particularmente nos capítulos III e IV, onde a denúncia das violências praticadas pelo *pater-familias* contra os filhos e as esposas é sucedida pelo acompanhamento da "ascensão" dos bacharéis, dos mulatos e das mulheres, em um quadro que transmite inclusive a sensação de pressagiar a substituição da família patriarcal por uma outra mais romântica, dependente do estabelecimento de vínculos afetivos entre os seus membros.

Contudo, essa avaliação eminentemente positiva do declínio do patriarcalismo terá, não de ser anulada, mas de conviver — *paradoxalmente* — com uma posição muito mais crítica de Gilberto sobre aquelas transformações modernizantes discutidas na seção anterior.

Isto se dá porque, quando alcançamos o quinto capítulo, denomina-do "O Sobrado e o Mucambo", ele deixa bem claro que, à medida que se aprofunda aquele declínio, acentua-se também, enormemente, a *distância* que separa brancos e negros no mundo dos sobrados.

Este afastamento acontece, é evidente, ao longo de um processo no qual "a casa-grande,[43] em contato com a rua, com as outras ca-sas, com a matriz, com o mercado, foi diminuindo aos poucos de vo-lume e de complexidade social. As senzalas tornando-se menores que as casas de engenho" (*SM*, p. 160), "reduzidas quase a quartos de criado" (*idem*, p. 15).

Sucede porém que, "enquanto as senzalas diminuíam de tama-nho, engrossavam as aldeias de mocambos e de palhoças, perto dos sobrados e das chácaras [...], mas quase sem se comunicarem com eles" (*ibidem*), o que fez com que

"o sistema casa-grande-senzala se partisse quase pelo meio, os elementos soltos espalhando-se um pouco por toda a parte e completando-se mal nos seus antagonismos de cul-tura européia e de cultura africana ou indígena. Antagonis-mos outrora mantidos em equilíbrio à sombra dos enge-nhos" (*idem*, p. 160).

Conseqüentemente, "novas relações de subordinação, novas dis-tâncias sociais, começaram a desenvolver-se entre o rico e o pobre, entre o branco e a gente de cor, entre a casa-grande e a casa pequena" (*idem*, pp. 15-6), distâncias que são ressaltadas de tal forma que acabam por dividir aquela híbrida, sincrética sociedade analisada em *CGS* em duas "metades antagônicas ou, pelo menos, indiferentes" (*idem*, p. 161).

Confirma-se, desse modo, aquela sugestão que indicava que os so-brados, quanto menos patriarcais, mais *excludentes* iriam se tornar, con-formando então um tipo bem mais convencional de dominação aristo-crática, fundada na diferença mas também, e sobretudo, no afastamento.

Nesse sentido, não deve inclusive ser motivo de surpresa que eles tenham, por fim, concedido em se abrir para as ruas, para um maior intercâmbio com o exterior. Afinal, uma das características desses novos tempos é precisamente o fato de "se aproximarem as casas no-

---

[43] Entendida aqui em uma acepção mais ampla, que abrange o sobrado e que, nesse contexto, irá contrapô-la à "casa pequena", ou seja, ao mocambo.

bres umas das outras, e todas das igrejas, dos teatros e da rua" (*ibidem*), formando-se um conjunto aristocrático altamente defendido e coeso, enquanto os mocambos, gradualmente expulsos para zonas cada vez mais longínquas e insalubres, dão também a impressão de constituir — no limite — uma cultura inteiramente separada,

"com o predomínio de estilos africanos de vida e de moral. Numa dessas aldeias é que um frade capuchinho descobriria, espantado, que os homens estavam calmamente se dando à prática de trocar de mulheres, num verdadeiro comunismo sexual. O frade no Brasil só se habituara a ser complacente com a poligamia das casas-grandes" (*ibidem*).

Passamos, por conseguinte, a lidar com metades efetivamente indiferentes, distanciadas, na medida mesmo em que, se os negros chegam a se reafricanizar, a grande questão a ser enfrentada de agora em diante por Gilberto diz respeito, justamente, à *reeuropeização* do Brasil, ou melhor, da sua porção, da sua metade dominante. *R*eeuropeização, aliás, porque a experiência colonial, tal como foi discutida durante o exame de *CGS*, parece de fato ter implantado aqui

"uma paisagem social com muita coisa de asiático, de mourisco, de africano: os elementos nativos deformados num sentido francamente oriental e não puramente euro-português; a casa com os bicos do telhado vermelho em forma de asa de pombo lembrando as da Ásia; [...] o ideal de mulher gorda e bonita, peitos grandes, nádegas bem cheias de carne — o dos mouros; o jeito das senhoras se sentarem de pernas cruzadas, pelos tapetes e pelas esteiras, em casa e até nas igrejas — ainda o das mulheres mouras; mouro o costume delas taparem o rosto quase todo, só deixando de fora os olhos, ao saírem de casa para a igreja [...] [enfim:] quase que tinham sido transplantados para cá pedaços inteiros e vivos, e não somente estilhaços ou restos dessas civilizações antieuropéias" *idem*, p. 258).

Entretanto, essas numerosas e variadas influências, tão compatíveis com o "luxo de antagonismos" (*CGS*, p. 6) que povoara a nossa sociedade colonial, não tiveram aparentemente condições de sobreviver ao declínio desta última, sendo substituídas por um padrão mais consistentemente europeu no correr do século XIX. Assim, "desde as dentaduras postiças ao uso do pão e da cerveja" (*SM*, p. 157), pode-se percorrer em *SM* uma enorme lista que contém praticamente todos os itens que se acreditava indispensáveis para uma convivência civilizada e urbana, incluindo-se aí o vestuário (*idem*, p. 266), os métodos pedagógicos (*idem*, p. 267), a arquitetura (*idem*, p. 292), a comida (*idem*, p. 295), a dança (*idem*, p. 294), e um sem-número de outros exemplos que seria até tedioso repetir, todos citados, por Gilberto, com evidente ar de reprovação.

Mas qual seria exatamente a razão dessa reprovação? Nacionalismo? Não podemos descartar imediatamente tal hipótese, inclusive porque um dos pontos fortes da crítica feita pelo nosso autor é precisamente a afirmação da absoluta *inadequação* desses costumes e objetos ao clima tropical. Veja-se, por exemplo, o que ele diz a respeito do fato de que,

"com a re-europeização do País, as próprias crianças tornaram-se uns mártiresinhos das modas européias de vestuário. Os maiores mártires — talvez se possa dizer. As meninas sobretudo [...] Meninas de cinco anos que já tinham de usar saias guarnecidas com três ordens de fofos. Gorro de veludo preto. Botinhas de pelica preta até o alto da perna [...] [pois] os pais brasileiros, principalmente nas cidades [...] vestiam os seus filhos ortodoxamente à européia. Os coitados que sofressem de brotoejas pelo corpo, assaduras entre as pernas. A questão é que parecessem inglesinhos ou francesinhos" (*idem*, p. 266).

É interessante observar que a possibilidade de Gilberto adotar aqui uma postura nacionalista confirma-se também porque a ampla aceitação obtida pelo vestuário europeu, apesar do seu caráter totalmente impróprio para o nosso ambiente, é diretamente associada por ele ao peso, à influência do *imperialismo*. Afinal,

"o uso, sob um sol como o nosso, de vestuários de panos grossos, felpudos, quentíssimos, fabricados para países de temperatura baixa [...] [correspondia ao] interesse do novo industrialismo europeu sobre base capitalista, e portanto estandardizador e uniformizador dos costumes e trajos, [em se] estender às populações tropicais. Ânsia de mercado" (*idem*, pp. 263-4).

Todavia, embora esse argumento certamente mereça ser ressaltado, não acredito, de fato, que ele tenha condições de esgotar inteiramente a questão. Na verdade, a minha sugestão é que ela seja examinada sob um novo ângulo, destacando-se apenas *uma* daquelas transformações produzidas pela reconquista européia do País, exatamente a primeira a ser discutida com mais cuidado por Gilberto. Refiro-me especificamente à sua abordagem do tema das *cores*, posto que a

"re-europeização do Brasil começou tirando de nossa vida o elemento asiático, o africano, ou o indígena que se tornara mais evidente na paisagem ou no trajo e nos usos dos homens. Todo o excesso de cor. A cor das casas. A cor dos sobrados que eram quase sempre vermelhos, sangue de boi; roxos, amarelos; muitos de azulejos. [...] A cor dos chales das mulheres e dos ponches dos homens; [...] das fitas que os homens usavam nos chapéus; dos coletes que ostentavam; das flores que as moças espetavam no cabelo. A cor dos interiores de igreja — os roxos, os dourados, os encarnados vivos (em Minas, chegou a haver igrejas — uma, pelo menos — com enfeites francamente orientais); das redes de plumas; dos pratos da Índia e da China; das colchas encarnadas e amarelas das camas de casal" (*idem*, pp. 260-1).

A *hybris* que condicionava a antiga casa-grande se expressava também, por conseguinte, nessa impressionante profusão de cores vivas e berrantes, profusão que "foi empalidecendo ao contato com a nova Europa, foi se acinzentando; foi se tornando excepcional — cor dos dias feriados, dos dias de festa, dos dias de procissão, carnaval, parada militar" (*idem*, p. 261), substituída "pelo preto e pelo cinzento 'chic'" (*idem*, p. 263).

Ora, as questões que me interessa realçar, nesse desbotamento do mundo que parece ter acompanhado o processo civilizador que aqui ocorreu, são basicamente duas. Ambas, por sinal, ligadas ao fato de que "a sobrecasaca preta, as botinas pretas, as cartolas pretas, as carruagens pretas enegreceram nossa vida quase de repente; fizeram do vestuário, nas cidades do Império, um luto fechado de pai ou de mãe" (*idem*, p. 262), um "luto perpétuo" (*idem*, p. 263), derramando sobre os sobrados um clima severo, grave, quase sombrio.

É evidente, em primeiro lugar, que a criação de uma atmosfera marcada pela seriedade e pelo rigor, corroborando e ampliando aquela moderação dos costumes que pouco a pouco se impunha ao País, não deixa de ter grande relevância. Contudo, o que mais me chama a atenção é um segundo ponto, é a percepção de que aquele luto aparece sempre designado como "*fechado*", "*perpétuo*", em uma clara indicação de coerência e sistematicidade que denuncia a aspiração absolutamente *totalizadora* que caracteriza essa influência européia.

Com efeito, a minha impressão é a de que, quando Gilberto defende a nacionalidade, o que está efetivamente em jogo não é uma substância específica, mas aquela maneira particularmente híbrida e plástica de combinar as mais diferentes tradições sem pretender fundi-las em uma síntese completa e definitiva: antagonismos em equilíbrio. Desse ponto de vista, o que aparentemente fundamenta a crítica feita por ele à reconquista européia não é, de forma alguma, o seu simples caráter estrangeiro, inclusive porque nada no mundo parece ser estranho àquele permeável, tolerante ambiente colonial, mas a própria vocação conseqüente, inflexível e acima de tudo excludente que define essa reconquista, incapaz de conviver, de forma mais ou menos harmônica, com o que quer que se desvie do seu linear e metódico padrão.

Assim, para Gilberto, o principal e mais pernicioso resultado dessa insistência da aristocracia dos sobrados — desde aquela ainda patriarcal até a já "romântica" — em incorporar a experiência européia como um todo, como um modelo, e não como uma *contribuição* entre outras, foi a tendência à *estetização* da existência por ela estimulada.

A prática dessa estetização, aliás, é analisada em *SM* sob um duplo aspecto: no primeiro, enfatiza-se a verdadeira obsessão com as *aparências*, com o "viver nos olhos dos outros", isto é, com a importância que se dá à opinião dos pares acerca de si mesmo, típica das sociedades de Corte, que aqui se instaurou na esteira da reeuropeização. Esta obsessão transforma a sociedade brasileira, a "boa sociedade", bem entendido, em um verdadeiro teatro, onde cada ator é também um espectador, e todos se esforçam por demonstrar sua perfeita adequação àqueles modelos importados.[44] É justamente por esse caminho, a propósito, que se pode explicar a extrema velocidade e amplitude dessa reconquista, "num Brasil que procurava fugir às tontas do mau gosto português e das coisas feitas em casa e por mão de negro, para agarrar-se aos artigos de fábrica, de oficina, de loja, de laboratório europeu, os mais finos fabricados por mãos cor-de-rosa de parisienses" (*idem*, p. 296).

Observe-se, de passagem, que essa preocupação com o comportamento externo e com a apresentação — tal como é demonstrada naquelas citações acerca do vestuário —, em detrimento, por exemplo, da introspecção ou do cultivo interior, fez com que aquela aristocracia se tornasse presa fácil dos mais variados embustes e falsificações, pois

"o brasileiro, mal saído das sombras do patriarcalismo e da indústria caseira, deixou-se estontear da maneira mais completa pelos brilhos, as vezes falsos, de tudo que era artigo de fábrica vindo da Europa. Um menino diante das máquinas e novidades de Paris" (*ibidem*). "Paris, o nome mágico" (*idem*, p. 297) [o que permitiu que,] "no meado do século XIX [...] não [fosse] raro encontrar-se o mesmo aventureiro francês, praticando no Brasil as mais diferentes profissões: saltimbanco aqui; dentista ali; professor de francês mais adiante. Daí [...] a expressão negócio afrancesado ter-se tornado na boca dos brasileiros o mesmo que *fides púnica* na boca dos latinos" (*ibidem*).

Não nos esqueçamos, porém, da segunda dimensão dessa estilização da experiência que aqui se deu, inclusive porque Gilberto lhe empresta um significado tão grande que ela já foi mencionada, marcando decisiva presença, em quase todas as passagens levantadas até agora sobre esse processo de reocidentalização do País. Refiro-me, evidentemente, ao fato de o maior cuidado com a *publicidade* — "viver nos olhos dos outros" —, que define o primeiro aspecto, ter sido inteiramente impregnado por uma imensa preocupação com a coerência, com o desejo de se *impor* uma ordem absolutamente minuciosa e regular a todas as esferas da existência, aparando-se todas as pontas,

---

[44] Acerca da sociabilidade cultivada nas Cortes européias da época clássica, além dos textos já citados de Elias (1974) e Ribeiro (1983), deve-se examinar também as contribuições de Auerbach (1983), Beaussant (1981) e Sennet (1977).

Ricardo Benzaquen de Araújo

todas as arestas em condições de gerar equívocos ou ambigüidades.[45]

Trata-se realmente, então, de se converter a vida em uma espécie de obra de arte, em uma peça de teatro, sim, mas em uma peça de inspiração neoclássica, com marcação rígida e pesada, incapaz de aceitar qualquer irregularidade ou improvisação. Foi por causa disso, inclusive, que sugeri há pouco que seria tedioso repetir a infindável lista de componentes que constavam do rol das influências européias no Brasil: reportava-me, na verdade, ao caráter *tauto*lógico (cf. Man, 1984, p. 264) do qual esse privilégio da norma estética parece se revestir, reproduzindo indefinidamente o mesmo padrão em uma lógica que importa, pela própria exclusão das incongruências e das imprecisões, em um alto grau de formalização e *artificialismo*.[46]

Este artificialismo talvez possa, a um só tempo, ser melhor avaliado e propiciar um maior entendimento da reflexão de Gilberto, se fizermos com que ingressem na discussão dois dos temas de *SM* que se articulam com o restante da sua obra da década de 30, o primeiro dispondo de um raio de ação um pouco limitado, o segundo bem mais amplo, mas ambos extremamente sugestivos.

O primeiro nos remete ao envolvimento de Gilberto em um debate acerca da correta disposição dos *jardins*, jardins domésticos, internos, que, nos sobrados patriarcais, embora provavelmente já monogâmicos, compensavam até certo ponto o fechamento da casa em relação à rua, pois "era aí que, entre as flores de um pequeno jardim, as senhoras, enclausuradas a maior parte do tempo, costumavam tomar um pouco de fresco, tagarelando com as mucamas, brincando com os papagaios, com os sagüins, com os molequinhos" (*SM*, p. 220).

[45] No que diz respeito a esse sentido específico da idéia de estetização, sentido que aliás atravessa boa parte da obra de Thomas Mann (cf. Goldman, 1988), minha principal fonte de inspiração foi o artigo de Lukács (1974) sobre Kierkegaard, "L'éclatement de la forme au contact de la vie: Sorem Kierkegaard et Régine Olsen". Sobre este artigo, conheço pelo menos dois comentários dignos de nota: o capítulo que lhe dedica Rochlitz (1983, pp. 46-55) e o belo trabalho de Heller (1984, pp. 179-2l4) acerca dos riscos de estilização da própria existência enfrentados, ironicamente, por Lukács nesse período. Por fim, cabe lembrar que as relações entre Thomas Mann e Lukács são detidamente estudadas por Marcus (1987).

[46] Além do texto de Kleist (1992) e deste comentário de Paul de Man, os vínculos entre tautologia, artificialismo e estetização também podem ser percebidos, por exemplo, em *Morte em Veneza*, de Thomas Mann. As sugestões de Goldman (1988, cap. 5) e Berman (1989, caps. 5 e 7) a esse respeito são extremamente estimulantes.

Assinale-se, contudo, que esses recantos apresentavam um formato peculiar, visto que

"o jardim da casa brasileira, conservando a tradição do português, foi sempre um jardim sem a rigidez dos franceses ou dos italianos; com um sentido humano, útil, dominando o estético. Irregulares, variados, cheios de imprevistos. (essa variedade parece ter sido aprendida com os chineses: sabe-se que foram os portugueses que introduziram na Europa os jardins chineses).[47] E muita ingenuidade nos canteiros [...] Várias plantas cultivadas sem ser por motivo decorativo nenhum: só por profilaxia da casa contra o mau olhado" (*SM*, p. 221). "Outras plantas se cultivavam no jardim para se fazer remédio caseiro, chá, suadouro, purgante, refresco, doce de resguardo: a laranjeira, o limoeiro, a erva cidreira. Outras simplesmente se deixava crescer pelo sítio, com o mesmo fim higiênico" (*idem*, p. 222).

Tanta irregularidade e naturalidade, porém, dão a impressão de não ter conseguido resistir ao conjunto de modificações que tem sido examinado até o momento. Assim, em um artigo publicado no *Diário de Pernambuco* em 1925, mas transcrito em *Artigos de Jornal*, uma coletânea dos seus textos jornalísticos que vem a público em 1935, Gilberto critica a derrubada, em um jardim particular, de

"vários sapotizeiros [...]; velhas palmeiras, uma formidável jaqueira; e sobre a pobre terra a sangrar, estendido, à fita métrica, um sistema de canteirinhos geométricos" (*AJ*, p. 41) [, quase formando] "jardins como os suíços; ou como os franceses do Loire; ou como os ingleses de Holland House — estilizados, os tufos aparados em cubos, os canteiros em dura simetria, a relva quase sem fim" (*idem*, p. 43).

Era, como se pode ver, a vitória do artificialismo contra "as irregularidades [que], com o seu ar de resultados do acaso, produzem um

[47] Assunto igualmente abordado, em uma perspectiva comparável à de Gilberto, por um artigo de Lovejoy (1948) intitulado "The Chinese Origin of a Romanticism", publicado originalmente em 1933.

efeito de espontaneidade muito mais agradável que o de regularidade e precisão levadas ao requinte na França. O exato geometrismo destrói nos jardins o encanto da intimidade" (*idem*, p. 45). Suponho que seja evidente, nesses termos, que a questão da estetização receba de fato grande destaque na reflexão de Gilberto, destaque que precisará até ser acentuado se nos recordarmos que ela vincula-se também à discussão da *retórica*, outro dos temas básicos da discussão do nosso autor.

É necessário inclusive notar que, se as transformações nos jardins deixavam claro que o artificialismo já dominava a vida privada, o privilégio recebido pela retórica durante o século XIX irá, de certo modo, fechar o círculo, demonstrando que boa parte das atividades públicas se subordinava também ao império da estilização. Com efeito, tanto na política e na justiça quanto na imprensa e na vida literária não era difícil perceber-se

"a tendência para a oratória que ficou no brasileiro, perturbando-o tanto no esforço de pensar como no de analisar as coisas. Mesmo se ocupando de assuntos que peçam a maior sobriedade verbal, a precisão de referência ao efeito literário, o tom de conversa em vez do de discurso, a maior pureza possível de objetividade, o brasileiro insensivelmente levanta a voz e arredonda a frase" (*SM*, p. 269).

Mas como foi exatamente que se difundiu a retórica no País? Ora, como já foi brevemente mencionado, por intermédio do ensino religioso, principalmente daquela que se destacou como a mais combativa das ordens do período da Contra-Reforma, a *Companhia de Jesus*. Desprezando aquela mistura de *sermo sublimis* com *humilis*, promovida entre outros por São Francisco, como já se comentou no terceiro capítulo, os jesuítas retomaram o elevado estilo clássico da oratória ciceroniana, reabilitando esta tradição latina no intuito de sensibilizar, de comover os infiéis por intermédio da frase "redonda", ornamentada, e conquistá-los para a Igreja.[48]

Vale a pena ainda observar que, segundo Gilberto, o prestígio da eloquência entre os jesuítas era tamanho que ultrapassava até mesmo suas próprias fronteiras, invadindo as disciplinas vizinhas, pois não era apenas

---

[48] A recuperação do estilo elevado da retórica clássica pelos jesuítas é minuciosamente discutida no grande livro de Fumaroli (1980).

"a retórica [que] se estudava nos autores latinos — lendo Quintiliano, recitando Horácio, decorando as orações de Cícero. Lógica e filosofia, também: eram ainda os discursos de Cícero que constituíam os elementos principais de estudo. A filosofia era a dos oradores e a dos padres. Muita palavra e o tom sempre o dos apologetas que corrompe a dignidade da análise e compromete a honestidade da crítica [...] Efeito do muito latim de frade; da muita retórica de padre" (SM, p. 269).

Pois bem: se o latim, a retórica clássica e os padres jesuítas andavam juntos, não é realmente de se estranhar que, no parágrafo seguinte ao que acabou de ser citado, Gilberto recorde a velha polêmica que os opunha aos franciscanos, registrando que

"o ensino do grego — que teria dado, talvez, outro ritmo ao estilo dos nossos letrados e outra perspectiva intelectual aos estudos dos bacharéis coloniais — não alcançou nunca a importância do ensino do latim. Os frades franciscanos que nos fins do século XVIII estabeleceram no Rio de Janeiro [...] o primeiro arremedo de universidade que se esboçou no Brasil, incluíram o grego entre as novas cadeiras de ensino superior. O grego e o hebraico. Mas a tentativa universitária dos bons frades de São Francisco não teve a ação nem a eficácia que prometera" (idem, pp. 269-70).

Assim, a promessa de um estilo mais simples e humilde, encarnado mais uma vez pelos franciscanos, como em CGS, não reúne de novo condições de vingar entre nós. Esta observação, aparentemente meio perdida no contexto de SM, talvez possa, entretanto, ajudar-nos a demonstrar que o papel desempenhado pela retórica, na argumentação de Gilberto, mais do que completar aquele férreo circuito estetizante que acompanha a reeuropeização do Brasil, tem implicações bem mais amplas e complexas.

Isso ocorre especialmente porque, embora pareça coroar a ruptura da sociedade da época do Império com a tumultuada experiência colonial, a retórica ainda guarda alguma coisa, mantém certa continuidade com aquela hybris tão discutida em CGS. Prova disso, aliás, é o fato de que o debate em torno da oratória na Europa clássica, como mostra Jacqueline

Lichtenstein (1989), sempre a associou às cores, já que ambas cultivariam um gosto pelo *brilho* não apenas fácil, imediata e exageradamente sedutor, mas também muito volátil, instável, transitório e, no limite, *vazio*.

Opostos, respectivamente, ao desenho e à lógica, que buscariam pelo traço limpo e firme e pela argumentação dialética instalar-se em terreno conquistado de maneira mais sóbria — e portanto bem mais árdua —, mas muito mais estável, o uso das cores e da retórica foi freqüentemente alvo da mesma denúncia no âmbito do processo civilizador europeu.[49] No Brasil, como já foi estudado, essas duas figuras do excesso tiveram destinos inteiramente diversos, com o "brilho" da eloqüência aliando-se ao cinzento e ao *negro* contra a vivacidade oriental e africana das cores coloniais.

Desse modo, o que acaba sucedendo é que, por intermédio da oratória, particularmente da dos bacharéis, a *hybris* termina por assegurar uma certa presença nesse moderno, cosmopolita e civilizado Brasil imperial, inclusive depois do término do patriarcalismo e da ocupação dos sobrados por uma nova aristocracia, composta de famílias nucleares, burguesas e "românticas". Contudo, isso só foi possível ao preço de uma completa alteração do seu significado tradicional entre nós, pois ela agora limita-se a aumentar, *sem* também diminuir, como em *CGS*, a distância que separa os grupos sociais. Basta ouvir o que diz Gilberto, falando da retórica, acerca do

> "maior horror da literatura de advogado [...] [que] é o não sei que de cabalístico dos despachos, das petições, e até de alguns tratados de direito, de comentário e interpretação das leis. São uns como Vedas do Ocidente — esses tratados de direito: místicos ao seu jeito, para que de sua cabala, de sua mística, do seu artifício de ciência transcendental, vivam e se alimentem Brâmanes de fraque e de beca" (*AJ*, p. 63).

Cabala, Vedas, Brâmanes: a retórica chega a ser vinculada ao sagrado para que se saliente que, ao contrário da ambígua proximidade propiciada pelo sexo, a *hybris* por ela veiculada coloca-se agora a serviço do mais absoluto afastamento, e um afastamento de natureza

---

[49] Observe-se que a maquiagem e a própria idéia de feminilidade foram também envolvidas na mesma denúncia, todas supostamente culpadas, ao mesmo tempo, de *superficialidade* e de *excesso* (cf. Lichtenstein, 1989, e Bloch, 1989).

especial, eminentemente erudita. Nesses termos, suponho que seja razoável sugerir, a essa altura, que aquela passagem que definia o sobrado como um tipo específico de casa-grande talvez possa então ter o seu alcance reavaliado, entendido como um sinal, um aviso acerca de uma segunda linha de reflexão em *SM*. Esta linha, muito menos evidente do que aquela que sublinha as transformações sofridas pela sociedade brasileira nessa ocasião, parece insistir em nos dizer que, apesar de tudo, algo subsiste daquela excessiva experiência colonial.

De qualquer forma, a ênfase fundamental ainda está posta na civilização, na europeização estetizante e, como acabamos de registrar, na erudição. Uma erudição, é verdade, um tanto ou quanto oca, vazia, posto que atravessada pela retórica, mas mesmo assim indispensável, ao menos como marca de prestígio e distinção na época do Império.

Esse caminho, a propósito, leva-nos diretamente ao encontro do último capítulo de *SM*, denominado "A Ascensão do Bacharel e do Mulato", onde se examina uma espécie de "troca de guarda" nos sobrados, já anunciada quando da discussão das relações entre pais e filhos naquele segundo momento, monogâmico, do patriarcalismo. Por essa troca, então, a educação superior, o grau e anel de doutor, notadamente quando obtidos na Europa, começam finalmente a superar tanto a velha quanto a nova riqueza, a fundiária e a mercantil, como símbolo e instrumento de poder.

Na verdade, o início desse último capítulo dá a impressão de que Gilberto se preocupa acima de tudo em sintetizar e detalhar algumas questões já levantadas anteriormente, sem alterar de modo substantivo a natureza da sua argumentação. No tocante à síntese, por exemplo, ele reafirma que

> "a valorização social começara a fazer-se em volta de outros elementos: em torno da Europa, mas uma Europa burguesa, donde nos foram chegando os novos estilos de vida, contrários aos rurais e patriarcais: o chá, o governo de gabinete, a botina Clark, o pão torrado. Também [...] o maior gosto pelo teatro, que foi substituindo a igreja, pela carruagem de quatro rodas que foi substituindo o cavalo [...] E todos esses novos valores foram se tornando as insígnias de mando de uma aristocracia: a dos sobrados. De uma nova nobreza: a dos doutores e bacharéis" (*SM*, p. 303).

Quanto ao detalhamento, destacaria somente duas entre as várias observações preciosas que povoam o capítulo: em primeiro lugar, o simples fato de essa "nova nobreza" incluir um expressivo contingente de "mulatos claros. Alguns deles filhos ilegítimos dos grandes senhores brancos" (*ibidem*), mas igualmente diplomados, dotados inclusive da mesma formação européia que havia sido dispensada aos seus meios-irmãos, os "bacharéis brancos", herdeiros legítimos das nossas "mais velhas e poderosas famílias" (*ibidem*).

Além da ascensão desses mulatos *patrícios*, Gilberto também nos informa, algumas páginas adiante, que não foram apenas esses descendentes, legítimos ou ilegítimos, dos grandes proprietários das casas-grandes e dos sobrados que, valorizados pela educação européia, passaram a compor essa forma mais burguesa de aristocracia: ela incorporava também

> "alguns moços inteligentes, mas pobres ou remediados, que não foi de outro jeito que chegaram a deputado às cortes e a ministro de estado. Uns, de nome bonito, ou sonoro, e a quem só faltava o calor da riqueza ou do poder para se enobrecerem ou ganharem prestígio. Outros, de nome vulgar, mas que ligando-se pelo casamento com moças de nome ilustre, os filhos do casal adotaram o nome da família da mãe" (*idem*, p. 314).

No entanto, esta passagem de SM já demonstra que a inspiração retirada daquela "Europa burguesa" não havia sido suficiente para permitir que as carreiras, principalmente as políticas, fossem inteiramente abertas ao talento. Ainda era imprescindível a sua união quer com o *nome* quer com a *riqueza* mais tradicional, em uma aliança que obviamente limita e qualifica o processo civilizador que analisamos até aqui.

Mas não é somente este ponto que termina sendo matizado por Gilberto. A própria ascensão social dos bacharéis mulatos não é feita sem enormes e, eventualmente, insuperáveis dificuldades, como ele revela ao demorar-se na análise do romance *O Mulato*, de Aluísio de Azevedo. Trata-se aqui de um mulato "fino", "eugênico", graduado em Direito no exterior que, de volta ao estado do Maranhão, "desperta um grande amor de moça branca. Moça de sobrado. Moça de família cheia de preconceitos de branquidade" (*idem*, pp. 324-5). É preciso observar que o pretendente "não era, aliás, nenhum pobretão. Herdara do pai e pudera viajar pela Europa depois de formado. Dá-se, entretanto o choque desse amor romântico com os preconceitos sociais — talvez não tanto provocados pela cor do bacharel, mas pelo fato de ser ele filho de escrava, uma pobre negra de engenho. Negra que ainda vivia, embora maluca, mulambenta, vagando pelo mato" (*idem*, p. 325).

Os preconceitos são enunciados basicamente pela avó da moça, que lhe diz que, "se tivesse de assistir ao teu casamento com um cabra, jurote por esta luz que está nos iluminando que te preferia uma boa morte, minha neta! porque serias a primeira que na família suja o sangue!" (*ibidem*).

Um quadro como este, extremamente intolerante e excludente, não deixa de provocar reações nos mulatos, reações que Gilberto reúne em dois grupos distintos: no primeiro, temos o estímulo à *cordialidade* como instrumento de integração social, enquanto no segundo predomina o que ele chama de "revolta social". Desta forma, a primeira resposta envolve o cultivo da

> "'cordialidade' a que se referem Ribeiro Couto e Sergio Buarque de Holanda — essa simpatia e essa cordialidade [que] transbordam principalmente do mulato [...] ninguém como eles é tão amável; nem tem [...] uma maneira mais cordial de oferecer ao estranho a clássica chicrinha de café; a casa; os préstimos" (*idem*, pp. 356-7).

Essa "simpatia à brasileira" se concretiza tanto no riso abundante, fácil, "um riso, não já servil, como o do preto, mas quando muito, obsequioso e, sobretudo, criador de intimidade [...] [quanto] no uso do diminutivo — outro criador de intimidade" (*idem*, pp. 357-8).[50]

Assinale-se, ainda, que essa preocupação em superar os preconceitos "pelos meios mais doces", mediante os vínculos criados pela in-

---

[50] Vale a pena lembrar, neste momento, que Gilberto foi o primeiro diretor da coleção "Documentos Brasileiros", da Editora José Olympio, coleção inaugurada exatamente com a publicação de *Raízes do Brasil*, de Sérgio Buarque de Holanda. Isto acontece em 1936, mesmo ano em que *SM* vem a público, editado pela Companhia Editora Nacional.

Ricardo Benzaquen de Araújo

timidade, complementa, na vida privada, o esforço de integração sustentado em público pela ostentação da excelência retórica, "que vem a ser o uso imoderado de termos difíceis, de termos solenes, de expressões de alta cerimônia [...] [que são,] talvez, a expressão mais comum de arrivismo não só intelectual como social, no mulato" (*idem*, p. 359).

Todavia, essa reação mais "doce" e "dengosa" não foi, como já se disse, a única anotada por Gilberto. Além dela, ele registra também uma outra, bem mais amarga, ressentida mesmo, da qual fazem parte alguns dos nossos maiores românticos e até a escultura de Aleijadinho. Tome-se, por exemplo, o

"caso do grande poeta maranhense Dr. Antonio Gonçalves Dias. O tipo de bacharel mulato. Filho de português com cafuza, Gonçalves Dias foi a vida inteira um inadaptado tristonho. Uma ferida sempre sangrando embora escondida pelo *croisé* de doutor. Sensível à inferioridade de sua origem, ao estigma de sua cor, aos traços negróides gritando-lhe sempre do espelho: 'lembra-te que és mulato'. Pior, para a época, do que ser mortal para o triunfador romano" (*idem*, p. 320).

Todo este sofrimento e mal-estar, contudo, parece também conter alguma *ambigüidade*, visto que "o ressentimento nele foi caracteristicamente o do mulato, sensível ao lado socialmente inferior de sua origem, embora gozando pela sua qualidade de bacharel, vantagens de branco" (*idem*, p. 322).

Mais grave e radical, então, teria sido a posição do Aleijadinho,

"o escultor mulato das igrejas de Minas. Nesse mulato doente — distanciado socialmente dos dominadores brancos não só pela cor e pela origem, como pela doença que lhe foi comendo o corpo e lhe torando os dedos até só deixar os cotocos, um resto de homem e de sexo — o ressentimento tomou a expressão de revolta social, de vingança de sub-raça oprimida, de sexo insatisfeito, de donjuanismo inacabado. De modo que na escultura do Aleijadinho, as figuras de 'brancos', de 'senhores', de 'capitães romanos', aparecem deformados menos por devoção a nosso Senhor Jesus Cristo e ódio religioso aos seus inimigos que por aquela sua raiva de ser mulato e doente; por aquela sua revolta contra os dominadores brancos" (*ibidem*).

O Aleijadinho, por conseguinte, é apresentado como uma figura efetivamente mais revoltada que Gonçalves Dias. Entretanto, o que me importa ressaltar aqui é que, apesar dessas diferenças de grau, o que parece orientar a análise de Gilberto em ambos os casos é o tema, tipicamente nietzschiano, do *ressentimento*, ou seja, do caráter impotente e reativo, impotente justamente *porque* reativo, porque devedor dos valores que rejeita, do protesto dos dois artistas mulatos.[51]

Não pretendo, evidentemente, sequer esboçar uma discussão mais aprofundada do tratamento dispensado por Gilberto à questão do ressentimento. Quero, simplesmente, utilizá-lo para demonstrar que a alternativa da revolta, assim como a da cordialidade, dá a impressão de estar igualmente marcada por uma certa adesão, ainda que mais ambígua, aos valores ocidentais que dominavam o País naquela ocasião, por mais preconceituoso e excludente que pudesse ser o seu domínio.

Na verdade, esses valores só serão realmente contestados quando entra em cena, já no final do capítulo — *último* capítulo de *SM*, não nos esqueçamos — um *segundo* tipo de mulato, totalmente distinto daquele mais aristocrático que vimos examinando até agora. Eram "os mulatos [que] desde o começo do século começaram a sair em grande número dos 'quadros', dos 'cortiços' e dos 'mocambos', onde imigrantes portugueses e italianos mais pobres foram se amigando com pretas" (*SM*, p. 343). Ora, estes mulatos *plebeus*, crescendo naquele

"ambiente de maior antagonismo entre mocambo e sobrado grande, entre cortiço e chácara" (*idem*, p. 345), "foram os de vida mais difícil, os que, muitas vezes, se esterilizaram em capadócios tocadores de violão, valentes de bairro, capangas de chefes políticos, malandros de beira de cais, as mulheres, em prostitutas, faltando-lhes as facilidades que amaciaram os esforços de ascensão intelectual e social de muitos dos mulatos de origem rural, com sangue aristocrático nas veias" (*idem*, pp. 343-4).

[51] O tema do ressentimento é cuidadosamente discutido por Nietzsche em vários dos seus livros, destacando-se aqui a *Genealogia da Moral* (1987).

Ricardo Benzaquen de Araújo

Porém, essa atmosfera de maiores dificuldades e antagonismos não parece ter redundado somente em "esterilidade". Ao contrário, a argumentação de Gilberto transmite a sensação de que a própria vocação europeizante e marginalizadora dos sobrados, afastando os mocambos para bem longe de si, teve também o seu lado benéfico, pois permitiu-lhes "resisti[r] mais profundamente à desafricanização" (*idem*, p. 363).

Acontece, apenas, que não se trata única e simplesmente de resistência, mas também, e sobretudo, de *contra-ataque*. De fato, seu isolamento parece ter servido de base para que esses mulatos plebeus protagonizassem um outro tipo de ascensão social, uma ascensão que também era uma reação ao caráter fechado e estetizante dos sobrados, só que uma reação inteiramente diferente daquela que acabamos de analisar. Nada ressentida, ela importava, isto sim, em uma *afirmação* dos valores negros postos em segundo plano durante o século XIX.

Esta ascensão é dividida por Gilberto em duas dimensões, uma masculina e a outra feminina, ambas fundadas em qualidades distintas, até opostas, daquelas virtudes mais espirituais — éticas, racionais e estéticas — que nortearam a moderação dos costumes que aqui se processou. Assim, por um lado, temos a

"ascensão do mulato não só mais claro, como mais escuro, entre os atletas, os nadadores, os jogadores de *foot-ball*, que são hoje, no Brasil, quase todos mestiços. O mesmo é certo do grosso do pessoal do Exército, da Marinha, das Forças Públicas e dos corpos de Bombeiros: dos seus campeões nos *sports*, [...] Pardos e mestiços fortes, enfrentando vantajosamente os brancos e pretos nos jogos, nos torneios, nos exercícios militares" (*idem*, p. 362).

Enquanto isso, pelo lado mais feminino e privado, essa

"influência africanizante vem se exercendo através das mulatas que ainda hoje ensinam os meninos brancos a falar, e dentro desse primeiro ensino de português transmitem-lhes superstições, cantos, tradições africanas; através das mulatonas gordas que cozinham para as casas dos brancos, africanizando com seus temperos as próprias receitas francesas; através das oitavonas bonitas que pelo prestígio da beleza e do sexo sobem dos mocambos até os sobrados de azulejo — amantes de negociantes, de oficiais da Polícia e do Exército, de funcionários públicos, de portugueses ricos, italianos e alemães. Mulatas que, nessa ascensão, levam de seu meio de origem muita coisa africana para os ambientes europeus [:] [...] a preferência por quitutes quase puramente africanos, [...] por utensílios de cozinha africanos, [...] pelo excesso de jóia na decoração do corpo, pelo de vermelhos, amarelos e roxos vivos na decoração da casa, dos panos de vestido ë da roupa de cama [...] [, culminando no] culto de orixás africanos — culto de mocambos — disfarçado sob as formas de culto de santos católicos" (*idem*, pp. 363-4).

Assim, da mesma maneira que a senzala "colonizou" a casa-grande em *CGS*, os mocambos parecem igualmente terminar por conseguir alguma ascendência sobre os sobrados, reequilibrando, reaproximando os antagonismos e garantindo que

"O Brasil nunca será, como a Argentina, um País quase europeu, nem como o México, quase ameríndio. A substância da cultura africana permanecerá em nós através de toda a nossa formação. O mulato nem sempre será [...] o cúmplice do branco contra o preto. Também, o cúmplice do negro contra o branco" (*idem*, p. 363).

Como se vê, o final de *SM* dá a nítida impressão de *reeditar CGS*, com a relativa superação daquele ideal mais "europeu" de distância e de moderação através da ascensão e revalorização da herança africana conservada, de forma quase imperceptível para o leitor, nos "quadros", "cortiços" e "mocambos". Contudo, é precisamente por esse motivo que, a meu juízo, esta conclusão traz mais dúvidas e problemas do que propriamente soluções.

Afinal, embora os mocambos sejam mencionados algumas vezes no texto, geralmente em função da sua arquitetura — que Gilberto considera muito bem adequada ao clima tropical por permitir boa ventilação e iluminação (*idem*, pp. 251-5) —, não é possível se encontrar praticamente nenhuma referência à sociabilidade neles cultivada. E é justamente essa sociabilidade que irrompe de modo súbito e inesperado no desfecho da sua argumentação, resolvendo *todos* os impasses e invertendo inteiramente a direção da análise. Ela se comporta, portanto, como se fosse uma espécie de *deus ex machina*, só que proveniente do Hades e não do Olimpo, capaz de alterar por completo a trama e encaminhá-la para o que seria, do ponto de vista do autor, um bem-vindo final feliz.

De fato, Gilberto não fornece nenhuma informação acerca da maneira pela qual essas tradições africanas, no que diz respeito à comida, ao uso das cores e ao culto dos orixás, por exemplo, foram concretamente preservadas, nem muito menos sobre como foi possível que elas, *de repente*, ultrapassassem aquela barreira de civilidade e de preconceito e se mostrassem ativas e influentes dentro dos sobrados. Tudo isso, na verdade, não faz mais do que confirmar aquela crítica, levantada por Costa Lima (1989) e já debatida no primeiro capítulo deste livro, que apontava para uma persistente *imprecisão* na reflexão de Gilberto, particularmente em *CGS*, imprecisão que pode ser flagrada em várias passagens dos dois livros, mas que, aqui, compromete a própria conclusão de *SM*.

É importante assinalar, inclusive, que essa denúncia de falta de rigor só consegue ser ampliada quando, nesse mesmo clima de confraternização entre negros e brancos que marca o término de *SM*, Gilberto resolve sugerir que, no Brasil, a recuperação da

"reciprocidade entre as culturas, [...] se tem feito acompanhar de intensa mobilidade social — entre classes e regiões. Mobilidade vertical e mobilidade horizontal [...] Talvez em nenhum outro País seja possível ascensão social mais rápida de uma classe a outra: do mocambo ao sobrado. De uma raça a outra: de negro a 'branco' ou a 'moreno' ou 'caboclo'" (*idem*, p. 368).

Assim, depois de ficar boa parte do tempo contando uma história de isolamento e exclusão, nosso autor contraria abruptamente o seu raciocínio e cria, sem maiores explicações, um ambiente no qual a passagem "do mocambo ao sobrado" se torna perfeitamente viável. Viável, mas, pela própria inconsistência e facilidade com que esse ambiente também é construído, igualmente idealizada e difícil de acreditar.

Muito bem: não tenho dúvidas de que a imprecisão, *neste* caso, está comprovada e chega mesmo a prejudicar, não o argumento como um todo, mas seguramente o fecho de *SM*. Entretanto, considero que valeria a pena aprofundar um pouco mais o exame dessa questão, indo além da crítica à maneira pela qual Gilberto encerra a sua discussão para indagar se, diante de um ponto fraco como esse, de uma pequena crise em sua argumentação, ela talvez não possa nos conduzir a um novo entendimento, mais complexo e matizado, da argumentação do nosso autor no período.

Não se trata, portanto, de tentar minimizar a importância dessa ausência de rigor recém-confirmada. Ao contrário, o que me interessa é explorar e qualificar essa "falha", indagando de onde ela veio, como exatamente foi possível, quais as suas conseqüências e assim por diante. Na verdade, a minha hipótese é a de que esta incongruência, esta incompatibilidade entre o término e o restante do texto liga-se ao fato de que Gilberto, de certo modo, *recomeça* a sua argumentação no fim do livro, dando a ela um sentido diverso do que vinha tendo até então e deixando, portanto, a sua conclusão inteiramente em aberto, o que pode até transformá-la em um relevante ponto de ligação com outros trabalhos redigidos na época. A análise dessas sugestões, porém, deve forçosamente ser transferida para outro capítulo.

Ricardo Benzaquen de Araújo

6.
A ARCA DE NOÉ

Creio que o desfecho do capítulo anterior já antecipava a necessidade de este principiar por um reexame da parte final de *SM*, inclusive porque, como foi dito, tenho a impressão de que ela implica um novo começo, em condições até de apontar para outras questões cujo possível significado e alcance passaremos, agora, a avaliar.

Suponho, então, que uma boa maneira de recomeçar seja pela transformação daquela afirmação que aparentemente resumia a minha interpretação — o final de *SM* reedita a trama de *CGS* — em uma pergunta, pois será que realmente não há nenhuma diferença marcante entre as duas situações?

Imagino, a esta altura, que o leitor já desconfie de que não tenho, de fato, muitas dúvidas acerca da existência de algumas divergências entre elas, e não apenas pelo formidável conjunto de alterações modernizantes introduzido em *SM* — diminuição da importância da escravidão; aumento da soberania monárquica e restrição do poder dos senhores de engenho; enfraquecimento do patriarcalismo e surgimento de uma nova família montada em bases individualistas e românticas; ampliação da influência européia, dotada de caráter excludente e estetizante; e privilégio da formação retórica na ascensão dos bacharéis — algumas delas, mas não todas, de uma natureza um tanto ou quanto externa à vida nos mocambos.

Mais importante do que essas modificações, contudo, é o fato de que aquelas "contribuições" fornecidas pelos mulatos plebeus ao cotidiano dos sobrados parecem derivar de uma experiência, de uma tradição completamente distinta da que havia informado as variadas culturas negras aqui reunidas pela escravidão. Desde logo, ainda em *SM*, é preciso que se ressalte que, em termos *étnicos*, esses mulatos se apresentam com características já bastante definidas e *estáveis*, estabilidade cuja compreensão exige que Gilberto cite o testemunho de E.A. Hooton, professor da Universidade de Harvard,

"para quem a miscigenação cria novas raças — salienta[ndo, ainda,] que se observam em produtos de cruzamento entre raças primárias, combinações e traços que recordam os das grandes raças secundárias. Por exemplo: tipos cruzados de branco, negro e índio, que muito se assemelham ao polinésio, hoje classificado como raça. É o que já vai sucedendo entre nós, nas regiões de cruzamento mais longo e maior daqueles três tipos: o novo tipo adquire traços semelhantes aos dos polinésios e esboça tendência para a estabilização em raça" (SM, p. 373).[52]

Como se percebe, os mulatos parecem ter se fixado em uma *raça histórica*, "semelhante aos polinésios", o que empresta nova importância à perspectiva neolamarckiana, avançada no primeiro capítulo como uma explicação para a utilização da idéia de raça em CGS. Nesse contexto, vale a pena recordar que, embora esse ponto não tivesse sido inteiramente explicitado então, o próprio emprego da categoria *mestiço* por Gilberto, endereçada naquela ocasião especificamente ao português, acomodava-se perfeitamente a essa perspectiva, pois decorria da localização geográfica e da ambientação histórica de Portugal.

Assim, lembremo-nos, tanto a geografia quanto a história, pela própria situação de fronteira — movediça e transitória — da sociedade portuguesa, eram responsabilizadas pelo *caráter indefinido* e *instável* dos seus habitantes. Cabe repetir, a propósito, que essa indefinição se acentuava a ponto de converter o português em um tipo singular de mestiço, capaz de aceitar as mais diversas influências, inclusive de ordem *física*, sem dissolvê-las e fundi-las em um esforço de síntese, conservando-as lado a lado, como água e azeite, no que foi a primeira aparição da

---

[52] A ascendência harvardiana de Hooton é estabelecida na nota de número 42 de *Nord*, que comenta uma passagem praticamente idêntica à que acabou de ser citada em *SM*. Cabe notar, ainda, que Gilberto se refere na mesma nota à idéia de "mestiçagem fixada" elaborada por A. Austregesilo em sua contribuição ao volume coletivo *Novos Estudos Afro-Brasileiros* (cf. Freyre e outros, 1927, pp. 325-33), contribuição na qual esse autor também assinala que "as misturas étnicas dão-se por leis fatais de imigração e de adaptação mesológica [...] [visto que] o neolamarckianismo rege a questão da formação do nosso tipo" (*idem*, p. 331).

idéia de um "equilíbrio de antagonismos" neste estudo: "Homens de barba loura e cabelo escuro. Homens morenos de cabelo louro [... Ou seja:] mestiços com duas cores de pêlos" (CGS, p. 218).

Essa "indecisão étnica", portanto, se tornou o ponto de partida de toda uma análise que, se expandindo pela cultura e pela religião, procurou surpreender em nossa experiência colonial uma profunda inclinação para a ambigüidade e o paradoxo. Dessa forma, não deixa de ser extremamente sugestivo observar que, dentro da *mesma* lógica neolamarckiana, aqueles mulatos oriundos dos mocambos recebem um tratamento rigorosamente *inverso* ao que havia sido dispensado ao português em CGS, na medida mesmo em que o seu cruzamento parece ter resultado em uma *fusão*, em uma *síntese*, quer dizer, na sua estabilização em uma "nova raça".

Começamos, por este caminho, a passar da ambigüidade para a definição, do caráter "vulcânico" e provisório para a estabilidade e, finalmente, dos antagonismos em equilíbrio para uma identidade mais fixa e acabada, em uma *segunda* concepção de mestiçagem que dá a impressão de abarcar a maioria absoluta daquela "metade de baixo" da nossa sociedade na época imperial. Isso ocorre inclusive porque, como "Roquette Pinto chega a afirmar: 'é quase certo que não existem hoje negros puros no Brasil'. Um ou outro talvez. O negro, no Brasil, está quase reduzido ao mulato. O problema do negro, entre nós, está simplificado pela miscigenação larga" (SM, p. 362-3).

Essa maioria mestiça, proveniente — não nos esqueçamos — dos cortiços, dos quadros e dos mocambos, isto é, das zonas urbanas mais pobres, transmite aliás a sensação de se caracterizar, no rigor da postura neolamarckiana, por uma estabilidade não apenas étnica mas também cultural e até mesmo sexual. De fato, como Gilberto assinala em *Mocambos do Nordeste* (1937), pequeno trabalho dedicado à "arquitetura popular",[53] "o mocambo é a casa pobre de família român-

[53] *MN* inaugura a linha de publicações do Serviço do Patrimônio Histórico e Artístico Nacional, razão pela qual recebe um prefácio do seu fundador, o intelectual modernista Rodrigo Melo Franco de Andrade. Ele foi um grande amigo de Gilberto, que encerra o seu prefácio à 1ª edição de CGS dizendo que "um nome me falta associar a este ensaio: o do meu amigo Rodrigo M.F. de Andrade. Foi ele quem mais me animou a escrevê-lo e publicá-lo" (CGS, p. XLIV). Quanto às posições de Rodrigo dentro do SPHAN, posições que nortearam a política de preservação cultural levada a efeito por este órgão durante e após o Estado Novo, deve-se consultar o trabalho de Gonçalves (1990).

tica: homem, mulher, filhos. A mulher nem sempre a mesma, mas uma de cada vez [...] A vida em mocambo pequeno seria mais favorável à ordem, ao asseio, à moralidade sexual. Pelo menos à monogamia, mesmo transitória" (*MN*, pp. 30-1).

Reaparecem aqui, embora com algumas qualificações, a monogamia e a família romântica que, pouco a pouco, suplantaram o patriarcalismo nos sobrados, o que de certo modo atesta que, tal como se dizia em *CGS*, a escravidão realmente desempenhava um papel fundamental na promoção daquele clima orgiástico das casas-grandes. Afinal, a diminuição da sua importância, uma das poucas, senão a única daquelas grandes transformações que atingiu com a mesma força os sobrados e os mocambos, faz-se acompanhar da implantação de idêntica moderação sexual nas duas metades, então bem afastadas, em que se dividia a sociedade brasileira.

Cessa aqui, porém, o registro de semelhanças entre os sobrados e os mocambos. Isto ocorre, entre outras razões, porque um dos pontos do segundo que recebe maior destaque em *MN* é justamente o que se refere à "*simplicidade*" da sua construção, "simplicidade de casa toda ou quase toda de palha, de folha, ou de capim-açu, [...] com os cipós fazendo as vezes de pregos e as portas feitas da própria palha ou folhas dos tapumes" (*MN*, p. 20). Note-se que essa "simplicidade extrema" chega a converter o mocambo em um

"tipo de habitação caracteristicamente primitiva [. Mas,] quando construído no seco e entre coqueiros, exprim[indo este] primitivismo de cultura de modo atraente. [Assim,] as aldeias de mocambos desse tipo surgem aos nossos olhos com uma doçura de povoações de ilhas do Pacífico — as mais romantizadas pelos viajantes, pelos poetas e até pelos antropologistas. O seu ar é o de casas inteiramente à vontade entre as palmeiras e à beira do mar ou da água doce" (*ibidem*).

Esse suposto primitivismo, na verdade, parece conter uma grande dose de *sabedoria*, especialmente porque, definidos lapidarmente por Gilberto como uma "*habitação vegetal*", os mocambos passam a constituir-se em um perfeito exemplo de *harmonia* com o meio ambiente. E é precisamente em função desta contigüidade com a natureza que se pode identificar

Ricardo Benzaquen de Araújo

"a superioridade do mocambo sobre a casa de pedra e cal, tantas vezes má e até péssima pelas condições de aeração e insolação. No mocambo como na choupana em geral, a iluminação e a ventilação [...] fazem-se por 'aberturas vastas no frontão e realizam-se de modo muito mais perfeito do que seria lícito esperar se se fizessem através de janelas, mesmo as mais largas possíveis'" (*idem*, p. 28),

vantagens às quais se deve acrescentar a sua própria "simplicidade de material — inclusive a ausência de vidro — permitindo às crianças a máxima liberdade de movimentos e de jogos" (*idem*, p. 30).

Assim, Gilberto recupera de forma condensada — e portanto mais visível — um dos temas esboçados em *SM*, o elogio do mocambo e a afirmação da sua superioridade arquitetônica em relação ao sobrado. Sucede, porém, que ele introduz agora um matiz que expande o significado e o alcance dessa oposição, pois o nosso autor transmite a sensação de que insiste em constatar que "o mocambo do Nordeste em geral é pequeno e nessa sua pequenez está uma de suas graças" (*ibidem*), apenas para realçar o seu "contraste com a economia e a estética da casa-grande, do sobrado grande, da casa de pedra e cal" (*ibidem*).

Considerado então, sempre em *MN*, como uma "casa popular mais simples [em] que a influência dominante foi e ainda é a africana ou a indígena" (*idem*, p. 20), "duas culturas em recesso ou em dissimulação, mas de modo nenhum esmagadas [...] em face da invasão da cultura européia" (*idem*, p. 23), o mocambo termina sendo escalado por Gilberto para enfrentar, como alternativa habitacional e sobretudo cultural, o bloco formado pela "arquitetura doméstica mais nobre do Nordeste — a casa-grande de engenho, o sobrado de azulejo, a casa dura e forte de pedra e cal" (*idem*, p. 19).

Trata-se aqui, por conseguinte, não somente de comprovar que os mocambos constituem de fato um mundo relativamente à parte, estável e plebeu, mas também de corroborar e estender aquele fiapo de argumento que surgia ocasionalmente no capítulo anterior, como por exemplo quando da discussão da questão da retórica, e que, sem negar as flagrantes rupturas, indicava uma certa *continuidade* entre a sociabilidade das casas-grandes e a dos sobrados. Isto sucede porque o raciocínio de Gilberto cria a impressão de que, desse simples, sábio e harmônico ponto de vista dos mocambos, tanto aquela promíscua experiência da casa-grande quanto a atmosfera crescentemente refinada e espiritual que vai envolvendo os sobrados parecem, igualmente, *excessivos*, ambos assolados pela mais absoluta falta de medida: no primeiro caso, como já foi bastante discutido, pelo predomínio do sexo e dos instintos, e, no segundo, em virtude da sua exagerada preocupação com a ordem, com a imposição de um sentido rígido, artificial e totalizante à vida cotidiana.

A exploração dessa sugestão, é óbvio, deve ser feita com o máximo de cuidado, passo a passo, inclusive porque ela pode começar a alterar o próprio perfil da reflexão e da obra de Gilberto nos anos 30 tal como vinha sendo desenhado neste estudo. Mesmo assim, julgo que se possa falar de uma transformação desse porte, de um lado, porque temos a oportunidade concreta de estabelecer um vínculo entre a casa-grande e o sobrado, pela permanência ainda que transformada da *hybris*, e, de outro, por ocorrer a revelação e a valorização de um universo *popular*, sediado nos mocambos e praticamente insuspeito até então, regido por princípios que contrastam nitidamente com a falta de equilíbrio que, de um modo ou de outro, aparentemente define as nossas várias experiências aristocráticas.

No entanto, o próprio alcance dessa alteração parece tornar recomendável que se desvie, por hora, o foco dos mocambos, ampliando-se o campo da pesquisa para que possamos avaliar até que ponto tais sugestões podem ser confirmadas. Isto pode ser feito, aliás, por intermédio da discussão de *Nordeste* (1937), um dos mais importantes trabalhos redigidos por Gilberto no período, e que também se dedica ao exame das relações do homem com a natureza, só que de uma perspectiva diferente da de *MN*, pois ele toma como ponto de partida a análise da "influência da cana", base daquela sociabilidade aristocrática da casa-grande, "sobre a vida e a paisagem do Nordeste do Brasil".

Em uma primeira avaliação, contudo, o estudo de *Nordeste* consegue apenas *agravar* o contraste pressentido acima: afinal, se a integração com a natureza era uma das características fundamentais dos mocambos, o que se acentua aqui é precisamente o fato de as casas-grandes seguirem uma rota inteiramente *oposta*, com a monocultura do açúcar propiciando a

"mais ostensiva [...] intrusão do homem no mecanismo da natureza. A natureza, sabe-se pelos estudos de ecologia do animal ou da planta, que é 'essencialmente variada'. O homem rompe o equilíbrio que depende desta variedade quando faz que uma planta única e no momento valorizada mais do que as outras, cresça sobre uma região inteira. É o drama da monocultura" (*Nord*, pp. 66-7).

Drama, de fato: Gilberto não hesita, por exemplo, em denunciar que "o monocultor rico do Nordeste fez da água dos rios um mictório. Um mictório das caldas fedorentas [...] [que] matam os peixes. Envenenam 'as pescadas'. Emporcalham as margens" (*idem*, p. 60), nem em lembrar "o que era a mata do Nordeste antes da monocultura da cana: um arvoredo 'tanto e tamanho e tão basto e de tantas prumagens que não podia homem dar conta'[, até que] o canavial desvirginou todo esse mato-grosso do modo mais cru: pela queimada" (*idem*, p. 65), dando origem a um verdadeiro "estado de guerra entre o homem e a mata" (*idem*, p. 68).

Um estado de guerra que chega a ponto de acabar "separando o homem da própria água dos rios; separando-os dos próprios animais — 'bichos do mato' desprezíveis ou então considerados no seu aspecto único de inimigos da cana, que era preciso conservar à distância dos engenhos" (*ibidem*), e impedindo inclusive qualquer contato mais íntimo com a natureza, visto que "o brasileiro das terras de açúcar quase não sabe os nomes das árvores, das plantas nativas da região em que vive [...] A cana separou-o da mata até este extremo de ignorância vergonhosa." (*idem*, pp. 69-70).

No que se refere ao meio ambiente, a casa-grande de engenho — a mesma que é analisada em *CGS*, é bom frisar — parece ter cultivado um ideal de distância e de pureza que, de um lado, contrariava a proximidade e a miscigenação que, mal ou bem, ela praticava nas suas relações com os escravos, e, de outro, antecipava a exclusão e o desprezo típicos dos sobrados. Este desprezo, a propósito, não implica simplesmente indiferença, mas também medo,

"um medo exagerado do ar, do 'sereno', da água, do sol; de toda a proximidade de mata; do contato com a terra pegajenta; com a água barrenta. As portas e as janelas das casas-grandes foram se trancando a ferrolho e travessão às primeiras sombras da noite por precaução contra inimigos misteriosos que andavam no ar, que vinham do mais profundo das matas e das águas. 'Miasmas'. Bichos" (*idem*, p. 113).

Gilberto, aqui, envolve a casa-grande em um clima de verdadeiro pavor, pavor cuja superação talvez possa ser vinculada, comprovando o estado de guerra anotado há pouco, à adoção de um "sistema de exploração agrícola quase militar" (*idem*, p. 74), isto é, um sistema por intermédio do qual

"o canavial e o engenho se instalaram sem outra consideração que a de espaço para a sua forma brutal de explorar a terra virgem. Sem nenhum cuidado pela parte agrícola desta exploração. Simplesmente devastando a mata a fogo, plantando-se a cana e só a cana pela mão do negro indiferente e abandonando-se a terra aos primeiros sinais de cansaço. [Assim,] o sistema agrícola da monocultura latifundiária escravocrata foi aqui o quase militar da conquista de terras para fins imediatos de guerra ou de campanha" (*ibidem*).

O que mais me importa, porém, é salientar que "tal sistema militar de agricultura nos viria até hoje. Declinaria com o maior número de engenhos — fenômeno da segunda metade do século XIX — para se acentuar com o maior prestígio das usinas na paisagem da região — fenômeno dos últimos cinqüenta anos" (*idem*, p. 75) — que aparentemente expande e completa aquele tipo de ocupação favorecido pelas casas-grandes, já que o seu lema parece ser

"emendar canaviais [...], formando um só campo, formando cada usina um império; [num] espírito [...] militar, a que já se fez referência, do senhor latifundiário dominar imperialmente zonas maciças, espaços continuados, terras que nunca faltem para o sacrifício da terra, das águas, dos animais e das pessoas ao açúcar" (*idem*, p. 76).

Não é de se estranhar, então, que Gilberto defina a "civilização do açúcar do Nordeste" como "mórbida. E mórbida sobretudo nos seus prolongamentos atuais." (*idem*, p. 75). Com efeito, é como se a transição da casa-grande para a usina conseguisse prolongar e ressaltar *apenas* o lado despótico da primeira — incluindo-se aí aquela devastação que a própria *hybris* ocasionava —, descartando totalmente a intimidade, a relativa confraternização que ela também estimulava.

Ricardo Benzaquen de Araújo

É nesse contexto, aliás, que Gilberto irá afirmar que

"talvez em nenhuma outra região do Brasil a extinção do regime de trabalho escravo tenha significado tão nitidamente como no Nordeste da cana-de-açúcar a degradação das condições de vida do trabalhador rural e do operário [...] Da assistência ao escravo — assistência [...] que bem ou mal era praticada pela maioria dos senhores escravocratas no interesse das próprias terras, da própria lavoura, do próprio açúcar, da própria família (em contato direto com parte da escravaria e indireto com toda a massa negra) — quase não resta senão um traço ou outro, uma ou outra tradição mais sentimental do que efetiva, nos engenhos mais velhos, em uma ou noutra usina de senhor menos ausente do campo" (*idem*, pp. 191-2).

Essa ausência do campo, essa "despersonalização do senhor de açúcar", parece ocorrer porque "a industrialização e principalmente a comercialização da propriedade rural vêm criando usinas possuídas de longe, algumas delas por Fulano ou Sicrano & Companhia" (*idem*, p. 192), levando a que,

"feita uma exceção ou outra não há [ja] sentimento de solidariedade nenhum entre o dominador e os dominados. O usineiro é, em geral, como se fosse um conquistador em relação com os conquistados de uma outra terra. De outro barro. De outro sangue. Quase um estrangeiro a quem não tocasse a sorte dos que não são usineiros" (*idem*, p. 196).

Assim, embora o usineiro seja, por um lado, associado ao senhor de engenho através da figura do conquistador, militar e estrangeiro, por outro, dele será desvinculado, pelo menos até certo ponto, porque

"já não se trata de uma civilização como foi a patriarcal, neste mesmo Nordeste da cana, com seus sinais de + e de -, embora o de - preponderando. O açúcar de usina parece que deixou de entrar com qualquer contingente na valorização da vida e da cultura do Nordeste, para ser apenas o sinal de - em tudo: a diminuição da saúde do homem; a diminuição das fontes naturais da vida regional; a diminuição [...] da inteligência, da sensibilidade, ou da emoção da gente do Nordeste" (*idem*, p. 193).

E essa diminuição, em passagens que lembram *SM*, acaba enfim por atingir o Recife, "cujas casas-grandes, cujos sobrados de azulejo, cujos casarões amarelos, azuis, verdes, vermelhos — todos tão corajosos de sua cor [...] estão ficando todas cinzentas. Os estetas paleotécnicos do Recife chegaram a proibir casas pintadas [de cores vivas]" (*idem*, p. 194), em um caminho pelo qual ela

"vai se achatando entre as cidades mais inexpressivas da República, com os ricaços morando em palacetes normandos e chalés suíços, com as igrejas velhas do tempo da colonização transformadas em igrejas góticas, com as ruas e os parques sombreados — de ficus-benjamim e de eucaliptos ou enfeitados de vitória régia do Amazonas" (*idem*, p. 193).

O último ponto desta citação, inclusive, precisa ser ampliado, pois, segundo Gilberto, é justamente a

"distância entre o colono branco e a mata, entre o dono de terra e a floresta [que] explica o nosso quase nenhum amor pela planta da região, quando se trata de arborizar as ruas das cidades do litoral. Explica a indiferença com que deixamos que a arborização das cidades do Nordeste vá se estandardizando no *ficus benjamim* e no eucalipto australiano [...], [obra de] estetas que, em diferentes épocas nos têm querido impor aos parques ou às ruas, em uma generalização contra toda a harmonia da natureza regional, o Ficus Benjamim, o Cactus mexicano [...] a Acácia de Honolulu [etc...]" (*idem*, pp. 70-1).

Como se vê, a usina herda uma das dimensões do excesso da casagrande e a associa aos sobrados e à vida urbana, em um processo que une a estandardização e a estetização das cidades ao dramático e destrutivo movimento de ocupação do campo, ambos obcecados pela imposição de uma única planta — a cana — e de uma única regra — a européia — sobre a variedade tanto da vida natural quanto da social. É como se a *hybris* embutida na monocultura, ao perder a sua outra face, capaz de criar laços entre contrários, entre senhores e escravos, ganhasse agora ao mesmo tempo novas forças e uma nova identidade, mais compatível com os tempos modernos.

Novas forças, não só por incluir sob o seu domínio relações mais capitalistas, típicas da usina, mas também, e principalmente, para tentar estabelecer nas casas e ruas do Recife, como já foi sugerido antes, um padrão da mais absoluta coerência e rigor. Este padrão, vale repisar, pretendia regular minuciosamente as roupas, os móveis e a comida, por exemplo, e também espalhava pelas suas praças e avenidas jardins suíços e filas lineares de eucaliptos, *maquiando* a cidade, transformando-a em uma verdadeira peça de retórica capaz de expressar nossa total harmonia com o que, imaginava-se, representava a mais rigorosa tradição européia. Basta conferir, a propósito, a passagem de um artigo de 1926, em que Gilberto fala dos planos — que ele abomina — de um

"novo Recife [que seria] uma delícia de linha reta. Uma delícia de simetria. Uma delícia de regularidade. Um Recife geométrico como um jardim do Loire. Casas dispostas como um menino dispõe soldados de chumbo para batalhas de brinquedos: em fileiras regulares e hirtas. Árvores aparadas igualmente como o cabelo em escovinha dos órfãos e dos presos. As ruas todas da mesma largura. Nenhuma rua torta. Nenhuma igreja a quebrar a linha reta das ruas. Nenhum beco empinado em ladeira, mesmo leve, por natural capricho do terreno. Nenhum zig-zag. Nenhum à vontade. Nenhuma 'non-chalence'" (cf. Freyre, 1979, p. 270).

Nova identidade, primeiramente, pela sua mudança de aspecto e de direção, abandonando a vida sexual e as relações domésticas, protagonizadas agora por famílias supostamente constituídas na base da reciprocidade e do amor, e transferindo-se para a própria idéia de *ordem*, que passa a ser fecundada por um toque de mania, de extravagância ou, nas palavras do próprio Gilberto, de "*requinte*". Em segundo lugar, pelo simples fato de que essa alteração de sentido diminui a ambigüidade e amplia decisivamente a vocação excludente da nossa aristocracia: o excesso agora, exatamente como no caso da monocultura da cana, torna-se de *pureza* e não de miscigenação, hibridismo ou confraternização, na medida mesmo em que a distância em relação ao meio ambiente, apontada em *Nord* como típica do latifúndio açucareiro, começa a ser acompanhada pela degradação dos "cabras" das usinas e pela discriminação dos habitantes dos mocambos. O recurso a *Nordeste*, portanto, termina por confirmar aquela hipótese que indicava a sobrevivência da *hybris* com uma nova face, mais estilizada e marginalizadora, mesmo depois de consumada a decadência do patriarcalismo. Cabe, então, um breve retorno à discussão acerca dos mocambos e daqueles aparentemente singelos e estáveis mulatos que os habitavam, até para que possamos avaliar se é possível aprofundar o seu confronto com o bloco em que se ia congelando a nossa "metade aristocrática" ao longo do século XIX.

Essa possibilidade, de fato, pode se concretizar pelo próprio exame de algumas poucas páginas de *Nord* (78-79, 178-179) e de *SM* (72-73), que parecem um pouco deslocadas no meio da argumentação, mas que se mostram capazes até mesmo de revelar o ponto de partida daquela inesperada sociabilidade mestiça que invade os sobrados no final de *SM*. Essa revelação, por sinal, tinha sido antecipada por Gilberto em *MN*, quando ele nos dizia que mocambo era "uma palavra quimbunda, [...] formada do prefixo *mu* + *kambo*, que quer dizer esconderijo" (p. 20), já sugerindo que a sua origem estaria localizada nos *quilombos*. De fato, teria sido aí, segundo nosso autor,

> "que primeiro desabrochou no Brasil o sentido de solidariedade mais largo que o de família, a capacidade de associação sobre base [...] cooperativista. Para não falar na forma socialista de vida e de trabalho que tomou a organização dos negros concentrados nos mocambos de Palmares. Mais do que simples revolta de escravos fugidos, essa república de mocambos. Verdadeiro esforço de independência baseado no prolongamento de um tipo de cultura, inclusive de economia, em oposição ao sistema patriarcal e de monocultura, então dominante" (*SM*, p. 72).

Comprova-se, desse modo, a oposição de princípios entre os mocambos e o "sistema patriarcal dominante", oposição que envolve, no que se refere à "técnica de exploração da terra, um movimento de policultura em contraste com a monocultura predominante nos latifúndios dos senhores brancos" (*ibidem*), plantando-se "tanta 'roça abundante', tanto milho, tanta touceira de bananeira [...] que a paisagem contrastava com a dos engenhos: só canavial e resto de mata. A dos Palmares tinha outra variedade e outra alegria" (*Nord*, pp. 178-9) e, no que diz respeito às relações sociais, um desejo de solidariedade incrustado em uma "curiosa organização socialista" (*ibidem*) que "fazia recolher ao celeiro comum as colheitas, o produto do trabalho nas roças, nos currais, nos moinhos, para realizar-se então, em plena rua, na praça, a distribuição de víveres entre os vários moradores dos mocambos" (*SM*, p. 72).

A expansão do tema da *integração*, que abrange agora as terras de cultivo, via policultura, e o próprio tecido social, pela solidariedade, parece efetivamente converter os mocambos em uma perfeita *antítese* dos sobrados. Antítese perfeita, sem dúvida, porque o fato de Gilberto radicar essa sociabilidade mestiça nos quilombos não só deixa bem clara a dignidade e a independência dessa experiência em relação à nobreza patriarcal, como também acentua a própria durabilidade, isto é, a *estabilidade* dessa tradição popular.

Tal tradição, segundo uma passagem já citada (*SM*, p. 343), exerce influência muito além dos mocambos, alcançando também os "quadros" e os "cortiços" situados nos bairros pobres de Recife, conforme se pode perceber, entre outros textos, no *Guia Prático Histórico e Sentimental da Cidade do Recife* que Gilberto publica em 1935. Enfim, a cidade-capital começa a receber um significado mais complexo e variado do que o que a vinha definindo, no qual ela era sempre apreciada em função daquela estetizante perspectiva dos sobrados.

Qual seria, então, a maneira mais adequada de apresentar uma imagem alternativa de Recife, na qual esta perspectiva mais ordeira e elevada fosse obrigada a conviver com uma outra postura, mais popular? Creio que bastará que lancemos mão de um único trecho do *Guia*, ainda que longo, trecho no qual Gilberto reflete acerca das ruas e dos bairros da sua cidade, para que essa convivência possa ser convenientemente demonstrada. Assim, ele nos diz que

"as ruas do Recife, de um modo geral, refletem o caráter dos três ou quatro bairros principais em que a cidade se divide: as de dentro do Recife — isto é, da ilha do Recife, onde se desembarca, e onde estão os grandes bancos, as casas de alto comércio, o Correio, o *Telégrafo Nacional*, o *Telégrafo Inglês*, vários consulados — são ruas graves e européias — menos o *Cais do Apolo*, com seu cheiro forte, tropical, de açúcar, sua catinga de negro suado, seu muito de africano e de colonial. As ruas principais do bairro de *Sto. Antonio* — as ruas do comércio elegante, das modistas, das perfumarias, das confeitarias, das joalherias, as ruas cívicas — do *Palácio do Governo,* do *Palácio da Justiça,* do *Teatro Santa Isabel* — são predominantemente européias, porém sem a gravidade masculina das do Recife, com uma graça feminina. Cheiros também femininos. Esse caráter feminino se surpreende também nas melhores ruas de residência da Boa-Vista, com jardins cheios de palmeiras. Já para os lados de S. José o Recife como que se orientaliza; a vida que as ruas refletem é a da pequena burguesia, mais sociável que a grande; gente que de noite vem conversar sentada em cadeiras de vime e espreguiçadeiras de lona, à calçada, à porta de casa; e aí toma sorvete, come tapioca, os homens de pijama, chinelo sem meia. É o bairro dos pianos fanhosos mas ainda assim tão românticos; dos namoros de meninas de luto com caixeiros da *Primavera* e estudantes. É o bairro do comércio mais barato. Das lojas e armarinhos com nomes sentimentais. Padarias que se chamam a *Flor da Penha,* e têm um nicho de Nossa Senhora da Penha sempre aceso e enfeitado de flores. Da *Loja do Noivos,* com noivo de casaca e uma noiva de véu e vestido de cauda, pintados na tabuleta [...] Também dos armazéns de charque e de café, de ruas que cheiram a comida e a café se torrando; a temperos; a coentro; a incenso que vem de dentro de igrejas que dão para a rua; a munguzá se comendo dia de domingo; a alfazema em casa que tem menino novo" (*Guia*, sem indicação de página).

Aqui, particularmente no que se refere às zonas mais pobres, é evidentemente possível o reencontro com boa parte das questões que caracterizavam o cotidiano dos quilombos e dos mocambos, como a simplicidade e a solidariedade, concretizadas na idéia de uma sociabilidade mais quente que a da "grande burguesia". Além disso, existe ainda a possibilidade de vislumbrar um aspecto que, embora conciliando-se perfeitamente com os anteriores, ainda não havia sido totalmente explicitado nesta discussão: refiro-me, simplesmente, ao fato de que a proximidade e a integração entre os habitantes daqueles bairros mais "orientais" dá a impressão de estar inteiramente baseada nos *sentidos*.

Na verdade, a importância dos sentidos começa a despontar assim que nos afastamos do centro grave, masculino e europeu do Recife, rumando quer para o seu interior, no *Cais do Apolo*, espécie de enclave tropical com seu "cheiro forte de açúcar" e a sua "catinga de negro suado", quer para o seu exterior imediato, com as "perfumarias" e os "cheiros femininos" do comércio mais elegante. No entanto, é de fato nas ruas mais suburbanas do bairro de São José que os sentidos vão estabelecer o seu império, através do ruído dos "pianos fanhosos mas ainda assim tão românticos", do odor de incenso, de alfazema e de café torrado, e do sabor da tapioca, do sorvete e da munguzá.

Não se trata, portanto, como no racionalismo empirista do século XVIII, de colocar o sensualismo unicamente a serviço da razão, na busca de universais e inflexíveis leis naturais.[54] Nesse contexto, ao contrário, os sentidos parecem recolher, filtrar e *fixar a experiência*, criando então uma comunidade dotada de gosto próprio, peculiar e estável, com força suficiente para suplantar a seu modo, de maneira inclusiva, qualquer oposição entre a casa e a rua: elas se confundem naquela dança de cheiros que das residências e das igrejas invadem vielas e becos, dando origem a um ambiente no qual "os homens de pijama, chinelos sem meia" e as suas famílias vêm conversar, de noite, na porta de casa, como na *Evocação do Recife* de Manuel Bandeira.[55]

* * *

Esta breve revisão da obra de Gilberto na década de 30 parece realmente definir, assim, uma certa identidade para aqueles mulatos

[54] Uma referência ao texto clássico de Cassirer (1975) ainda me parece fundamental para uma boa introdução a esses e a outros temas avançados pelas propostas iluministas.

[55] Provocado por uma "encomenda" de Gilberto, "a quem devo ter podido escrever naquele mesmo ano [1925] a minha 'Evocação do Recife'" (cf. Bandeira, 1990, p. 65), este poema também evoca as famílias que "depois do jantar [...] tomavam a calçada com cadeiras, mexericos, namoros, risadas" (*idem*, p. 212). Para uma discussão da obra poética de Bandeira em termos sugestivamente próximos aos que estão sendo empregados neste estudo para analisar a sociabilidade popular, salientando-se aí o tema da humildade, recomendo os trabalhos de Arriguci (1987 e 1990).

plebeus que tomam de assalto os sobrados na conclusão de *SM*. A definição dessa identidade, todavia, não tem condições de amenizar aquela denúncia de imprecisão feita anteriormente, não somente por ser elaborada em outros textos, mas também porque continuamos sem saber como esse "assalto" pôde ser efetuado. Mesmo assim, porém, creio que esta discussão teve pelo menos a virtude de nos permitir um acesso à visão que o nosso autor possuía, na época, acerca daquela "metade inferior" da sociedade brasileira — visão aliás bastante *idealizada* —, começando afinal a tornar possível um entendimento mais completo e cheio de nuances da sua posição.

Desse modo, esse universo popular, embora analisado por Gilberto de maneira bastante irregular, errática e lacunar em vários trabalhos do período, dá a impressão de dispor de vigor suficiente para dispensar o patriarcalismo da casa-grande de engenho — "+ ou -" — e, sobretudo, rejeitar aquela burguesia dos sobrados e das usinas — "só -". Esta rejeição, nesses termos, importa em que a simplicidade se contraponha ao requinte, a solidariedade à exclusão, a harmonia com a natureza à sua devastação, a estabilidade ao incessante desfilar das modas européias, o "à-vontade", a naturalidade das conversas de portão, ao caráter cifrado, orgulhoso e empertigado da pregação retórica e assim por diante. Tudo isso aponta para uma sociabilidade a um só tempo humilde e apaixonada, mas constituída por uma paixão *calma*, por um calor tépido e benfazejo, o que faz com que esse padrão talvez possa ser resumido por uma noção ainda não utilizada na segunda parte deste livro, mas certamente muito importante: a de *fraternidade*.

Oposto lógico do patriarcalismo, a fraternidade transmite igualmente a sensação de repelir com a mesma veemência aquela simétrica e artificial proposta associada à reeuropeização, retomando e reafirmando, na verdade, um dos valores mais exaltados por Gilberto desde *CGS*: seu *franciscanismo*. De fato, no *Guia*, ao falar da importância da água na vida da cidade, ele chega a assinalar que

"dois rios, um deles vindo dos sertões, aqui se encontram; dividem a cidade em ilhas; e a maré vem quase dentro das casas, aos quintais, aos fundos de cozinha, pôr-se franciscanamente ao serviço dos pobres, deixar que as mulheres lavem as roupas e as panelas, que os molequinhos brinquem, e tomem banho. Irmã água" (*Guia*, sem indicação de página).

Como se vê, a humildade, a singeleza, a integração com a natureza, a naturalidade, a solidariedade, em uma palavra, a fraternidade postulada pela ordem franciscana parece estar claramente ligada àquele universo popular, definindo-se assim uma posição que irá atravessar toda a obra de Gilberto no período, fazendo-se presente até no seu artigo de 1947 sobre Walt Whitman:

"Whitman renovou nos homens da América, do Ocidente e talvez do mundo inteiro o sentimento, a concepção, o próprio ideal de fraternalismo — de fraternalismo oposto a qualquer espécie de paternalismo despótico — com um poder revolucionário e poético tão grande como não houve maior, entre os homens, desde aquele outro grande poeta e grande revolucionário, também superior aos ideais paternalistas de classe e de seita, de raça e de sexo, do seu tempo, que foi São Francisco de Assis" (cf. Freyre, 1965, p. 87).

É um pouco como se o triunfo dos jesuítas nos sobrados, na metade de cima da nossa sociedade, tivesse como contrapartida a adoção de uma sociabilidade perfeitamente condizente com os valores preconizados por São Francisco na metade de baixo. Nesse sentido, as duas alternativas derrotadas no período colonial, embora a primeira tivesse uma existência real e a segunda apenas virtual, retornam vitoriosas mas ainda separadas e inimigas ao longo do século XIX.

Mas será, então, que essa sociabilidade fraterna e popular deve ser interpretada como o coração, como o ponto de partida da reflexão de Gilberto na década de 30? É bom lembrar, inclusive, que ela é normalmente descrita de forma tão exemplar, parecendo sempre ser balizada apenas por um implícito *sinal de* +, que as próprias relações de Gilberto com as duas opções aristocráticas já referidas, especialmente com o ambíguo e excessivo patriarcalismo analisado em *CGS*, teriam que ser drasticamente reavaliadas no caso dessa hipótese ser confirmada.

Entretanto, apesar de reconhecer o peso dessa alternativa franciscana na sua reflexão, quero adiantar, de imediato, que *não* acredito que o destaque recebido por esse universo popular reúna condições para transformá-lo em uma espécie de chave capaz de viabilizar a compreensão de *todas* as obras de Gilberto no período. Contudo, antes de prosseguir, preciso esclarecer que mesmo externando tais reservas, aliás ainda não detalhadas, não tenho nenhuma dúvida quanto ao lugar de grande importância que esse universo ocupa no pensamento do nosso autor, inclusive porque, mais do que um argumento substantivo, ele se converte em uma perspectiva, em um ponto de vista que consegue orientar a concepção de outros trabalhos feitos na mesma oportunidade.

E este é justamente o caso do *Guia*, um guia, a propósito, eminentemente prático: ilustrado com desenhos de Luis Jardim, fotografias e gravuras de época, ele passeia pelas ruas, praças e tradições da cidade transmitindo a sensação de que está essencialmente preocupado em informar o "turista" (p. 2), tarefa a que se dedica com tal minúcia que na conclusão, além de apresentar alguns mapas do centro urbano, fornece até os preços dos "automóveis de praça" do lugar. Todavia, é necessário que se tome algum cuidado para evitar que o espaço ocupado por essa dimensão mais utilitária faça com que imaginemos que esse seja apenas um trabalho de ocasião, episódico, sem maior ligação com o restante da reflexão de Gilberto.

Com efeito, veterano viajante, já tendo percorrido na década de 20 e no início da de 30 os Estados Unidos e boa parte da Europa, um dos aspectos dignos de nota na obra de Gilberto vem a ser precisamente a *crítica* muitas vezes irônica que ele dirige aos guias de viagem mais convencionais como o *Muirhead* e, sobretudo, o *Baedeker*, aparentemente o mais conhecido na época. Isto ocorre porque

"esse Fritz Baedeker foi na vida uma espécie de mediador entre Nossa Senhora dos Navegantes e o mundo que viaja. Espécie de nume tutelar dos turistas. Uma como governante alemã em ponto grande dessas crianças ricas, também em ponto grande, que são os viajantes. Principalmente os que viajam 'não para ver mas para ter visto'" (*AJ*, p. 129).

Governando como verdadeiro patriarca — "nume tutelar" — essas crianças grandes que são os viajantes, o *Baedeker* emprega a sua autoridade para indicar a *priori* aquilo que se deve visitar, antecipando novidades e, dessa forma, promovendo um relacionamento apenas *indireto*, mediado, com o exterior. Ele favorece, portanto, uma espécie de *retórica da viagem* que, separando o próprio do impróprio, o belo do feio, o essencial do acessório, define um padrão sistemático, rotineiro e artificial que torna possível àquele que se desloca "para ter visto" — "e não para ver" — "rolar ou boiar docemente, sem esforço, pelas cidades, pelos campos [...] escorregar pelos gelos da Escandinávia ou voar pelas areias do Saara [, desde que se entregue] [...] à carinhosa tirania do *Baedeker*" (*idem*, p. 131).

Os *guias* de viagem tradicionais forneceriam, conseqüentemente, uma informação "arredondada", maquiada, estilizada enfim, que facilita a jornada mas ergue em troca uma barreira — de vidro — entre o viajante e o que ele visita, criando uma distância que dificulta e até bloqueia o estabelecimento de um contato mais íntimo, fraterno e sensível com o que está à sua frente.

Ora, é exatamente esse tipo de contato que o *Guia* busca estimular, apresentando uma visão irregular, assistemática e ao mesmo tempo extremamente próxima e calorosa da cidade. Não é de se estranhar, por conseguinte, que as primeiras palavras de Gilberto já nos avisem que

"o viajante que chega ao Recife por mar, ou de trem, não é recebido por uma cidade escancarada à sua admiração, à espera dos primeiros olhos gulosos de pitoresco ou de cor. Nenhum porto de mar do Brasil se oferece menos ao turista. Quem vem do Rio ou da Bahia, cidades francas, cenográficas, fotogênicas [... de] uma hospitalidade fácil, derramada — talvez fique desapontado com o Recife. Com o recato quase mourisco do Recife, cidade acanhada, escondendo-se por trás dos coqueiros" (*Guia*, sem indicação de página).

Uma cidade como esta, aparentemente incapaz de ser resumida em um cartão-postal, só poderia mesmo ser conhecida por um olhar que se dispusesse, como o do narrador do *Guia*, a percorrê-la em um ritmo lento e acima de tudo errático, com um andar relaxado que lhe permitisse se deter para admirar os pequenos e reveladores detalhes — uma pia de igreja, colegiais comprando bolo e sorvete — dessa capital tão recatada quanto uma aldeia "mourisca".[56]

Recatada mas amiga, aconchegante até, bastando ao turista dividir o privilégio habitualmente concedido pela tradição ocidental à visão (cf. Lowe, 1982; Jay, 1986) com os outros sentidos para ter aces-

[56] É interessante observar que, ao contrário de *CGS*, onde a menção ao Oriente envolvia normalmente uma alusão ao sexo e a todo o tipo de excessos, quase inconfessáveis, essa alusão ao "recato mourisco", se mantém uma ponta de segredo, parece muito mais preocupada em destacar o caráter simples e humilde da cidade do Recife.

so, por exemplo, aos odores que ligam os recifenses entre si: cheiro de fruta, "de outubro a dezembro, o *tamarindo*, tão bom para refrescos e sorvetes. De março a agosto, *laranja*, devendo-se preferir as que vêm de Vitória. De janeiro a março, *mangaba*". Também, "cheiro forte de terra molhada" e, sobretudo, o das

"roseiras [que] não se fazem de rogadas para se abrir em botões e rosas de uma fragrância como só nos trópicos. E, ao lado das rosas, girassóis enormes; jasmins de cheiro que em noites de lua tornam uma delícia o passeio pela cidade, ao longo das grades e dos muros das casas dos subúrbios" (*Guia*, sem indicação de página).

Mas não é somente o olfato que é convocado para a formação dessa verdadeira comunidade baseada nos sentidos. O paladar e a audição também dela participam, pois "a cidade está cheia de vende-dores ambulantes — de peixe, de macaxeira, de fruta, de galinha [...] [, além de] *bahianas* de fogareiro que assam milho, fritam peixe no azeite, fazem tapioca, munguzá, café", quase como se estivéssemos em um típico mercado persa no qual, naturalmente,

"nunca se compra nada pelo primeiro preço que o vende-dor pede. Ajusta-se. É uma arte em que as donas de casa do recife são peritas [...] O negro velho das ostras vem com um balaio enorme à cabeça e gritando: *Ostra! É chegada agora! É chegada agora!* O de vassouras e espanadores faz verdadeiros discursos, treme a voz, canta que nem um napo-litano: *Olha o vassoureiro! O vassoureiro vai passando! O vassoureiro vai embora!...* Segunda feira, à voz dos vende-dores se mistura a dos velhinhos, cegos e aleijados, pedin-do esmola. *Uma esmolinha pelo amor de Deus!* Há cegos que tocam harmonium. Outros violão, alguns cantam mo-dinhas. Uma portuga canta fados. Um aleijado corre as ruas em um carrinho puxado por dois carneiros. Quando não se dá esmola se grita de dentro de casa: *Perdoe, devoto!*" (*Guia*, sem indicação de página).

Assim, ainda que Gilberto não deixe de registrar a existência da-quelas ruas graves e européias, o *Guia* dá realmente a impressão de ser escrito de um ponto de vista que tenta minimizar os conflitos e as distâncias, preocupando-se até com "o excesso de claridade e de sol [que] deve ser corrigido no Recife por uma arborização inteligente... como as mangueiras [...] do *Derby* [...] Aí a copa das árvores se encontra e confunde, cobrindo a rua de lado a lado, de uma delícia de sombra" (*Guia*, sem indicação de página). Esta providência, impedindo que a *excessiva* luz do sol possa cegar aqueles que se habituaram a passear pela cidade, ajuda a criar um ambiente extremamente acolhedor no qual os visitantes, como aqueles homens de pijama conversando na calçada, são capazes de sentir-se, nas ruas de uma cidade estranha, tão integrados e à vontade como se estivessem em sua própria casa.[57]

Caminhando, então, na direção oposta à seguida pelo *Baedeker*, o *Guia* parece de fato confirmar a importância daquela sociabilidade franciscana, comprovando inclusive que, mais que um atributo das classes populares, ela também deve ser considerada como uma perspectiva com força suficiente para influenciar a visão de mundo, a própria ótica de Gilberto.

No entanto, apesar do que acabou de ser discutido, continuo acreditando que esse ponto de vista fraterno e popular não seja a única nem sequer a mais relevante das posições sustentadas pelo nosso autor durante os anos 30. Isto sucede fundamentalmente porque, por mais rasgados que sejam os elogios endereçados a essa perspectiva, ou melhor, por mais sério que seja o seu compromisso com essa perspectiva franciscana, ele vai sempre insistir em que a sua alternativa mais *pessoal* não se confunde, ao menos não inteiramente, com ela.

Afinal, Gilberto define-se antes de mais nada como um aristocrata, pois, como ele mesmo anota no seu diário, em 1926, "não tenho culpa de ter [...] tomado algum chá em pequeno. [Nem de] ser filho de uma Dona Francisquinha e de um Wanderley de fato, à la pernambucana, fidalgos" (*TMOT*, p. 195). Note-se, por sinal, que essa identificação com a nobreza do açúcar chega a tal ponto que, até em uma obra não confessional como *Nordeste*, e na seqüência de uma

---

[57] A inspiração para esta análise do *Guia* veio da leitura de dois textos de Benjamin: "Sobre Alguns Temas em Baudelaire" (1989), em que se discute o andar errático e a postura calorosa do *flâneur*, e "O Narrador" (1985), onde a manutenção da experiência coletiva vem acompanhada por uma inusitada valorização dos sentidos. Sobre este tema, em um diálogo com a própria obra de Benjamin, vale a pena indicar o instigante livro de Agamben (1989).

passagem, já discutida, na qual critica com veemência essa mesma nobreza pelo seu afastamento em relação ao meio ambiente, ele não se esquece de assinalar que também é atingido pelo seu próprio reparo:

"Lembro-me de uma vez que entrei por uns restos de matas do Sul de Pernambuco com o seu dono, o meu bom amigo Pedro Paranhos, senhor de Japaranduba. Ele sabia quase tão mal quanto eu os nomes das árvores da mata grande do seu engenho; entretanto eram suas conhecidas velhas desde o tempo de menino. Mas simples conhecidas de vista. Foi preciso que o caboclo nos fosse dizendo: isto é um pé disso; isto é um pé daquilo; isto dá um leite que serve para ferida brava; isto dá um chá que serve para as febres" (*Nord*, p. 70).

Contudo, é lógico que Gilberto não pretende se apresentar como um daqueles preconceituosos e europeizantes bacharéis de sobrados, inclusive porque,

"se por um lado sou entusiasta de caviar com *champagne* e de outras finas iguarias européias, por outro, aprecio, e muito, comidas as mais plebéias, e para o europeu, exóticas. E com relação a certos quitutes, certos doces, sobretudo prefiro os de rua aos feitos requintadamente em casa. Arroz doce, por exemplo, não há para mim, como o de rua [...] As pretas de tabuleiro parece que no preparo de uns tantos quitutes dispõem de uns quindins ignorados pelas sinhás brancas" (*TMOT*, p. 164).

Revela-se, desse modo, a convivência relativamente pacífica de dois pontos de vista distintos dentro da obra de Gilberto no período em questão, um associando-o à casa-grande e o outro aos mocambos. O primeiro, reafirmado agora por intermédio desta auto-imagem revelada em seu diário, empenha-se naturalmente em *equilibrar* antagonismos — caviar e arroz-doce —, os mesmos antagonismos que o segundo, mais popular, parece interessado em *eliminar* em prol de uma sociabilidade absolutamente harmônica e fraterna, ambos descartando por caminhos diferentes aquele estetizante e excludente mundo dos sobrados.

Entretanto, além de registrar esse paralelismo, o que mais me importa é repetir, sublinhar que, embora exalte aquele universo plebeu a ponto da sua idealização, enquanto dispensa um elogio no mínimo ambíguo — "+ ou -", não nos esqueçamos — ao híbrido e orgiástico patriarcalismo colonial, será basicamente da ótica deste último que Gilberto irá orientar a maior parte da sua reflexão na década de 30.

Não se trata, é evidente, de reeditar *literalmente* a experiência da casa-grande, pois nem a aristocracia, nem a massa popular, nem sobretudo a relação entre elas é a mesma. Cuida-se, simplesmente, de tentar reaproximar aquelas metades em que se havia dividido a sociedade brasileira durante o regime imperial, criando-se uma *nova* maneira de equilibrar os antagonismos, maneira pela qual aquela simples, estável e fraterna sociabilidade dos mocambos pudesse se conciliar, pelo menos até certo ponto, com a herança européia importada pelos sobrados. Conciliar, a propósito, da mesma forma que em *CGS*, não significa fundir, eliminar as divergências, pois este movimento pode até envolver uma "relativa estabilização de traços combinados [,mas] não propriamente uma 'síntese cultural' que importe em alguma coisa de definitivo, de brônzeo, de estatuesco, de acabado" (*SM*, p. 373), como Gilberto preocupa-se em reafirmar no final de *Sobrados e Mocambos*.

Voltamos, enfim, ao desfecho de *SM*, mas agora em melhores condições, espero, de entender aquela abrupta e inexplicada aparição da influência mestiça no interior dos sobrados. Assim, suponho que o que foi dito neste capítulo tenha deixado claro que essa aparição nos remete diretamente para a possibilidade de revigorar um *valor* fundamental no pensamento de Gilberto, os antagonismos em equilíbrio, valor que, como foi demonstrado, continua a ser sustentado por ele, mesmo que em outras bases, ao longo da época que estamos estudando.

Não pretendo, é lógico, opor cruamente a defesa de um valor ao desenvolvimento de uma perspectiva acadêmica,[58] mas meramente sugerir que naquele contexto específico, no término de *SM*, Gilberto parece ter introduzido a sua posição sem se preocupar em qualificá-la convenientemente, ou seja, sem explicitar as suas fontes, detalhar seus argumentos e encadeá-los de forma convincente com o resto da sua

---

[58] Até porque, lembremo-nos, a própria conferência de Weber (s.d.) sobre "A Ciência como Vocação" já ressaltava a impossibilidade de a ciência *substituir* os valores, podendo apenas *esclarecer-nos* acerca dos diferentes, irredutíveis sentidos assumidos pelas nossas opções éticas e políticas. Para um primeiro exame dessa questão na obra de Weber, em uma bibliografia imensa e crescente, destacaria o primeiro capítulo do livro de Mommsen (1989).

análise. Deste modo, ele termina por não dedicar a este seu ponto de vista mais pessoal a mesma atenção, a mesma elaboração intelectual que lhe havia dispensado em *CGS*, por exemplo, o que sem dúvida contribui para tornar a sua conclusão imprecisa e até certo ponto não muito satisfatória.

De toda maneira, bem ou mal discutida, abordada de forma mais profunda ou mais superficial, é justamente a recuperação, a confecção de uma *segunda* versão — diversa na forma mas fiel ao espírito — daqueles antagonismos aproximados em *CGS* que é sustentada com mais ardor por Gilberto na maior parte dos textos sob exame. Deriva daí, inclusive, o seu próprio posicionamento acerca da prática e da *idéia de história*, que ele se esforça em não ver confundida com o que chama repetidas vezes, e com enorme desdém, de "mera necrofilia" (*AJ*, p. 114). Necrofilia, aqui, significa estudar o passado *por ele mesmo*, retirando-se prazer do convívio com os mortos mas esquecendo-se das responsabilidades do intelectual em relação às urgências do seu tempo.

Evitando assim que o seu apego à erudição o levasse a separar a sua vocação de pesquisador da vida da sua sociedade e, pior ainda, o forçasse a aceitar como inevitável que os acontecimentos mantivessem o mesmo curso que haviam seguido até então, Gilberto opta decididamente por dispor a sua reflexão em uma linha de *ação*, de questionamento e de intervenção nos problemas da sua época, pretendendo criar um *fato novo* e, se possível, alterar até mesmo o curso da história. Mas qual seria o maior problema que ele então identificava? Obviamente, aquela exclusão dos mocambos por parte dos sobrados. Neste sentido, a pregação de Gilberto em favor tanto da dignificação da sociabilidade popular quanto, principalmente, da sua reaproximação com a herança européia acaba por fazer com que ele, endossando a lição de Nietzsche (1985) no *Uso e Abuso da História*, escrevesse não apenas sobre mas acima de tudo *contra* o seu tempo, o preconceito e a marginalização nele embutidos. Contra o seu tempo e particularmente contra os seus pares, os

"'requintados' (como eu estou sempre a chamar os intelectuais distantes do cotidiano e da plebe) [... que desprezam] esse meu desejo de impregnar-me de vida brasileira como ela é mais intensamente vivida, que é pela gente do povo, pela pequena gente média, pela negralhada: essa negralhada de que [eles] falam como se pertencessem a outro mundo" (*TMOT*, p. 208).

Ricardo Benzaquen de Araújo

Gilberto parece adotar, por conseguinte, uma postura heróica e quase titânica, obcecado por uma tarefa descomunal — mudar a história —, repudiado por muitos dos seus e, ao menos durante os 11 anos transcorridos entre o seu retorno ao País e a publicação de *CGS*, imerso em relativo isolamento. Mas será que estamos falando de uma solidão absoluta, bastante adequada, aliás, ao destino dos heróis? É evidente que ele anota em seu diário determinadas exceções, algumas na "metade de baixo", como o babalorixá Pai Adão, do Recife (*TMOT*, pp. 224-5), e outras na de cima, incluindo-se aí o próprio governador do Estado de 1926-1930, Estácio Coimbra, que inclusive o faz seu chefe de gabinete, além de um pequeno mas crescente círculo de amigos e em certos casos também discípulos e admiradores, como José Lins do Rego, Julio Belo, Cícero Dias, Jorge de Lima etc.

Todavia, no que se refere especificamente à defesa daquele ponto de vista interessado em reequilibrar os antagonismos, há pelo menos um grupo que merece destaque especial, notadamente porque parece ser considerado pelo próprio Gilberto como uma espécie de aliado, um aliado antigo e capaz de operar intramuros, dentro da sua classe de origem: trata-se, surpreendentemente, das mulheres, das "sinhás" dos sobrados e até mesmo das casas-grandes.

Isto ocorre basicamente, diga-se de uma vez, em função da *culinária* por elas cultivada nas suas habitações senhoriais. Note-se, a propósito, que Gilberto se pronuncia repetidamente acerca da importância e da necessidade de preservar as "tradições da cozinha pernambucana", que é inclusive como ele denomina um dos capítulos de *AJ*. Porém, será em *Assucar*, pequeno trabalho que ele publica em 1939, reunindo, com uma introdução, "algumas receitas de doces e bolos dos engenhos do Nordeste" — seu subtítulo —, que poderemos encontrar de forma mais desenvolvida o argumento que associa as mulheres da aristocracia da cana aos seus esforços para pôr de novo em contato nossas distintas heranças culturais.

Explico-me melhor: nesse texto, Gilberto vai simplesmente afirmar que

> "a tradição da cozinha de Pernambuco parece representar menos um nativismo extremado ou um indianismo agressivo nos seu sabores agrestes e crus — como o da cozinha do extremo Norte — e, menos ainda, um africanismo oleoso, empapando tudo de azeite de dendê, como o da cozinha

afro-bahiana, que o equilíbrio das três tradições: a portuguesa, a indígena e a africana. A medida, o equilíbrio, a temperança [...] parece[m] exprimir-se no que a cozinha pernambucana tem de mais característico e de mais seu: na sua contemporização quase perfeita da tradição européia com a indígena e com a africana" (*As*, p. 36).

Como se vê, por um lado, parte daquela harmônica sociabilidade popular parece ter-se transferido para essa face feminina da casa-grande e dos sobrados, mas apenas parte, bem entendido, pois aqui a preocupação com a moderação não depende da erradicação dos antagonismos, empenhando-se ao contrário em contemporizá-los, em conciliá-los mutuamente. Por outro lado, essas donas de casa senhoriais dão a impressão de promover um equilíbrio muito, muito mais estável, do que aquela precária e sincrética intimidade fomentada pelos patriarcas coloniais, transformando inclusive a comida, nesse contexto, em uma espécie de simétrico inverso do sexo: ambos estimulam a proximidade, mas enquanto a primeira aparece envolvida em uma nuvem de temperança e de medida, o segundo, como foi analisado na "Rússia Americana", concretizava-se sempre sob o domínio da *hybris*.

Não cessa aqui, contudo, o alcance desse argumento que salienta a contribuição feminina e aristocrática para a conservação, em um tom bem mais ponderado, de um certo equilíbrio entre os antagonismos que constituíram a nossa vida cultural. É necessário observar, ainda, que essas mulheres só se fizeram presentes neste estudo, até agora, em duas situações bastante definidas, ambas importando na sua submissão à autoridade masculina.

Em *CGS*, as sinhás não são objeto de uma análise muito específica e aprofundada por parte de Gilberto, mas, na maioria das vezes em que são mencionadas, elas surgem na qualidade de cúmplices menores daquela despótica e promíscua convivência patrocinada pela escravidão e pelo excesso, "espatifando", como já foi anteriormente citado, "a salto de botina dentaduras de escravos" ou mandando "arrancar os olhos das mucamas bonitas e trazê-los à presença do marido à hora da sobremesa, dentro da compoteira de doce e boiando em sangue ainda fresco" (*CGS*, p. 380).

Já em *SM*, como foi mostrado na primeira seção do capítulo precedente, o patriarcalismo é obrigado a adotar uma atitude em geral bem mais sóbria e até monogâmica, limitando-se ao interior do lar como uma espécie de último refúgio para os seus exageros e desmandos. A "senhora dos sobrados", conseqüentemente, converte-se na derradeira vítima daquela acepção colonial da *hybris* que vinha impregnando até aquele momento o nosso "sexo nobre e forte", papel do qual seria resgatada por uma expansão daquele processo civilizador — igualmente excessivo, só que de outro modo — que se instalava então no País.

Pois bem, se tudo isso é verdade, não deixa de soar um pouco estranho que Gilberto nomeie justamente uma figura como esta, de um lado tão apagada e de outro tão dependente da autoridade patriarcal, para responder por uma segunda alternativa capaz de manter viva, de outra forma, a tradição dos antagonismos em equilíbrio. Será que estamos diante de uma situação comparável à da conclusão de *SM*, na qual a atuação dos seus aliados, daqueles que podem tornar possível a concretização dos seus valores, parece mais uma vez não receber uma explicação muito convincente?

Nesse caso específico, creio que não, entre outras razões porque, desde antes do capítulo que dedica ao exame das relações entre a mulher e o homem até o fim de *SM*, Gilberto vai ocupar-se em criar uma terceira imagem da mulher "sob regime patriarcal", desenhada de forma tão cuidadosa quanto diversa das outras duas versões que acabaram de ser resumidas. Deste modo, as senhoras da casa-grande e do sobrado são definidas em completa oposição ao estilo de vida anárquico, desmedido e aventureiro que caracterizou o português no início da nossa história, apontadas inclusive como tendo "sido sempre um elemento de solidez nas colonizações da América, da África, da Ásia" (*SM*, p. 198), pois "onde elas se instalaram, gordas e pesadonas, com seus conhecimentos de coisas de cozinha e de higiene da casa, com seus modos europeus e cristãos de tratar de menino e de gente doente, pode-se afirmar que aí a civilização européia aprofundou-se mais e fixou-se melhor" (*idem*, p. 60), fazendo até com que a mulher se tornasse, "dentro do patriarcalismo brasileiro, o elemento [...] conservador, o estável, o de ordem" (*idem*, p. 126).

Dessa maneira, não devemos nos surpreender se, de volta a *Assucar*, Gilberto persista em afirmar que

"o equilíbrio culinário em Pernambuco se explica pelo fato de ter sido maior na Nova Lusitânia a ação da mulher branca, portuguesa, esposa cristã do colono [...] [Assim,] as cozinheiras negras foram aqui colaboradoras de grande importância [...], mas não dominadoras absolutas dos fornos e dos fogões. Seu domínio foi menor do que na Bahia. Aí a figura dengosa da sinhazinha branca quase se sumiu da cozinha: mal se sente nos bolos e nos guisados baianos o paladar da mulher pálida da casa-grande provando o ponto dos quitutes, moderando neles os ardores de condimentação africana que lhes davam as mulheres de cor" (*Ass*, pp. 37-8).

É um pouco como se, *paralelamente* à sua participação no abusivo universo masculino, como algoz e/ou como vítima, a mulher de origem européia houvesse estabelecido, nos seus domínios próprios, a cozinha, um outro tipo de sociabilidade. Esta sociabilidade podia até se pautar pela mesma regra que, sem reduzi-las, aproximava as diferenças culturais, mas dava-lhe um significado totalmente distinto, muito mais comedido e civilizado, em condições de ostentar uma ordem, um equilíbrio e uma estabilidade praticamente inconcebíveis no restante da experiência patriarcal.

Entretanto, é precisamente essa ligação da figura feminina com uma atmosfera de calma e de temperança que dá a impressão de merecer uma investigação um pouco mais aprofundada. Não se trata, é bom esclarecer de imediato, de estranhar que Gilberto adote um procedimento relativamente ambíguo com a personagem da mulher, vinculando-a a um só tempo à medida e à desmedida, à *sophrosyne* e à *hybris*. Afinal, esta tem sido uma característica permanente, constitutiva mesmo da reflexão do nosso autor, acostumando-nos a um sabor de antinomia e de paradoxo perceptível em boa parte dos argumentos apresentados até agora.

A questão a ser levantada aqui tem outro sentido, pois refere-se ao fato de que esta concepção da natureza feminina sustentada por Gilberto, na qual ela aparece dignificada pela moderação, se choca frontalmente com um antiqüíssimo ponto de vista *misógino* que parece ter sido um dos componentes formadores da tradição ocidental. Embora tenha a sua versão mais influente, digamos, sintetizada pelo trabalho dos teólogos cristãos do início da Idade Média (cf. Bloch, 1989), este ponto de vista dá a impressão de conservar a sua importância pelo menos até as primeiras décadas deste século, definindo o universo feminino pelo seu vínculo com a carne, com o pecado e, conseqüentemente, pelo desequilíbrio, pela instabilidade e pelo excesso, enfim, por um imenso rol de atributos que nos remetem para uma imagem praticamente oposta àquela avançada por Gilberto.[59]

Vale a pena observar, inclusive, que Gilberto não só está perfeitamente a par dos juízos embutidos nesse ponto de vista, o que afinal é apenas um truísmo, como também se dá ao trabalho de escrever sobre os desdobramentos que eles sofrem na sua época: no capítulo que encerra *AJ*, ele comenta uma conferência proferida pelo psicólogo inglês W.L. George, que "estudou grande número de mulheres entre as idades de dezessete e sessenta e oito anos" para concluir que "a mente feminina [é] 'mais ágil' do que a nossa; porém incapaz de remoer um só assunto. Está sempre a mudar de assunto, superficialmente, em uma fácil generalização. Igualará a nossa no futuro, na capacidade de concentrar? Mr. George não sabe. Ninguém sabe" (*AJ*, p. 169).

Além disso, ainda em *AJ*, reproduzindo agora um texto de 1925 chamado "Água e Fogo", nosso autor vai afirmar que

"a água é feminina na sua natureza e na sua função [...] As carícias moles da água de rio, de lagoa ou de piscina como os afagos violentamente voluptuosos das ondas do mar — são bem femininos. Se a água da chuva põe em perigo a saúde — traição tão feminina! — a não ser que se tenha o cuidado de usar capa de borracha, há águas que curam ou dão a ilusão de curar com uma doçura de irmãs de caridade" (*ibidem*).

Assim, embora exista aqui um leve toque de ambigüidade típico de Gilberto — a doença e a cura, a moleza e a volúpia —, ele não deixa de acentuar nem a instabilidade, a dispersão e a superficialidade nem o pendor traiçoeiro e sedutor da natureza feminina. O mais interessante, contudo, é o fato de que esse conjunto específico de características, ressaltado em *AJ* e perfeitamente condizente com aquela tradição misógina, serve, nesta mesma tradição, para aproximar a mulher de uma forma peculiar de excesso, concretizada justamente na idéia de *retórica*.

[59] A oposição entre a postura de Gilberto e essa tradição misógina pode até ser aprofundada, porque em *CGS*, como sugere Lúcia Miguel-Pereira (1962), as mulheres que pertencem a outros grupos sociais, como as negras e as índias, também possuem esta natureza serena e equilibrada que, em *SM* e *Ass*, irá caracterizar as senhoras patriarcais.

Com efeito, Jacqueline Lichtenstein (1989) e principalmente R. Howard Bloch (1989) chamam a atenção para essa ligação, lembrando que o brilho fácil, epidérmico e ilusório da eloqüência foi continuamente associado, no Ocidente, à tagarelice, à falsidade e ao colorido enganoso, cosmético e portanto perigoso que supostamente definiria o caráter feminino.

Nesses termos, então, torna-se perfeitamente razoável, quase previsível que, identificando a figura da mulher — e a dos pobres, apesar das suas diferenças — com as noções de estabilidade e de moderação, Gilberto termine por *efeminar* um certo tipo de homem, aqueles notórios bacharéis dos sobrados, naturalmente. Isto vai ocorrer, em princípio, através da própria dependência que eles desenvolveram em relação à retórica, que agora, além da superficialidade e da exclusão — "Vedas", "Brâmanes" — que ela já implicava, seria responsabilizada também pelo fato de que "a literatura do advogado repugna pelo freqüente sacrifício da concentração — que é a força e o ritmo dos grandes estilos — à *dispersão* — que é a força e o ritmo da oratória" (*AJ*, p. 61).

Escondida em um pequeno artigo sobre o "Espírito de Advogado" publicado em *AJ*, essa observação acaba por contrapor a dispersão e a instabilidade que seriam próprias da retórica à *concentração* que, mais do que uma propriedade dos "grandes estilos", já havia sido definida por Gilberto no artigo sobre "O que W.L. George disse das mulheres" como uma característica eminentemente masculina. Entretanto, é necessário que se esclareça que não estamos lidando aqui somente com um comentário breve e casual, aparentemente perdido no meio da contribuição jornalística do nosso autor.

Ao contrário, idêntica posição será também defendida em *SM*, defendida e até mesmo ampliada, pois descola-se dos bacharéis para incluir todo o lado masculino daquela nobreza — patriarcal ou não — que habitava os sobrados. Dessa forma,

"diferenciando-se da mulher por umas certas ostentações de virilidade agressiva no trajo, nas maneiras, no vozeirão ao mesmo tempo de macho e de senhor, mas diferenciando-se [também] do escravo pelo excesso quase feminino de ornamentação que caracterizasse sua condição de dono, o homem patriarcal no Brasil, com sua barba de mouro e suas mãos finas cheias de anéis, foi uma mistura de agressividade machona e de molice efeminada" (*SM*, p. 126-7).

Na verdade, essa preocupação exagerada com a distinção parece ter alcançado tanto a relação do marido com a mulher e do senhor com o escravo quanto a "do homem para o menino e do nobre para o plebeu" (*idem*, p. 126), provocando uma genuína "superornamentação do homem de sobrado no Brasil" (*ibidem*). Esta superornamentação, por sinal, envolveu desde o uso da maquiagem, ou seja, "a moda das cabeleiras empoadas e dos sinais pintados no rosto — no rosto dos homens graves, e não apenas no das mulheres finas e dengosas", até, um pouco mais para dentro do século XIX, "o abuso de tetéias, presas à corrente de ouro do relógio, de anéis por quase todos os dedos, de ouro no castão da bengala e [...] de perfume no cabelo, na barba e no lenço" (*ibidem*).

Conseqüentemente, "no século XIX, o século mais dos sobrados aburguesados que das casas-grandes um tanto fortalezas, sem hereges para combater, nem quilombolas para destruir, o aristocrata brasileiro foi menos o sexo forte, que o sexo nobre" (*idem*, p. 127), o que faz inclusive com que Gilberto conclua, lapidarmente, que "o homem no Brasil patriarcal já em declínio, foi a mulher a cavalo" (*ibidem*). Cavalo, a propósito, segundo uma passagem de *Nord* em que ele é associado ao senhor de engenho, igualmente efeminado: "no cavalo [se] sente o animal meio maricas do senhor: o animal cheio de laços de fita e mesureiro; o animal abaianado" (p. 104).

Como se percebe, aquela *hybris fria*, característica da vontade de ordem e de coerência que acompanhou a reeuropeização do País *também* se faz presente nessa obsessão pela distância e pela diferenciação que aqui se instalou na mesma época. Deste modo, segundo Gilberto, a versão brasileira do processo civilizador que marcou o Ocidente parece ter redundado sobretudo na extinção daquele calor que, mal ou bem, emanava da nossa promíscua e anárquica experiência colonial. Tornava-se indispensável, por conseguinte, estimular-se a sua *reforma* por intermédio de todos os meios possíveis, e, no caso específico do nosso autor, pela renovação do compromisso que unia a sua obra acadêmica à vida, à animação e à solidariedade que lhe seriam próprias, ou melhor, pela conversão desse compromisso quase que em uma verdadeira e absorvente *missão*.

Creio, de fato, que seja precisamente esse espírito missionário que o inspire nos anos 30, fazendo com que a sua obra acabe por valorizar as duas alternativas que então concorriam com aquele gélido e requintado mundo dos sobrados: os mocambos e as mulheres, ambos moderados, os primeiros baseados em uma franciscana fraternidade que dispensava os antagonismos, as segundas mostrando-se capazes de preservá-los, só que através de um equilíbrio muito mais estável, dotado de uma noção de *limites* bem mais firme e segura do que a que havia caracterizado o "velho" patriarcalismo discutido em *CGS*.

Para encerrar: condenando os sobrados e idealizando os mocambos, Gilberto termina por endossar, pelo menos até certo ponto, a alternativa que lhe era oferecida pelas aristocráticas sinhás, assumindo inclusive, a seu respeito, o papel que costuma ser reservado, na literatura antropológica, à figura do mediador. Isto se dá quer pela sua incapacidade de abrir mão das divergentes tradições em que aparentemente tinha sido criado, quer por vislumbrar aí uma fórmula mais temperada e portanto mais compatível com a modernidade que, como veremos no próximo capítulo, ele também preza, e muito, desde que não assuma o aspecto excludente e estetizante surpreendido em *SM*. Na verdade, o apoio dado pelo nosso autor a essa nova forma de equilibrar os antagonismos divide-se, a meu ver, por vários caminhos, diretos e indiretos, começando por levar a sério uma atividade tão tipicamente feminina quanto a cozinha e culminando na sua própria maneira de se apresentar como autor em *CGS*, para onde, finalmente, podemos regressar.

Ricardo Benzaquen de Araújo

CONCLUSÃO
DR. JEKYLL AND MR. HYDE

Acredito que a melhor maneira de promover o retorno de *CGS* à discussão, especialmente levando-se em conta a relação de Gilberto com aquela forma menos excessiva, mais temperada de equilibrar os antagonismos examinada no fim do último capítulo, talvez seja pela retomada da questão da *oralidade*, provavelmente uma das suas particularidades mais ressaltadas pela crítica ao longo do século.

Com efeito, desde a publicação do livro em 1933, importante parcela dos comentadores tem se preocupado em assinalar algumas características, como a repetição, o inacabamento e a imprecisão, que conferem à sua prosa um tom extremamente envolvente, muito próximo ao de uma *conversa*. Aliás, é justamente pela ligação de *CGS* com a linguagem coloquial que ela tem sido considerada desde o seu lançamento, para o bem ou para o mal, como uma obra também literária, e de literatura *moderna*. Yan de Almeida Prado, por exemplo, registra por um lado que

> "Gilberto Freyre é dos autores modernos o que atingiu com mais segurança a meta ambicionada pelos 'novos', de possuírem uma linguagem adaptada à nossa época. De anos para cá tem-se tentado, nem sempre com felicidade, amoldar a dura, rígida e arcaica língua portuguesa às necessidades do momento e do meio. Pode o autor gabar-se de ter conseguido uma forma que não é dos menores encantos do seu livro" (cf. Prado [1934], *in* Fonseca, 1985, p. 52),

enquanto Afonso Arinos de Melo Franco, embora elogiando copiosamente o trabalho, não deixa de reparar por outro lado que "a linguagem de Gilberto Freyre devia ter um pouco mais de dignidade [...] [Com isto,] apenas estou querendo salientar que o estilo, aliás gostoso e agradável, que Gilberto Freyre emprega no seu livro, era mais próprio para outro gênero de literatura que ele pratica tão bem quanto a sociológica: o de ficção. Será que Gilberto, homem civilizado, vai a um jantar de cerimônia com o mesmo traje sumário com que saiu para o tênis matinal?" (cf. Franco [1934] *in* Fonseca, 1985, p. 84).[60]

Como se vê, a inclinação anti-retórica de Gilberto parece tê-lo realmente conduzido a escrever colado à linguagem mais cotidiana, reproduzindo de certo modo o *Sermo humilis* franciscano que ele tanto louvava. Contudo, antes de seguir em frente, quero deixar bem claro que não pretendo, ao menos nesta ocasião, explorar diretamente esse filão que nos informa do prestígio de uma determinada modalidade de narrativa oral em CGS.

Na verdade, ao convocar agora essa questão, minha intenção foi basicamente a de lembrar que, como foi abordado na primeira parte deste estudo, a oralidade é não só uma marca distintiva da redação de CGS mas também um dos objetos que ele discute. E discute de forma peculiar, salientando em primeiro lugar "o vácuo enorme entre a língua escrita e a língua falada. Entre o português dos bacharéis e doutores, quase sempre propensos ao purismo, ao preciosismo e ao classicismo, e o português do povo, do ex-escravo, do menino, do analfabeto, do matuto" (CGS, pp. 176-7).

Além disso, Gilberto vai ainda indicar que a própria língua falada conhece também duas versões, uma mais próxima à casa-grande, mais castiça e retórica, e a outra revelando claramente a influência das senzalas, onde, como já foi mencionado, "a ama negra fez muitas vezes com as palavras o mesmo que com a comida: amolengou-as, ma-

---

[60] A referência "canônica" ao inacabamento de CGS, ressaltada pelo próprio Gilberto no prefácio de SM, é feita por João Ribeiro ([1934] *in* Fonseca, 1985, pp. 75-9). A repetição, por sua vez, é sublinhada no artigo de Cavalcanti Proença (1962), enquanto a imprecisão será objeto de comentários de Grieco ([1934], *in* Fonseca, 1985, pp. 61-74) e do mesmo artigo de Franco ([1934] *in* Fonseca, 1985, pp. 81-8). Nos últimos anos, o tema da oralidade foi retomado por Costa Lima (1989) e Merquior (1987).

chucou-as, tirou-lhes as espinhas, os ossos, as durezas, só deixando para a boca do menino branco as sílabas moles" (*CGS*, p. 371).

Não se trata, porém, de imaginarmos que daí decorra a afirmação de que "no brasileiro subsistem, como no anglo-americano, duas metades inimigas: a branca e a preta, o ex-senhor e o ex-escravo". Ao contrário, como Gilberto sustenta naquele longo trecho, que encerra o capítulo 3, sobre a questão do *duplo* uso dos pronomes no Brasil,

"somos duas metades confraternizantes que se vêm mutuamente enriquecendo de valores e experiências diversas [...] [visto que] temos no Brasil dois modos de colocar pronomes, enquanto o português só admite um — o 'modo duro e imperativo': diga-me, faça-me, espere-me. Sem desprezarmos o modo português, criamos um novo, inteiramente nosso caracteristicamente brasileiro: me diga, me faça, me espere. Modo bom, doce, de pedido. E servimo-nos dos dois" (*CGS*, pp. 376-7).

Ora, escrevendo como quem fala e fala de maneira relaxada, "doce", como se estivesse em um bate-papo à porta de casa, de pijama e chinelo sem meia, Gilberto fortalece os seus laços com aquela dimensão mais popular da língua e da sociedade brasileira. No entanto, conforme sabemos, ele está longe de se deixar absorver inteiramente por esses mesmos laços, na medida mesmo em que também reivindica, com muito mais vigor, a sua ascendência aristocrática.

Esta reivindicação é repetida em vários trechos de *CGS*, dos quais o mais conhecido é provavelmente a famosa passagem, situada nas páginas XXX e XXXI do Prefácio, onde Gilberto começa por se referir à impressão do "arquiteto Lúcio Costa, diante das casas velhas de Sabará, São João del Rei, Ouro Preto, Mariana, das velhas casas-grandes de Minas [...]: 'a gente como que se encontra [...] e se lembra de coisas que a gente nunca soube, mas que estavam lá dentro de nós; não sei — Proust devia explicar isso direito'", e termina por garantir que "estudando a vida doméstica dos antepassados sentimo-nos aos poucos nos completar: é outro meio de procurar-se o 'tempo perdido'. Outro meio de nos sentirmos nos outros — nos que viveram antes de nós; e em cuja vida se antecipou a nossa".

Comprova-se, assim, o vínculo de Gilberto com aquela forma moderada de equilibrar os antagonismos conservada pelas mulheres nas cozinhas patriarcais: celebrando os seus antepassados nobres, mas escrevendo mais ou menos como um escravo falava, ele explicita, um pouco como nos casos dos pronomes, a possibilidade de uma convivência relativamente harmônica de diferentes tradições *dentro* de si mesmo, acentuando a sua identidade como um intelectual e um aristocrata nada "requintado".

Esse, contudo, não é o único rendimento que se pode extrair dos trechos citados acima. Eles também demonstram a intensa, íntima relação de Gilberto com o que está estudando, deixando claro, como destaca Roberto DaMatta (1987, pp. 3-5), que ele

> "escolheu falar do Brasil de uma certa perspectiva [...] e o ângulo escolhido foi justamente aquele que mais perturba, posto que junta o biográfico e o existencial; com o histórico, o literário e o intelectual [...] o 'método ensaístico' escolhido por Freyre, obriga o autor a colocar-se (com seu sistema de valores) no centro mesmo da narrativa. Aqui não se fala mais do Brasil como se o 'brasil' fosse um espécime natural, mas se discursa sobre a 'realidade brasileira' tomando-a como uma moralidade com a qual se tem interesses patentes e que engloba o escritor [...] falamos do Brasil num plano de continuidade emocional: usando a mesma língua que todos falam e podendo sentir por dentro a problemática da sociedade e da nação".

"Sentindo por dentro", Gilberto envolve o conjunto da sua reflexão em uma névoa da mais densa *autenticidade* (cf. Trilling, 1971), ou seja, cria a impressão de que as suas afirmações se referem a uma verdade absolutamente pessoal e incontrolável, próxima daquela que é sustentada nas confissões e autobiografias, posto que fruto do seu "pertencimento" à própria sociedade que está examinando. É como se não lhe fosse permitido recuar diante de nenhuma constatação, mesmo das mais escabrosas, mesmo daquelas que pudessem porventura vir a chocar o seu leitor, pois, de algum modo, ele parece tanto escrever quanto *transmitir* a sua obra.[61]

---

[61] Se levarmos em consideração os argumentos de Trilling no seu *Sincerityonal Authenticity* (1971), a posição de Gilberto irá diferir inteiramente da afirmação da *sinceridade*, pois esta exige um certo desprendimento no que se refere a si mesmo — ou a sua própria cultura — e sobretudo uma preocupação, mais universal,

Ricardo Benzaquen de Araújo

Essa busca de uma verdade imediata e interior, distante de qualquer compromisso com o andamento regular da vida social, tem inclusive, neste caso, conotações *místicas*: Gilberto sofre duas *iluminações* na década de 20 (*TMOT*, pp. 84 e 124), é um leitor voraz e entusiasmado de autores como Ramon Lulio (*idem*, p. 131), Pascal, San Juan de la Cruz, Santa Teresa e Unamuno (*idem*, pp. 124-5), e o seu amigo Luis Jardim indica em 1935, no prefácio a *AJ*, que ele possui "alguma coisa do método introspectivo que é uma tradição, entre os espanhóis, de análise não só individual como nacional" (p. 20).

Nesses termos, não acredito que seja descabido sugerir que a forma de Gilberto argumentar, "usando a mesma língua que todos falam" e identificando-se tão fortemente com seus antepassados, acabe por produzir a sensação de que os objetos que estuda permanecem vivos e influentes através do seu relato, quer dizer, vivos *porque* influentes na confecção do seu texto. *CGS*, então, deixa de ser apenas um livro para transformar-se em uma espécie de casa-grande em *miniatura*, em uma voz longínqua mas genuína, legítima e metonímica representante daquela experiência que ele próprio analisava, enquanto o nosso autor se converte, até certo ponto, em personagem de si mesmo, como se escrevesse não só um ensaio histórico-sociológico mas também as suas mais íntimas memórias.

Autor e livro demonstram, por conseguinte, a mais perfeita sintonia, ambos autenticando a vitalidade do que um escreve no outro. É justamente por essa razão, aliás, que a postura de Gilberto em *CGS*, sempre à beira de assumir um tom de celebração ou de lamento nostálgico — ou melhor, *sentimental* —, termina por se aproximar decididamente do que poderíamos chamar de uma *segunda ingenuidade*.

É como se ele experimentasse com toda a naturalidade, ao escrever, sensações idênticas ou ao menos prefiguradas pelas dos seus antepassados coloniais, sensações que inclusive não precisam ser obri-

---

de se falar a verdade como um instrumento para a constituição de "honest social relationships" (cf. Handler, 1986, p. 3). Ser sincero, nesses termos, poderia inclusive envolver um compromisso com formas mais convencionais, até retóricas, de expressão, o que marca um significativo contraste com a junção, em *CGS*, do seu informal tom de conversa com a autenticidade procurada pelo seu autor. O texto de Handler mencionado acima oferece uma breve aproximação dessas questões com os debates no interior da Antropologia, aproximação ampliada, com a incorporação da experiência brasileira, através dos trabalhos de Gonçalves (1988 e 1990).

gatoriamente preservadas em uma tradição contínua, ininterrupta, como a da cozinha patriarcal, mas que se conservam como uma possibilidade cultural, como "coisas que a gente nunca soube, mas que estavam lá dentro de nós; não sei — Proust devia explicar isso direito". Não creio, porém, que esse recurso à "introspecção proustiana" (*CGS*, p. XXX) tenha condições de esgotar os procedimentos empregados por Gilberto para validar, para assegurar a legitimidade dos seus dados. O próprio artigo de DaMatta (1987, p. 5), tão atento ao caráter confessional do trabalho do nosso autor, não deixa de ressaltar que a "posição ensaística, auto-reflexiva e decididamente de dentro que tipifica a Sociologia de Gilberto Freyre [... serve] para equilibrar o norte-americanismo e o europeísmo que, paradoxal e dialeticamente, foram tão importantes para a [sua] formação", fazendo com que seja precisamente

> "essa relação difícil e complexa entre o intelectual e o sensível, o de dentro e o de fora, o vivido e o conceitualizado, o local e o universal, o que requer tradução e aquilo que faz parte do ar que se respira que Gilberto Freyre que[ira] estudar e, eventualmente equilibrar, em sua obra" (*ibidem*).

Como se vê, temos aí novos antagonismos sendo equilibrados, pois o suposto envolvimento de Gilberto com a sociedade brasileira, tanto com a aristocracia quanto com o povo, não o dispensa de cultivar uma bem-definida — e internacionalmente bem-sucedida — vocação acadêmica. Assim, logo no início do Prefácio de *CGS*, ele nos informa do "convite da Universidade de Stanford para ser um dos seus 'visiting professors' na primavera do mesmo ano" (p. IX), 1931, seguindo-se os agradecimentos a Boas (pp. XI-XII) e o reconhecimento da importância de sua passagem por Colúmbia, em páginas forradas de citações e notas eruditas que deixam claro que não estamos tratando simplesmente com um ensaísta de pendor autobiográfico, mas também com alguém que já foi aluno e professor em consagradas escolas norte-americanas.

Esse vínculo com a ciência social, particularmente com a Antropologia Cultural filiada a Boas, será afirmado e reafirmado ao longo dos anos 30, culminando com a publicação em 1943, dez anos depois de *CGS*, de *Problemas Brasileiros de Antropologia*, formado em boa parte por artigos e conferências proferidos na década anterior. Note-se, inclusive, que o "método introspectivo" praticado por Gilberto parece harmonizar-se muito bem com a ênfase dada pela Etnologia à idéia de trabalho de campo, dimensão empática e biográfica da atividade etnográfica,[62] dando assim a impressão de adicionar uma sanção científica à sua ascendência literária — Proust — e mística — San Juan de la Cruz, Santa Teresa etc.

Essa harmonia, contudo, precisa ser bastante qualificada, pois a própria natureza da pesquisa de Gilberto, uma investigação eminentemente histórica centrada nos primeiros séculos da colonização, já demonstra que ele se baseia, acima de tudo, em fontes documentais. Documentos, é lógico, de um caráter muito peculiar para a sua época: preocupado em estudar o que ele chama de história íntima, na qual "despreza-se tudo o que a história política e militar nos oferece de empolgante por uma quase rotina de vida" (*CGS*, pp. XXX-XXXI), nosso autor se dispõe a procurar evidências inspiradas pela mesma autenticidade, pela mesma espontaneidade que ele pretende dar a impressão de atravessar o seu relato.

Ele chega, nesse contexto, a deplorar a inexistência entre nós de um ambiente que tivesse estimulado a expressão de reminiscências mais pessoais, pois

"aqui o confessionário absorveu os segredos pessoais e de família, estancando nos homens, e principalmente nas mulheres, essa vontade de se revelarem aos outros que nos países protestantes provê o estudioso da história íntima de tantos diários, confidências, cartas, memórias, autobiografias, romances autobiográficos" (*idem*, p. XXXI).

Tal dificuldade, todavia, não impede que Gilberto leve adiante o seu trabalho, conseguindo inclusive confirmar, tornar mais ampla e complexa a sua versão pessoal, fundada na experiência e na memória, da nossa antagônica e equilibrada tradição. Isto ocorre porque, além de lançar mão de uma série de documentos comparáveis àquelas fontes confessionais de cuja ausência ele tanto reclama, como por exemplo testamentos, cartas jesuíticas, relatórios de Juntas de Higiene e livros de modinhas e de receitas de bolo (*idem*, pp. XXXII-XXXVII), nosso autor termina um pouco por converter a necessidade em virtude, reva-

---

[62] Pode-se consultar, sobre esse ponto, os estudos de Geertz (1988) e Stocking (1983).

lorizando a confissão auricular desde que *registrada* por uma instituição, tal como no caso da Inquisição.

Com efeito, Gilberto utiliza-se largamente das três visitações do Santo Ofício até então publicadas — sob os auspícios do seu amigo Paulo Prado (*idem*, p. XXXII) — exprimindo com tanta veemência a relevância dos dados nelas embutidos que creio que valha a pena transcrever quase toda uma página do Prefácio de *CGS* onde ele se manifesta a respeito:

"Em compensação, a Inquisição escancarou sobre nossa vida íntima da era colonial, sobre as alcovas com camas que em geral parecem ter sido de couro, rangendo às pressões dos adultérios e dos coitos danados; [...] sobre as relações de brancos com escravos — seu olho enorme, indagador. As confissões e denúncias reunidas pela visitação do Santo Ofício às partes do Brasil constituem material precioso para o estudo da vida sexual e de família no Brasil do século XVI e XVII [...] Deixam-nos surpreender, entre as heresias dos cristãos-novos e das santidades, entre os bruxedos e as festas gaiatas dentro das igrejas, com gente alegre sentada pelos altares, entoando trovas e tocando viola, irregularidades na vida doméstica e na moral cristã da família — homens casados casando-se outra vez com mulatas, outros pecando contra a natureza com efebos da terra ou da Guiné, ainda outros cometendo com mulheres a torpeza que em moderna linguagem científica se chama felação, e que nas denúncias vem descrita com todos os ff e rr; desbocados jurando pelo 'pentelho da Virgem'; sogras planejando envenenar os genros; cristãos-novos metendo crucifixos por baixo do corpo das mulheres no momento da cópula ou deitando-os nos urinóis; senhores mandando queimar vivas, em fornalha de engenho, escravas prenhes, as crianças estourando no calor das chamas" (pp. XXXII-XXXIII).

Verificam-se aqui pelo menos dois pontos que merecem destaque. Em primeiro lugar, é preciso acentuar que parece realmente ter sido dessas fontes inquisitoriais, tratadas por sinal de forma bem pouco crítica, que Gilberto retirou boa parte das informações que o ajudaram a criar aquela atmosfera de excesso e de "intoxicação sexual" que

Ricardo Benzaquen de Araújo

teria caracterizado a nossa experiência patriarcal na época colonial. É possível identificar aí referências à festa de São Gonçalo do Amarante, à prática da feitiçaria, à crueldade com os escravos e evidentemente aos "pecados da carne" analisados em *CGS*.

Entretanto, embora seja indispensável que se aponte a falta de crítica no manuseio da documentação,[63] não é esse o ângulo que me parece o mais importante na abordagem da questão, isto é, não acredito que a denúncia de tal lapso invalide o conjunto da reflexão de Gilberto. Tenho essa impressão, inclusive, porque creio que seja possível arriscar a sugestão de que uma parcela da melhor pesquisa que se faz atualmente no País sobre o assunto[64] vem confirmando, pelo menos em parte, alguns dos *insights* do nosso autor.

Desse modo, o segundo ponto, na verdade o que mais me importa assinalar, está contido logo no começo daquele longo parágrafo, na expressão *"em compensação"*. O que se compensa? A falta de diários, ou seja, a ausência de documentos imbuídos de autenticidade, ausência agora reparada pela publicação dos testemunhos arrancados pelo Santo Ofício. Afinal, como diz Foucault (1980) no primeiro volume da sua *História da Sexualidade*,

> "a confissão é [...] um ritual que se desenrola numa relação de poder, pois não se confessa sem a presença ao menos virtual de um parceiro, que não é simplesmente um interlocutor, mas a instância que requer a confissão [...] um ritual onde a verdade é autenticada pelos obstáculos e as resistências que teve de suprimir para poder manifestar-se; enfim, um ritual onde a enunciação em si, independentemente de suas conseqüências externas, produz em quem articula modificações intrínsecas: inocenta-o, resgata-o, purifica-o, livrao de suas faltas, libera-o, promete-lhe a salvação" (p. 61).

[63] Esta falta de crítica envolve, no caso de Gilberto, uma utilização aparentemente ingênua dos testemunhos obtidos pela Inquisição, sem que se pergunte, entre outras coisas, até que ponto o que eles trazem não é apenas uma confirmação daquilo que os confessores queriam ouvir. O artigo de Ginzburg (1991), por exemplo, chama a atenção para uma outra maneira de utilizar os dados inquisitoriais, fundada justamente na discordância entre as versões apresentadas por acusados e acusadores durante o processo.

[64] Tal como o livro de Mello e Souza (1989).

Nesses termos, as fontes que parecem orientar em boa medida o juízo de Gilberto acerca da nossa experiência patriarcal transmitem efetivamente a sensação de que, nos termos de Trilling (1971), são mais autênticas que sinceras. Não se trata, portanto, de se falar a verdade sobre si mesmo como um meio, como um instrumento interessado na promoção de objetivos éticos e públicos, como por exemplo o estímulo da confiança na vida social, tão importante nas situações que envolveram o privilégio das noções de contrato e de um mercado auto-regulado nos primórdios do capitalismo (cf. Polanyi, 1980).

Ao contrário, lidamos aqui com uma verdade que, quando se expressa, o faz como um *fim* em si mesmo, imediato e supostamente irrefreável, obedecendo a necessidades interiores capazes de desencadear emoções de tal ordem que só podem ser reveladas a diários secretos, "corajosas" autobiografias, ou ao sagrado e "redentor" patrocínio da Inquisição. A autenticidade, portanto, transforma-se em um poderoso motivo *retórico* em *CGS*, convencendo-nos de que, não só quando Gilberto se aproxima de seu objeto como membro da sociedade que estuda, mas também quando sua abordagem segue um ritmo acadêmico e indireto, mais ou menos atento às evidências da documentação, estamos diante do mesmo impulso de natureza *confessional*.

A importância dessa questão, contudo, não conflita nem deve dificultar o reconhecimento do grande prestígio emprestado por Gilberto a esse segundo caminho, mais científico, na confecção dessa sensação de autenticidade que impregna o seu texto. Na verdade, creio que o próprio fato de a primeira avaliação recebida por *CGS*, como já se comentou, ter sido intensamente literária, destacando-se a oralidade da sua prosa, parece ter contribuído para relegar a um segundo plano a afirmação da vocação especificamente acadêmica do nosso autor, igualmente fundamental em sua argumentação ao menos durante a década de 30.

O endosso, naquele momento, de valores ligados a uma atitude científica, preocupada com o desenvolvimento de uma investigação séria e metódica, prende-se, antes de mais nada, ao repúdio à verbosidade sem peso, sem densidade que, segundo Gilberto e vários outros autores da época, caracterizaria a retórica. Nesse sentido, o fato de ele ter se formado em ciências políticas e sociais nos Estados Unidos, rejeitando a um só tempo a tradição da eloqüência e a cultura francesa, aparece realmente como um feito digno de nota.

Assim, é importante mencionar pelo menos duas outras publicações que, complementando o destaque recebido pelos seus vínculos universitários no Prefácio a *CGS*, ampliam os elogios feitos à pesquisa sistemática e escrupulosa no período: a primeira é um artigo publicado em *AJ* e chamado "Tirania do Ponto de Interrogação", no qual ele nos informa que o

"cidadão americano passa metade da vida a responder questionários. Mal aprende a escrever lhe dá a mestra um papelucho: seu nome? idade? o nome de seu pai? o de sua mãe? que é que você quer ser quando for grande? É a iniciação. Respondido esse papelucho, numa letra que é ainda um gatafunho, está feito o conhecimento da criança com o Ponto de Interrogação. Daí em diante, a propósito de tudo e com a maior sem-cerimônia, entra-lhe na casa o Ponto de Interrogação, remexe-lhe os bolsos e até a consciência, sonda-lhe os planos, toma-lhe o pulso. E sua tirania é constante" (p. 39).

É óbvio, continua Gilberto, que

"a função do ponto de interrogação é por certo exagerada nos Estados Unidos. Põem-no a serviço de futilidades. Isto, entretanto, não justifica o fato de, no Brasil, desdenharmos dele a ponto de não sabermos, ao certo, quantos somos; ignorarmos nossos movimentos de produção econômica; e tantos fatos elementaríssimos da nossa vida e da nossa estrutura social [...] [, posto que] faltam-nos estatísticas. Sem esses inquéritos diretos a tendência é [...] a de aplicar aos nossos problemas de economia social, soluções européias ou americanas. Ora, nestes assuntos, as soluções importadas resultam, em geral, em fracasso [...] Ao Brasil não fariam mal mais pontos de interrogação; e menos pontos de exclamação. Ao contrário" (*idem*, pp. 39-40).

A ênfase específica da oratória, como se percebe, é contraposta a indagação paciente e discreta da ciência, em uma postura que será acentuada em um segundo texto, uma conferência intitulada "*O Estudo das Ciências Sociais nas Universidades Americanas*", proferida na Faculdade de Direito do Recife, em maio de 1934. Aqui, apresentando aos futuros bacharéis um resumo das suas impressões acerca da vida acadêmica nos Estados Unidos, Gilberto vai afirmar que nas ciências "sociais, em que o objeto de estudo escapa particularmente ao rigor das leis gramaticais da ciência, [...obrigando-as] a substituir o antigo dogmatismo do século XIX pelo que Lindemann chama *'perpetual tentativeness'* [...] sua insistência científica deve ser mais no método do que nas leis" (*ECS*, p. 45).

Método, é claro, que depende da grande

> "insistência que se faz em todo o estudo universitário de ciências sociais nos Estados Unidos, inclusive no de direito, na familiaridade do estudante com as fontes, ou as chamadas *'primary sources'* de cada especialização. [...] Naturalmente, a importância do estudo das *primary sources* é maior nos cursos e seminários de história. Ouvi Robinson dizer uma vez que a história, ao contrário da crença geral, não se repete: os historiadores, estes sim, e que vivem se repetindo. Nenhum professor criou nos seus discípulos maior gosto de contato com as fontes do que Robinson [...] e precisamente com esse fim: evitar a repetição de erros colhidos às vezes de segunda e terceira mão" (*idem*, pp. 54 e 56).

E não se imagine que Gilberto pretenda estar falando de maneira genérica, reportando-se a experiências vividas por outros:

> "lembro-me do trabalho enorme que tive na Universidade de Stanford para familiarizar-me com a seção da biblioteca consagrada a documentos *MSS* relativos à escravidão nos países americanos — toda a massa de correspondência dos cônsules, de relatórios de comissões extraordinárias nomeadas pelo Parlamento Inglês para investigar as condições de trabalho nas plantações de cana e de café nos países escravocratas, de cartas e diários de viajantes estrangeiros. Na mesma Universidade fiz parte da comissão examinadora de um candidato ao grau de doutor em ciências sociais que deixou de ser aprovado por não revelar a familiaridade com as *primary sources* na forma rigorosa julgada essencial pela maioria da comissão. Devo dizer que esses exames se fazem com uma grande sem-cerimônia, o candidato muito à vontade, numa sala sóbria e suave de "Seminário", sem a presença de estranhos, os examinadores fumando pachorrentamente

Ricardo Benzaquen de Araújo

os seus cachimbos como no *fumoir* de um *club* e conversando com o candidato mais do que lhe dirigindo a palavra em tom solene de discurso. Entretanto as perguntas iam às vezes a detalhes que aqui nos pareceriam absurdos. Por exemplo: que edições conhecia o candidato de determinada obra, suas datas, outros característicos" (*idem*, pp. 54-5).

A pompa retórica, mais uma vez, é dispensada em troca da simplicidade e seriedade da vida acadêmica. Nesse contexto, é extremamente interessante observar que Stocking, em um trabalho recente (1991), chama a atenção para o fato de que a "sensibilidade etnográfica nos anos 20" nos Estados Unidos, justamente na ocasião em que Gilberto lá estudou, foi marcada por um repúdio aos civilizados valores vitorianos que pareciam ter se concretizado — tragicamente — na primeira grande guerra.

Em oposição, portanto, aos ideais de progresso e de moderação dominantes até aquela data, ter-se-ia desenvolvido, dentro do próprio grupo associado a Boas, o interesse por um estilo de vida bem mais autêntico, natural e espontâneo, supostamente encontrável quer em sociedades tribais quer em guetos culturais como Greenwich Village. Aqui, seria possível vislumbrar-se uma forma alternativa de convivência, em que a atração pelo jazz, pela herança negra e pela literatura moderna articulava-se perfeitamente com o cultivo de maneiras pouco convencionais de amar, vestir e trabalhar, em um consórcio capaz de aproximar, sem maiores problemas, a Antropologia e a boemia.

Gilberto, a propósito, parece ter morado em Greenwich Village nessa época, anotando inclusive em seu diário — só publicado em 1975 — algumas passagens que revelam que ele também teria compartilhado aquele estilo de vida mais irregular que seria então ali praticado. Essas passagens compreendem desde um ingênuo comentário sobre o modo de trajar de Boas — "deste a aparência é a de um velhote boêmio. Boas parece mais um músico que um antropólogo" —, até o relato de suas aventuras sexuais no Village, que

"em alguns dos seus aspectos já meus conhecidos não deve estar longe dos deboches característicos dessas casas [de "mulheres da vida"]. Apenas são deboches sem comercialismo. Isto como que os dignifica. Como que os baudelairiza. Outro dia, indo visitar uns camaradas, quem me recebeu foi linda camarada de seus vinte anos, toda nua. 'Estava no banho quando você tocou a campainha'. É claro que não tivera tempo de se resguardar com a toalha! Também é claro que seu descuido foi bem compreendido" (*TMOT*, p. 72).

Na verdade, na própria palestra recém-mencionada, ele não deixa de se referir à "revolta dos novos" que faz com que uma América vá se "levantando em oposição à outra, escravizada pela língua, pelas tradições, pelas instituições legais, pelos métodos e estilos jurídicos, a Inglaterra da colonização puritana" (*ECS*, p. 26).

Essa revolta, aliás, parece também ter tido uma face intelectual, implicando uma legítima

"revolução nas letras americanas [, revolução que] se caracteriza por uma série de antagonismos à ordem social estabelecida que podem ser resumidos nos seguintes: (1) anticolonial, isto é, antiinglesa, procurando quebrar o exclusivismo da influência anglo-saxônica no gosto, nas idéias, nos estilos e na expressão americana; procurando substituir esse exclusivismo pela liberdade de inspiração e pela flexibilidade de expressão — servir-se das sugestões de cultura vindas de grupos de colonização mais nova que a inglesa e até da negra, que vinha se endurecendo num mundo à parte, porventura o mais rico e cheio de possibilidades artísticas; (2) antipuritana — a revolta contra o moralismo que até Edgard Poe e Whitman abafara nos seus pretos e cinzentos todo o impulso de arte livre e criadora; (3) antiotimista, substituindo a convenção do "*happy end*", a crença no Progresso Indefinido [...] a antiga tendência para o conforto mental, para as idéias cadeira-de-balanço em que o homem só faz engordar intelectualmente, por uma coragem nova para a introspecção, para a crítica, para a dúvida, para o ceticismo; (4) finalmente antiburguesa, na oposição, intencional ou não, às normas de vida criadas pelo industrialismo sob um '*laissez-faire*' como nunca se viu igual" (*idem*, pp. 26-27).

O que mais me importa ressaltar, porém, é que a participação de Gilberto nessa revisão de valores éticos e intelectuais que teria ocorrido nos Estados Unidos durante a Era do Jazz, revisão que aparentemente libera uma *hybris* até certo ponto comparável à da nossa experiência colonial, dá a impressão de ser inteiramente compatível, no seu caso, com aquela intransigente defesa dos ideais ligados à pesquisa científica. Esta defesa, por sinal, atesta o lado moderno da reflexão de Gilberto, ainda que sem dúvida estejamos lidando com uma modernidade alternativa, polifônica e nada estetizante, capaz de aliar a degustação de iguarias estrangeiras com o consumo da comida regional, o envolvimento pessoal com a distância acadêmica, a ciência, enfim, com a boemia.[65]

A exploração dessa dimensão acadêmica da identidade modelada por Gilberto nos anos 30 pode, ainda, apresentar outro rendimento, até bastante surpreendente. Isto sucede porque, em alguns textos do período, mas particularmente nessa conferência sobre o estudo das ciências sociais nos Estados Unidos, ele vai estabelecer uma ligação entre a seriedade da pesquisa científica, os dados por ela levantados e uma determinada concepção de atividade *política*:

> "Neste lidar com fatos e com a interpretação dos fatos, isto é, sua generalização em idéias, é possível que o professor e o estudante de ciências sociais nos Estados Unidos fiquem sem tempo e disposição mental para ter ideais. É a acusação que se faz à revolução empreendida por Franklin Roosevelt: a de estar-se processando sem um grande ideal ou sem uma grande mística. Os russos, dizem, tiveram uma; os espanhóis, também; os alemães, a sua, e terrível, a mística hitlerista; os italianos, a mística fascista; e nós, no Brasil, não nos podemos queixar da falta de ideais e de idealistas, de místicos e de místicas revolucionárias e conservadoras. Mas principalmente revolucionárias. As 'revoluções' entre nós quase sempre têm trazido ao poder homens de ideais grandiosos mas de idéias tão pequenas que ninguém as percebe" (*idem*, p. 58).

---

[65] É importante destacar que o artigo de Paiva (1987), analisando as relações de Gilberto com sanitaristas, engenheiros e reformadores da educação como Anísio Teixeira, já aponta para essa dimensão modernizante da sua reflexão. Lembraria, apenas, que o reconhecimento dessa dimensão não significa o abandono da tradição nem o endosso sem ressalvas do nosso processo civilizador, procurando-se mantê-los equilibrados em um arranjo tenso e freqüentemente paradoxal.

Como se vê, aquela revolução moral, aquele enorme conjunto de transformações que teria abalado a sociedade norte-americana na época da passagem de Gilberto por lá, também possuía uma face propriamente política, representada pelo governo de Franklin Roosevelt. Só que,

"nesta obra de Roosevelt não se deve ver o puro esforço de um homem nem a ação de uma política — sim a última fase, ou pelo menos a decisiva, de um movimento preparado, em grande parte, nas universidades, por professores de ciências sociais [...] e dentro e fora das universidades por um grupo de poetas, críticos e romancistas novos, que por sua influência se assemelham aos da Rússia no século XIX" (*idem*, pp. 25 e 59).

Desse modo, é possível até que nem seja necessário relembrar o Prefácio de *CGS* — "nenhum estudante russo, dos românticos, do século XIX, preocupou-se mais intensamente pelos destinos da Rússia do que eu pelos do Brasil na fase em que conheci Boas. Era como se tudo dependesse de mim e dos de minha geração" (*CGS*, p. XII) — para que se confirme, apesar daquela sua opção pela história íntima, a orientação *pública* de sua reflexão. Mas aqui a referência a esta orientação pública de sua obra, nada necrófila — comprometida com a intervenção na vida social de seu tempo, a alteração de seu excludente padrão e a renovação da tradição dos antagonismos em equilíbrio —, parece vir acompanhada de uma concepção particular da *política*.

Tal concepção, repito apenas para deixar bem claro o ponto, baseia-se em *idéias* que não passam de "interpretações", de "generalizações" de fatos revelados pela investigação acadêmica, totalmente opostos aos grandes *ideais*, vagos, messiânicos, quase retóricos. Ela vincula-se, portanto, à "revolução econômica e social que hoje se opera nos Estados Unidos [e que] é talvez a menos mística das que agitam o mundo e, digamos mesmo, a menos idealista. Mas é de todas a maior no esforço de procurar reconstruir uma ordem econômica e social tão cientificamente e tão humanamente quanto possível" (*ECS*, pp 58-59).

Assim, a pesquisa da história íntima, fundamentada na judiciosa avaliação de fontes manuscritas mas também capaz, como foi visto, de ser enriquecida pelo recurso ao método introspectivo, ou seja, pelo registro da experiência pessoal do autor, termina por se converter na base de uma definição da vida política totalmente endossada por Gilberto. Nesses termos, a autenticidade que definia a maneira pela qual nosso autor legitimava os dados empregados em *CGS*, impregnando tanto a voz de seu narrador, que nos garantia estar diretamente envolvido com a sociedade que analisava, quanto aqueles documentos oriundos da Inquisição, transfere-se agora para essa modalidade de intervenção na cena pública que parece, inclusive, dar sentido ao conjunto da obra que estamos examinando.

Meu ponto, aqui, não é o de denunciar que essa rara conjunção entre a ciência e a política possa deturpar a isenção acadêmica de Gilberto. O que mais me interessa, então, é destacar o fato de que o papel assumido pela noção de autenticidade, atravessando domínios tão distintos quanto o pessoal, o acadêmico e o político, dá a impressão de impor à sua reflexão uma inesperada e absoluta coerência, expondo-a, inesperada e ironicamente, ao risco da *estilização*.

Com efeito, ao transformar-se em personagem de seu próprio livro ao mesmo tempo que o utiliza como ponta-de-lança de um esforço de superação daquela requintada sociabilidade que ele tanto criticava, Gilberto transmite a sensação de assumir um compromisso excessivamente rigoroso com as suas próprias convicções: é um pouco como se ele corresse o risco de se condenar a repeti-las, a reiterá-las, posto que se apresenta tanto como seu criador quanto como sua criatura, em um processo no qual o abuso da autenticidade ameaça reduzir paulatinamente aquela distância, mesmo mínima, imprescindível para que nosso autor pudesse manter sua criatividade, ou seja, sua vitalidade enquanto intelectual.

Existe algum antídoto para essa promessa de congelamento e de decadência? Creio que sim, ao menos para o período sob exame, mas, para encontrá-lo, teremos de regressar à análise da questão da oralidade, justamente o ponto de partida dessa argumentação que acaba por aproximar a obra de Gilberto daquilo que ela mais combateu na década de 30, o perigo da estetização.

Não se trata, porém, de recuperar o tema da oralidade através do mesmo caminho percorrido no início deste capítulo, onde ele era entendido como um primeiro vínculo de substância entre Gilberto e a tradição dos antagonismos em equilíbrio. Agora, é preciso retomá-lo pelo concurso de outro texto não muito conhecido, *Ingleses* (1942), coletânea na qual se destaca, sobretudo, o seu artigo de abertura, denominado "Anglos às vezes Anjos".

O primeiro ponto a ser ressaltado neste artigo é a associação entre oralidade e *ensaísmo*, já que o inglês, segundo Gilberto, "faz às vezes filosofia como Mr. Joudain fazia prosa. [...Isto é, através de] ensaios [que] são quase todos em voz de conversa e sobre assuntos cotidianos [... O que faz com que] o *essayist* verdadeiramente inglês nada [tenha] de doutoral nem mesmo de bacharelesco" (pp. 37 e 39).

Essa aproximação do tom de conversa com a prática do ensaio pode, na verdade, ser aplicada à própria obra de Gilberto e especialmente a *CGS*, o que ajudaria inclusive a explicar melhor uma de suas características mais importantes e comentadas: o inacabamento. De fato, a célebre resenha feita por João Ribeiro já assinalava que o nosso autor

> "é desses escritores que não sabem acabar. O seu livro, conquanto grande (mais de quinhentas páginas), não conclui: as paredes esboçam uma cúpula que não existe. Convergem para a abóbada que fica incompleta e imaginária. É um livro que nunca acaba, como certos contos folclóricos sem fim" (Ribeiro [1934], *in* Fonseca, 1985, p. 76).

Esse juízo é imediatamente endossado pelo próprio Gilberto no Prefácio de *SM*, onde reconhece que "o que João Ribeiro estranhou na primeira parte do trabalho — a já publicada — também estranharia nesta: não conclui. Ou conclui pouco. Procura interpretar e esclarecer o material reunido e tem, talvez, um rumo ou sentido novo de interpretação; mas quase não conclui. Sugere mais do que afirma" (p. 26).

Esse privilégio da sugestão em detrimento da conclusão situa a reflexão de Gilberto no período, a meu ver, na trilha aberta pelo texto clássico de Lukács, "A Propósito da Essência e da Forma do Ensaio: Uma Carta a Leo Popper", onde ele afirma que "o ensaio é um tribunal, mas o que nele constitui o essencial, o elemento decisivo no que se refere aos valores, não é a sentença (como no sistema), mas o próprio processo" (cf. Lukács, 1974, p. 33).[66]

[66] A leitura do texto de Lukács seria certamente enriquecida pela consideração de dois outros capítulos de *L'Ame et les Formes* (1974): "Platonisme, Poésie et Formes: Rudolf Kassner" e "Aspiration et Forme: Charles-Louis Philippe". Além destes, é evidentemente necessária uma consulta ao texto de Adorno (1986) sobre o ensaio, assim como também seria aconselhável uma apreciação do conjunto da reflexão de Benjamin, marcada pelo inacabamento e pela fragmentação, de um ângulo que se interessasse por esta discussão. Ressalte-se, ainda, que a contribuição desses três autores para o estudo do tema recebeu uma primeira avaliação na tese de Kauffmann (1981).

Ricardo Benzaquen de Araújo

O que está em questão aqui, vale a pena frisar, não é a simples ausência de um desfecho, de uma síntese final capaz de alinhavar e resumir o que foi discutido anteriormente. Ao contrário, trata-se de uma espécie de inacabamento *essencial*, que se instala na argumentação desde o seu princípio, *como* o seu princípio, impedindo que o ensaio possa aceitar uma forma definida, estável, na medida mesmo em que, como acentua Costa Lima (1993), "de tal modo nele [no ensaio] queimam as questões que não há espaço possível para que em forma se solucionem".

Observado desse ângulo, como um ensaio, como um trabalho que mais levanta dúvidas do que propriamente fornece respostas, *CGS* parece atender a um anseio confessado por Gilberto ao seu diário em 1925, a partir de um trecho do *Soliloquies* de Santayana:

> "'*There are books in which the foot-notes, or the comments scrawled by some reader's hand in the margin, are more interesting than the text*'. Não me humilharia o fato de ser autor de um livro que provocasse tais comentários: superiores ao próprio texto. Na verdade, não me atraem os livros completos ou perfeitos, que não se prolongam em sugestões capazes de provocar reações da parte do leitor; e de torná-lo um quase colaborador do autor" (*TMOT*, p. 165).

Toda essa ênfase na "incompletude" e na imperfeição, entretanto, não nos deve levar a supor que o inacabamento característico do ensaio importe necessariamente no elogio da indefinição. Longe disto, o que ele dá efetivamente a impressão de recusar é um compromisso com a idéia de *totalidade*, ou seja, com a preocupação de apresentar uma visão sistemática e exaustiva das questões em pauta.

Contudo, é necessário que fique bem claro que, como assinala o texto de Lukács mencionado acima, essa aversão à totalidade não deixa de vir acompanhada por um vivo interesse em captar o fundamental, em atingir o núcleo, o coração da matéria sob exame, deixando apenas o detalhamento dos problemas para formas mais abrangentes e definidas, como o tratado, por exemplo. Deriva justamente desse interesse, inclusive, a possibilidade de se aproximar o ensaio do *retrato*, porque "os retratos verdadeiramente significativos, além dos outros sentimentos artísticos que despertam em nós, produzem ainda o da vida de um homem que realmente viveu, eles nos impõem o sentimento de que sua vida se desenrolou como nos mostram as linhas e as cores do quadro" (cf. Lukács, 1974, p. 24).

Ao pretender, então, ir além das linhas e das cores, dos dados sensíveis e portanto assolados pela contingência, o ensaio, nesta acepção, parece de fato decidido a cultivar a sua capacidade de ferir a corda certa, decisiva, responsável maior pela própria *identidade* dos objetos que estuda. Nesse sentido, a imprecisão e o inacabamento da sua construção terminam, até certo ponto, sendo compensados pela acuidade, pela agudeza e profundidade envolvidas em sua abordagem, supostamente em condições de alcançar, ainda que de forma ligeira e indireta, as grandes questões da existência.

Ora, esse duplo e tenso caminho também foi percorrido por Gilberto. Ocorre, porém, que esse empenho, como já vimos, comporta o perigo de conduzi-lo ao beco sem saída da estilização do seu próprio pensamento: obcecado em validar as informações em que baseia a sua análise pela afirmação da sua autenticidade, ele as vincula à sua própria experiência pessoal, correndo o risco de uma proximidade excessiva e, portanto, de uma visão desprovida de qualquer crítica, de uma visão que, tautologicamente, apenas *confirmasse* o seu objeto.

Seria, nos termos da discussão acerca do ensaio encaminhada por Lukács, como se o segundo termo, a identidade, liquidasse pouco a pouco com o primeiro, o inacabamento. Contudo, sem descartar a ameaça de estetização embutida nos procedimentos metodológicos de Gilberto, acredito que tenha sido precisamente o oposto o que acabou por acontecer, ao menos no que se refere a trabalhos como *SM*, *Nord* e, sobretudo, *CGS*.

Essa convicção, na verdade, repousa na possibilidade de deslocar para a reflexão e a escrita do próprio Gilberto um argumento que ele emprega, naquele mesmo texto de 1942, para caracterizar tanto os ensaístas quanto os ingleses em geral. Aqui, ele recorda, em primeiro lugar, o seu

> "*sense of humour*, que [os] faz sorrir de si próprio[s] e de suas próprias virtudes de homens, quando proclamadas com ênfase pelos escritores nacionais ou por estrangeiros delirantes de entusiasmo; ou quando negadas pelos inimigos mais crus. O corretivo angélico à arrogância humana, ao exagero literário, ao ódio político e teológico, é, no inglês, o *sense of humour*. O corretivo ao seu próprio orgulho etno-

cêntrico e que só por isso não degenerou de todo na vulga-
ridade 'racista' ou 'arianista'" (*Ingl*, p. 26).

Da mesma forma,

"todos sabemos que o cristianismo dos ingleses é o cristianismo terrivelmente estreito de seitas: o próprio Milton, batista;
os Wesley, metodistas; os 'cabeças redondas' de Cromwell,
presbiterianos. Seitas inimigas umas das outras e todas da
Igreja Estabelecida e dos Papistas [...] Mas que outro cristianismo se apresenta superior ao dos anglos [...] na produção de anjos? O *Pilgrim's Progress* do evangelista Bunyan
é quase um quinto Evangelho. [...] No *Paradise Lost* arde
uma alma de profeta do velho testamento nascido já cristão: os olhos escancarados para o mundo inteiro e não apenas para gente do seu sangue. É que na religião como em
tudo mais o universalismo, no inglês, está sempre próximo
do insularismo que tende a fazer de cada ilhéu da Mancha
um ser diabolicamente estreito: um homem de seita, de clube
de bairro, de subúrbio, de partido, de classe, de casta, de província. A nostalgia do todo de que o desgarraram a geografia
e a história é que corrige nele esta tendência para viver em
ilhotas morais dentro de suas ilhas de terra" (*idem*, p. 46).

Muito bem: José Lins do Rego, no prefácio dessa pequena coletânea, nos avisa que "é desses ingleses contraditórios que fala o ensaio de Gilberto Freyre" (p. 11). Sem dúvida, mas acredito que ele
também fale de si e, mais especificamente, de uma determinada maneira de equilibrar os antagonismos, peculiar à casa-grande e a *CGS*.[67]

[67] Observe-se que Callado (1962) já chamava a atenção para a possibilidade de estabelecer uma relação especial, modelar mesmo, de Gilberto com a Inglaterra. Seguindo essa pista, creio que seja o caso de destacar não só essa versão inglesa dos antagonismos em equilíbrio como também o sugestivo uso "burkiano"
da idéia de tradição, inclusive no que se refere a esses mesmos antagonismos: em
vez de tentar mantê-los intatos, como se contivessem uma substância inalterável,
nosso autor os preserva através das suas próprias transformações, em uma postura comparável à adotada pelas posições que dispensam um tratamento menos estável, mais "performático" à noção de cultura no interior da Antropologia (cf. Velho, 1992, pp. 68-70).

Essa maneira, aparentemente também praticada pelos ingleses, difere inclusive daquela harmônica articulação de tradições culinárias promovida pelas mulheres patriarcais, por conferir valores morais simultâneos e opostos ao mesmo objeto. Cria-se, assim, uma nova forma de se aproximar os antagonismos na análise de Gilberto, produzindo-se um clima de extrema ambigüidade ética, clima em que o bem e o mal parecem se tocar como os dois lados da mesma experiência ou da mesma personagem, tornando a noção de equilíbrio empregada em *CGS* naturalmente muito mais instável e precária do que aquela que veio sucedê-la.

O maior exemplo do que estou afirmando é o próprio papel desempenhado pela idéia de *hybris* em *CGS*, exemplo na verdade já tão discutido e repisado, sobretudo nos capítulos 2 e 3, que parece dispensável cansar o leitor com novas citações. Basta lembrarmos que, violentamente criticado por todas as doenças e mortes que acarretava, o excesso era também aplaudido pela proximidade que ele terminava por promover, sendo possível até comparar-se a análise de Gilberto com a de Bakhtin (1987), em função do destaque que ambos emprestavam a essa noção de ambigüidade.

Exatamente do mesmo modo, a avaliação do processo civilizador, que supostamente interrompe em *SM* o predomínio daquela *hybris*, pautava-se também por um raciocínio igualmente paradoxal: elogiado no começo pela disciplina e pela normatividade que infundia à vida social, além da função que cumpria na liberação de mulheres e filhos do jugo patriarcal, esse processo é, no mesmo movimento, denunciado como responsável pela implantação do que Merquior (1987) — referindo-se especificamente a *SM* —'chamava "vitorianização" do Brasil, a imposição de uma ordem *excessiva*, excludente e estetizante ao País.

Inúmeras passagens poderiam ainda ser destacadas para comprovar esse argumento. Todavia, acredito que valha a pena sublinhar apenas uma delas, longa mas particularmente esclarecedora, com a qual Gilberto encerra *Nordeste*. Trata-se de uma apreciação dessa

> "civilização nordestina do açúcar — talvez a mais patológica, socialmente falando, de quantas floresceram no Brasil — que enriqueceu de elementos mais característicos a cultura brasileira. O que nos faz pensar nas ostras que dão pérolas. Levantando-se a vista dos pobres canaviais do Nordeste patriarcal para as oliveiras de certa terra clássica do Sul da Europa, há de ver-se que também a civilização gre-

ga foi uma civilização mórbida segundo os padrões de saúde social em vigor entre os modernos. Civilização escravocrata. Civilização pagã. Civilização monossexual e, entretanto, estranhamente criadora de valores, pelo menos políticos, intelectuais e estéticos. Muito mais criadora desses valores do que as civilizações mais saudáveis que ainda se utilizam da herança grega. Junto dela, com efeito, a bem equilibrada civilização dos modernos escandinavos empalidece e se apresenta tão estéril e tristonha como se não tivesse senão mãos e pés de gigante. Abaixo da grega, outras civilizações parece que têm reproduzido, em termos maciços, o caso estranho dos gênios individuais, tanto deles como as ostras: doentes e que dão pérolas. A antiga civilização de açúcar do Nordeste, de uma patologia social tão numerosa, dá-nos essa mesma impressão, em confronto com as demais civilizações brasileiras — a pastoril, a das minas, a da fronteira, a do café. Civilizações mais saudáveis, mais democráticas, mais equilibradas quanto à distribuição da riqueza e dos bens. Mas nenhuma mais criadora do que ela de valores políticos, estéticos, intelectuais" (p. 220).

* * *

Espero que tenha ficado claro, agora, que nosso autor de fato lida com pelo menos duas formas diversas de equilibrar antagonismos: uma, mais "feminina", temperada e medida, mostra-se capaz de produzir uma harmonia absolutamente estável entre distintas heranças culturais; a outra, mais "masculina", eminentemente ambígua, instável e paradoxal, parece se radicar na excessiva experiência colonial, mas ganha uma sobrevida na própria forma de Gilberto construir sua argumentação.

Ele, a propósito, transmite a sensação de preferir, ou melhor, de cultivar mais pessoalmente essa alternativa masculina, sem que isso signifique, muito ao contrário, qualquer desapreço pelo tranqüilo caminho "feminino", pelos fraternos mocambos, ou até mesmo por aqueles moderados policultores paulistas mencionados em CGS. Todos, afinal, são aparentemente bem mais saudáveis, democráticos e equilibrados do que a tradição propriamente patriarcal, não sendo evidentemente por acaso que, especialmente os dois primeiros, são tão destacados e louvados por Gilberto ao longo da década de 30.

Contudo, acredito que seja necessário ressaltar que a opção de Gilberto vai lhe permitir transferir para o interior de seu texto, para sua própria forma de escrever, parte da ambigüidade, do excesso e da instabilidade que, segundo ele próprio, caracterizavam a sociabilidade da casa-grande. Assim, a oralidade termina realmente por desempenhar um papel de destaque no bloqueio daquela *chance* de estilização e na conseqüente preservação da vitalidade da reflexão do nosso autor. O tom de conversa, de bate-papo que ela propicia, parece facilitar sobremaneira que ele arme um raciocínio francamente paradoxal, fazendo com que a cada avaliação positiva possa se sucede uma crítica e *vice-versa*, em um *ziguezague* que acaba por dar um caráter antinômico à sua argumentação.[68]

A antinomia, ou seja, a defesa simultânea de argumentos que se opõem, consegue portanto radicalizar o inacabamento do ensaísmo de Gilberto, *devolvendo-lhe*, até certo ponto, aquela distância mínima em relação ao seu objeto que o abuso da autenticidade, em termos apenas virtuais, é claro, ameaçava retirar-lhe. Desse modo, ele pode até manter a preocupação com a solidariedade entre as esferas da intimidade, da ciência e da política, com a condição de que registre também as patologias, os pontos fracos ainda que inevitáveis — a ostra e a pérola — da sua posição predileta.

Nesse sentido, não devemos nos surpreender que seja precisamente nos trabalhos em que os seus ideais, sua identidade pessoal e sua vocação pública são colocados mais fortemente em jogo, como *Nordeste, Sobrados e Mucambos*, e, logicamente, *Casa-Grande & Senzala*, que aquela gota de controvérsia e de ambigüidade se torne mais visível. Na verdade, minha impressão é a de que é fundamentalmente por esse motivo que esses livros, ao contrário dos que lidam com outras tradições, em geral de forma mais condescendente e até idealizada, permanecem vivos e em condições de despertar interesse e debate em nossos dias.

[68] Acredito que o texto fundamental para esta discussão seja o de Nietzsche (1985), já empregado anteriormente para esclarecer outra característica do pensamento de Gilberto. Além disso, é bom assinalar que a reflexão de Weber parece dialogar com um argumento de caráter antinômico, podendo-se inclusive sustentar que ele chega a adotá-lo sem nenhuma reserva: a forma particularmente ambígua pela qual ele analisa os conceitos de burocracia e de carisma, ambos simultaneamente avaliados de maneira positiva e negativa, seria um exemplo disso, como demonstra o segundo capítulo do livro de Mommsen (1989). A relação entre Nietzsche e Weber, finalmente, é examinada por Eden (1987) e Velho (1985b).

Ricardo Benzaquen de Araújo

BIBLIOGRAFIA

ADORNO, Theodor. "O Ensaio como Forma", in Gabriel Cohn (org.), *Theodor Adorno*. São Paulo, Ática, 1986.

AGAMBEN, Giorgio. *Enfance et Histoire*. Paris, Payot, 1989.

ANDRADE, Mário de. *Macunaíma*. Rio de Janeiro/São Paulo, LTC/SCCT, 1978.

ANDRADE, Oswald de. *Pau-Brasil*. São Paulo, Globo/Secretaria de Estado da Cultura, 1990.

_____. *Memórias Sentimentais de João Miramar*. São Paulo, Globo/Secretaria de Estado da Cultura, 1990.

ARAÚJO, Ricardo Benzaquen de. "*In Memoriam* — Gilberto Freyre". *Dados*, vol. 30, n° 2, 1987.

ARENDT, Hannah. *Sobre a Revolução*. Porto, Moraes, 1971.

_____. *A Condição Humana*. Rio de Janeiro, Forense, 1983.

ARRIGUCCI JR., Davi. "O Humilde Cotidiano de Manuel Bandeira", *in Enigma e Comentário*. São Paulo, Companhia das Letras, 1987.

_____. *Humildade, Paixão e Morte — A Poesia de Manuel Bandeira*. São Paulo, Companhia das Letras, 1990.

AUERBACH, Erich. *Literary Language & Its Public in Late Antiquity and in the Middle Ages*. Princeton, Princeton University Press, 1965.

_____. *Mimesis*. São Paulo, Perspectiva, 1976.

_____. "La Cour et la Ville", *in* Luiz Costa Lima (org.), *Teoria da Literatura em suas Fontes*. Rio de Janeiro, Francisco Alves, 1985.

AUSTREGÉSILO, A. "A Mestiçagem no Brasil como Fator Eugênico", *in* Gilberto Freyre e outros, *Novos Estudos Afro-Brasileiros*. Rio de Janeiro, Civilização Brasileira, 1937.

BAKHTIN, Mikhail. *A Cultura Popular na Idade Média e no Renascimento: O Contexto de François Rabelais*. São Paulo/Brasília, Hucitec/UnB, 1987.

BANDEIRA, Manuel. *Poesia Completa e Prosa*. Rio de Janeiro, Nova Aguilar, 1990.

BASTOS, Elide Rugai. "Gilberto Freyre e a Questão Nacional", *in* Reginaldo Moraes, Ricardo Ferrante e Vera Antunes (orgs.), *Inteligência Brasileira*. São Paulo, Brasiliense, 1986.

BATAILLE, Georges. *L'Érotisme*. Paris, U.G.E., 1965.

BEAUSSANT, Philippe. *Versailles, Opéra*. Paris, Gallimard, 1981.

BENJAMIN, Walter. *Magia e Técnica, Arte e Política*. São Paulo, Brasiliense, 1985.

_____. *Charles Baudelaire — Um Lírico no Auge do Capitalismo*. São Paulo, Brasiliense, 1989.

BERMAN, Russel A. *Modern Culture and Critical Theory*. Madison, The University of Wisconsin Press, 1989.

BLOCH, R. Howard. "Medieval Misogyny", *in* R. Howard Bloch e Frances Fergusson (orgs.), *Misogyny, Misandry and Misanthropy*. Berkeley, University of California Press, 1989.

BROWN, Peter. "Antiguidade Tardia", *in* Philippe Ariès e Georges Duby (orgs.), *História da Vida Privada*. São Paulo, Companhia das Letras, 1990.

BURGER, Peter. *Theory of the Avant-Garde*. Minneapolis, University of Minnesota Press, 1986.

CALINESCU, Matei. *Five Faces of Modernity*. Durham, Duke University Press, 1987.

CALLADO, Antonio. "À Procura de Influências Anglo-Americanas em Gilberto Freyre", *in Gilberto Freyre: Sua Ciência, sua Filosofia, sua Arte*. Rio de Janeiro, José Olympio, 1962.

CANDIDO, Antonio. "O Significado de *Raízes do Brasil*", *in* Sérgio Buarque de Holanda, *Raízes do Brasil*. Rio de Janeiro, José Olympio, 1986.

_____. "Aquele Gilberto", *in Recortes*. São Paulo, Companhia das Letras, 1993.

CARDOSO DE OLIVEIRA, Roberto. *Sobre o Pensamento Antropológico*. Rio de Janeiro, Tempo Brasileiro, 1988.

CARVALHO, José Murilo de. "Escravidão e Razão Nacional". *Dados*, vol. 31, nº 3, 1988.

_____. *A Formação das Almas*. São Paulo, Companhia das Letras, 1990.

CASSIRER, Ernst. *Filosofía de la Ilustración*. México, Fondo de Cultura Económica, 1975.

CAVALCANTI PROENÇA, M. "Gilberto Freyre: Uma Interpretação do seu Estilo", *in Gilberto Freyre: Sua Ciência, sua Filosofia, sua Arte*. Rio de Janeiro, José Olympio, 1962.

CERTEAU, Michel de. "Writing vs. Time: History and Anthropology in the Works of Lafitau". *Yale French Studies*, nº 59, 1980.

CLAIR, Jean (org.). *Vienne 1880-1938: L'Apocalypse Joyeuse*. Paris, Editions du Centre Pompidou, 1986.

CLASTRES, Hélène. "Primitivismo e Ciência do Homem no Século XVIII". *Discurso*, nº 13, 1980.

CLIFFORD, James. *The Predicament of Culture*. Cambridge, Harvard University Press, 1988.

COSTA LIMA, Luiz. "A Versão Solar do Patriarcalismo: Casa-Grande & Senzala", *in Aguarras do Tempo*. Rio de Janeiro, Rocco, 1989.

_____. "A Sagração do Indivíduo: Montaigne", *in Limites da Voz*. Rio de Janeiro, Rocco (1993).

D'ANDREA, Moema Selma. *A Tradição Redescoberta — Gilberto Freyre e a Literatura Regionalista*. Campinas, Editora da Unicamp, 1992.

DAMATTA, Roberto. *Carnavais, Malandros e Heróis*. Rio de Janeiro, Zahar, 1981.

_____. "Dona Flor e seus Dois Maridos — um romance relacional", *in A Casa & a Rua*. São Paulo, Brasiliense, 1985.

_____. "A Originalidade de Gilberto Freyre", *BIB*, n° 24, 1987.

DAVIS, David Brion. *The Problem of Slavery in Western Culture*. Harmondsworth, Penguin Books, 1970.

DUCHET, Michèle. "Du Noir au Blanc, ou la Cinquième Génération, *in* Léon Poliakov (org.), *Le Couple Interdit: Entretiens Sur le Racisme*. Paris, Mouton, 1980.

EDEN, Robert. "Weber and Nietzsche: Questioning the Liberation of Social Science from Historicism", *in* Wolfgang J. Mommsen e Jurgen Osterhammel (orgs.), *Max Weber and his Contemporaries*. Londres, The German Historical Institute — Unwin-Hyman, 1989.

ELIAS, Norbert. *La Société de Cour*. Paris, Calmann-Lévy, 1974.

FINLEY, M.I. *Economy and Society in Ancient Greece*. Harmondsworth, Penguin Books, 1983.

FONSECA, Edson Nery da. *Um Livro Completa Meio Século*. Recife, Massangana, 1983.

_____. (org,). *Casa-Grande & Senzala e a Crítica Brasileira de 1933 a 1944*. Recife, Companhia Editora de Pernambuco, 1985.

FOUCAULT, Michel. *Language, Counter-Memory and Practice*. Ithaca, Cornell University Press, 1977.

_____. *A História da Sexualidade I: A Vontade de Saber*. Rio de Janeiro, Graal, 1980.

FRANCO, Afonso Arinos de Melo. *O Índio Brasileiro e a Revolução Francesa*. Rio de Janeiro, José Olympio, 1937.

_____. "Uma Obra Rabelaisiana", *in* Edson Nery da Fonseca (org.), *Casa-Grande & Senzala e a Crítica Brasileira de 1933 a 1944*. Recife, Companhia Editora de Pernambuco, 1985.

FRESTON, Paul. Os Periódicos do Instituto Joaquim Nabuco e a Carreira de Gilberto Freyre. São Paulo, IDESP, 1987, datilo.

FREYRE, Gilberto. *Casa-Grande & Senzala*. Rio de Janeiro, Maia & Schmidt, 1933.

_____. *O Estudo das Ciências Sociais nas Universidades Americanas*. Recife, Momento, 1934.

_____. *Guia Prático, Histórico e Sentimental da Cidade do Recife*. Recife, 1934.

_____. *Artigos de Jornal*. Recife, Edições Mozart, 1935.

_____. *Sobrados e Mucambos*. São Paulo, Companhia Editora Nacional, 1936.

_____. *Mucambos do Nordeste*. Rio de Janeiro, Ministério da Educação e Saúde, 1937.

_____. *Nordeste*. Rio de Janeiro, José Olympio, 1937.

_____. *Assucar*. Rio de Janeiro, José Olympio, 1939.

_____. *Ingleses*. Rio de Janeiro, José Olympio, 1942.

_____. *Problemas Brasileiros de Antropologia*. Rio de Janeiro, Casa do Estudante do Brasil, 1943.

_____. "O Camarada Whitman", *in 6 Conferências em Busca de um Leitor*. Rio de Janeiro, José Olympio, 1965.

_____. *Como e Porque Sou e Não Sou Sociólogo*. Brasília, UnB, 1968.

_____. *Tempo Morto e Outros Tempos*. Rio de Janeiro, José Olympio, 1975.

_____. *Tempo de Aprendiz*. São Paulo, Ibrasa; Brasília, INL, 1979.

FREYRE, Gilberto. e outros. *Novos Estudos Afro-Brasileiros*. Rio de Janeiro, Civilização Brasileira, 1937.

FUMAROLI, Marc. *L'Age de l'Eloquence*. Genebra, Droz, 1980.

GEERTZ, Clifford. *Works and Lives The Anthropologist as Author*. Stanford, Stanford University Press, 1988.

GENOVESE, Eugene D. e FONER, Laura. *Slavery in the New World*. Englewood Cliffs, Prentice Hall, 1969.

GINZBURG, Carlo. "O Inquisidor como Antropólogo: Uma analogia e as suas implicações", *in A Micro-História e Outros Ensaios*. Lisboa, Difel, 1991.

GOLDMAN, Harvey. *Max Weber and Thomas Mann — Calling and the Shaping of the Self*. Berkeley, University of California Press, 1988.

GONÇALVES, José Reginaldo. "Autenticidade, memória e ideologias nacionais: O problema dos patrimônios culturais". *Estudos Históricos*, vol. 1, n° 2, 1988.

_____. Rediscoveries of Brazil. Nationalism and Historic Preservation as narratives, Ph.D. Dissertation, University of Virginia, Department of Anthropology, 1990.

GRAHAM, Richard. "Uma entrevista", *Revista do Brasil* — Número especial dedicado a Sérgio Buarque de Holanda. Ano 3, n° 6, 1987.

GREENBLATT, Stephen. *Renaissance Self-Fashioning*. Chicago, The University of Chicago Press, 1980.

GRIECO, Agripino. "Obra Vigorosa de Ciência e Arte", *in* Edson Nery da Fonseca (org.), *Casa-Grande & Senzala e a Crítica Brasileira de 1922 a 1944*. Recife, Companhia Editora de Pernambuco, 1985.

GROSRICHARD, Alain. *A Estrutura do Harém*. São Paulo, Brasiliense, 1988.

HABERMAS, Jurgen. *L'Espace Public*. Paris, Payot, 1978.

HANDLER, Richard. "Authenticity", *in Anthropology Today*, 2 (1), 1986.

HELLER, Agnes. "El naufragio de la Vida ante la Forma: Georg Lukács y Irma Seidler", *in Crítica de la Ilustración*. Barcelona, Península, 1984.

HOLANDA, Sérgio Buarque de. *Raízes do Brasil*. Rio de Janeiro, José Olympio, 1936.

HOLLIER, Denis (org.). *Le Collège de Sociologie*. Paris, Gallimard, 1979.

JAY, Martin. "In the Empire of the Gaze: Foucault and the Denigration of Vision in Twentieth-Century French Thought", in David Couzens Hoy (org.), *Foucault — A Critical Reader*. Londres, Basil Blackwell, 1986.

JORDAN, Winthrop D. *White Over Black*. Baltimore, Penguin Books, 1971.

KAUFFMANN, Robert Lane. The Theory of the Essay: Lukács, Adorno, and Benjamin. Ph.D. Dissertation, University of California, San Diego, 1981.

KLEIST, Heinrich Von. "Sobre o Teatro de Marionetes", *in A Marquesa D'O e Outras Estórias*. Rio de Janeiro, Imago, 1992.

KOSELLECK, Reinhart. *Futures Past*. The MIT Press, 1985.

LACLOS, Choderlos de. *As Relações Perigosas*. Rio de Janeiro, Globo, 1987.

LAFER, Mary de Camargo Neves. "Introdução" e "Comentários", *in* Hesíodo, *Os Trabalhos e os Dias*. São Paulo, Iluminuras, 1990.

LE GOFF, Jacques. *L'Imaginaire Médiéval*. Paris, Gallimard, 1985.

LEITES, Edmund. *A Consciência Puritana e a Sexualidade Moderna*. São Paulo, Brasiliense, 1987.

LEPENIES, Wolf. "Weberian Motifs in the Work of Thomas Mann", *in Between Literature and Science: the Rise of Sociology*. Cambridge, Cambridge University Press; Paris, Editions de la Maison des Sciences d L'Homme, 1988.

LICHTENSTEIN, Jacqueline. "Making Up Representation: The Risks of Femininity", in R. Howard Bloch e Frances Fergusson (orgs.), *Misogyny, Misandry and Misanthropy*. Berkeley, University of California Press, 1989.

LIMA, José Lezama. *A Expressão Americana*. São Paulo, Brasiliense, 1988.

LOVEJOY, Arthur O. "The Chinese Origin of a Romanticism", *in Essays in the History of Ideas*. Baltimore, The John Hopkins University Press, 1948.

LOWE, Donald M. *History of Bourgeois Perception*. Chicago, The University of Chicago Press, 1982.

LUKÁCS, Georges. *L'Ame et les Formes*. Paris, Gallimard, 1974.

MAN, Paul de. "A Esthetic Formalization: Kleist's *Uber das Marionettentheater*", *in The Rhetoric of Romanticism*. Nova Iorque, Colúmbia University Press, 1984.

MARCUS, Judith. *Georg Lukács and Thomas Mann*. Amherst, The University of Massachusetts Press, 1987.

MARTINS, Mário Ribeiro. *Gilberto Freyre, o Ex-Protestante*. São Paulo, Aliança Bíblica Universitária do Brasil, 1973.

MEDEIROS, Maria Alice de Aguiar. *O Elogio da Dominação*. Rio de Janeiro, Achiamé, 1984.

MELLO E SOUZA, Laura de. *O Diabo e a Terra de Santa Cruz*. São Paulo, Companhia das Letras, 1989.

MERQUIOR, José Guilherme. "Na casa grande dos oitenta", *in As Idéias e as Formas*. Rio de Janeiro, Nova Fronteira, 1981.

_____. "Gilberto y Después", *Vuelta*, 131, 1987.

MIGUEL-PEREIRA, Lúcia. "A Valorização da Mulher na Sociologia Histórica de Gilberto Freyre", *in Gilberto Freyre: Sua Ciência, Sua Filosofia, Sua Arte*. Rio de Janeiro, José Olympio, 1962.

MOMMSEN, Wolfgang J. *The Political and Social Theory of Max Weber*. Chicago, The University of Chicago Press, 1989.

MORAES, Eduardo Jardim de. A Constituição da Idéia de Modernidade no Modernismo Brasileiro. Tese de Doutorado, Departamento de Filosofia, UFRJ, 1983.

MORSE, Richard M. *O Espelho de Próspero*. São Paulo, Companhia das Letras, 1988.

MOTA, Carlos Guilherme. *Ideologia da Cultura Brasileira (1933-1974)*. São Paulo, Ática, 1977.

NIETZSCHE, Friedrich. *La Naissance de la Tragédie*. Paris, Gallimard, 1977.

_____. "On the Uses & Disadvantages of History for Life", *in Untimely Meditations*. Cambridge, Cambridge University Press, 1985.

_____. *Genealogia da Moral*. São Paulo, Brasiliense, 1987.

NUNES, Benedito. *Oswald Canibal*. São Paulo, Perspectiva, 1979.

PAIVA, Cesar. "Gilberto Freyre e os Intelectuais na Revolução-Restauração Burguesa do Brasil". Trabalho apresentado no X Encontro Anual da Anpocs, 1987.

PAULA, Silvana Gonçalves de. Gilberto Freyre e a Construção da Modernidade Brasileira. Dissertação de Mestrado, CPDA/UFRRJ, 1990.

POLANYI, Karl. *Grande Transformação*. Rio de Janeiro, Campus, 1980.

POLIAKOV, Léon. *O Mito Ariano*. São Paulo, Perspectiva, 1974.

PRADO, Paulo. *Retrato do Brasil*. São Paulo, Ibrasa, 1981.

PRADO, Yan de Almeida. "Erudição e Espírito Crítico", in Edson Nery da Fonseca (org.), *Casa-Grande & Senzala e a Crítica Brasileira de 1933 a 1944*. Recife, Companhia Editora de Pernambuco, 1985.

RAMOS, Vania de Azevedo. Espaço e Movimento Nucleando Visões de Brasil: Freyre, Ricardo e Moog. Trabalho apresentado no XII Encontro Anual da Anpocs, Caxambu, MG, 1989.

RIBEIRO, João. "Poderosa Poesia e Profunda Metafísica de uma Obra Metapolítica", in Edson Nery da Fonseca (org.), *Casa-Grande & Senzala e a Crítica Brasileira de 1933 a 1944*. Recife, Companhia Editora de Pernambuco, 1985.

RIBEIRO, Renato Janine. *A Etiqueta no Antigo Regime*. Brasiliense, São Paulo, 1983.

ROCHLITZ, Rainer. *Le Jeune Lukács*. Paris, Payot, 1983.

SAID, Edward W. *Orientalism*. Harmondsworth, Penguin Books, 1985.

SANCHIS, Pierre. *Arraial: Festa de um Povo*. Lisboa, Dom Quixote, 1983.

SANTOS, Luiz A. de Castro. "A Casa-Grande e o Sobrado na Obra de Gilberto Freyre". *Anuário Antropológico*, 1985.

SARDUY, Severo. *Escrito Sobre um Corpo*. São Paulo, Perspectiva, 1979.

SCHORSKE, Carl E. *Viena Fin-de-Siècle*. São Paulo, Companhia das Letras, 1988.

SENNET, Richard. *The Fall of Public Man*. Nova Iorque, Vintage Books, 1978.

SEYFERTH, Giralda. "A Antropologia e a Teoria do Branqueamento da Raça no Brasil: A Tese de João Batista de Lacerda". *Revista do Museu Paulista*, vol. XXX, 1985.

SIMMEL, Georg. "Quelques réflexions sur la prostitution dans le présent et dans l'avenir", *in Philosophie de l'Amour*. Paris, Rivages, 1988.

SKIDMORE, Thomas. *Preto no Branco*. Rio de Janeiro, Paz e Terra, 1976.

SOARES, Luiz Eduardo. "Perguntar, Ouvir: As 'Seitas' e a Invenção Metafórica do Espaço Humano", *in* Leilah Landim (org.), *Sinais dos Tempos: Igrejas e Seitas no Brasil*. Rio de Janeiro, ISER, 1989.

STERN, J.P. e SILK M.S. *Nietzsche on Tragedy*. Cambridge, Cambridge University Press, 1984.

STOCKING, George W. *Race, Culture and Evolution*. Nova Iorque, The Free Press, 1968.

_____. "Empathy and Antipathy in the Heart of Darkness", in Regna Darnell (org.), *Readings in the History of Anthropology*. Nova Iorque, Harper and Row, 1974.

_____. "The Ethnographer's Magic: Fieldwork in British Anthropology from Taylor to Malinowski", *in* George W. Stocking (org.), *Observes Observed — Essays in Ethnographic Fieldwork*. Madison, The University of Wisconsin Press, 1983.

Ricardo Benzaquen de Araújo

_____. "The Ethnographic Sensibility of the 20s and the Dualism of the Anthropological Tradition", *in* Georg W. Stocking (org.), *Romantic Motives — Essays on Anthropological Sensibility*. Madison, The University of Wisconsin Press, 1989.

TANNENBAUM, Frank. *Slave and Citizen*. Nova Iorque, Vintage Books, 1946.

TRILLING, Lionel. *Sincerity and Authenticity*. Cambridge, Harvard University Press, 1971.

TROELTSCH, Ernst. *The Social Teaching of the Christian Churches*. Chicago, The University of Chicago Press, 1981.

VELHO, Otávio. "As Bruxas Soltas e o Fantasma do Funcionalismo". *Dados*, vol. 28, nº 3, 1985 a.

_____. "Considerações (in)Tempestivas sobre Nietzsche e Weber". *Kriterion*, nº 74-75, 1985 b.

_____. "O Cativeiro da Besta-Fera". *Religião e Sociedade*, vol. 14, nº 1, 1987.

_____. "*O Espelho de Morse e Outros Espelhos*". Estudos Históricos, vol. 2, nº 3, 1989.

_____. "Antropologia e a Questão da Representação", *in Duas Conferências* (juntamente com Gilberto Velho). Rio de Janeiro, Editora da UFRJ, 1992.

VENTURI, Franco. "Oriental Despotism". *Journal of the History of Ideas*, nº 24, 1963.

VEYNE, Paul. "La Famile et L'Amour Sous le Haut-Empire Romain". *Annales*, nº 33, 1978.

_____. "O Império Romano", *in* Philippe Ariès e Georges Duby (orgs.), *História da Vida Privada (1)*. São Paulo, Companhia das Letras, 1990.

VIDAL-NAQUET, Pierre. *Le Chasseur Noir*. Paris, Maspero, 1981.

VIVEIROS DE CASTRO, E.B. e Araújo, Ricardo Benzaquen de. "Romeu e Julieta e a Origem do Estado", *in* Gilberto Velho (org.), *Arte e Sociedade*. Rio de Janeiro, Zahar, 1977.

WEBER, Max. *Ciência e Política — Duas Vocações*. São Paulo, Cultrix, s.d.

_____. *A Ética Protestante e o Espírito do Capitalismo*. São Paulo, Pioneira, 1983.

ESTE LIVRO FOI COMPOSTO EM SABON PELA
EDITORA NOVA FRONTEIRA E IMPRESSO PELA
PROL EDITORA GRÁFICA EM PAPEL PÓLEN SOFT
70 G/M² DA CIA. SUZANO DE PAPEL E CELULOSE
PARA A EDITORA 34, EM JULHO DE 1994.